우린 이렇게 왔다

우린 이렇게 왔다

1판1쇄 발행 | 2018년 8월 8일
지은이 | 송재희, 조항덕 외 23인
발행인 | 문아라

본문디자인 | 디자인86
교정교열 | 전지현

펴낸곳 | 클라우드북스
출판신고 | 2012년 4월 17일
출판등록 | 313-2012-124
주소 | 서울 중구 한강대로 416, 서울스퀘어 13층
이메일 | cloud@cloudbooks.co.kr
사이트 | www.cloudbooks.co.kr
페이스북 | www.facebooks.com/cloudbookskorea
전화 | 010-5136-2260
팩스 | 0303-3445-2260

제작 | 한영문화사
용지 | 삼영페이퍼
구입문의 | 010-5136-2260 / FAX 0303-3445-2260

ISBN 978-89-97793-25-9 13320

클라우드북스는 지식서비스와 IT관련 책을 전문으로 만듭니다.
이 책에 실린 모든 내용, 디자인, 편집구성의 저작권은 저자와 클라우드북스에 있습니다.
본사와 저자의 서면허락없이는 책 내용의 전체나 일부를 어떠한 형태나 수단으로도 이용하지 못합니다.
잘못된 책은 구입하신 서점에서 바꾸어 드립니다.
책값은 뒷표지에 있습니다.

우린 이렇게 왔다

송재희, 조항덕 외 23인 지음

클라우드북스

추천의 글

길은 오직 가려는 자에게만 열려있습니다

주시애틀 총영사관
총영사 이 형종

저는 2017년 12월의 끝자락에 시애틀에 부임했습니다. 부임하기 전까지 제 기억 속의 시애틀은 1993년 맥 라이언과 톰 행크스가 주연했던 '시애틀의 잠 못 이루는 밤' 속의 고즈넉하고 아름다운 작은 도시였습니다. 하지만 부임한 지 며칠 지나지 않아 내 기억 속의 아름다운 풍경을 간직한 시애틀은 그대로이지만 많은 IT 기업의 격동하는 심장 소리로 인해 잠들지 않는 시애틀이라는 것을 알았습니다.

시애틀 레드몬드에는 마이크로소프트 본사가 있고, 총영사관 건물 바로 맞은 편을 시작으로 십여 개의 아마존 건물들이 늘어서 있습니다. 시애틀 시내에서 20여 분 거리에 위치한 벨뷰에는 익스피디아 본사가 있고, 구글과 페이스북도 시애틀에 사무실을 두고 있습니다. IT 기업들이 시애틀로 모여들면서 하루가 다르게 새로운 건물들이 들어서고 있고, 초임 연봉 10만 불 이상을 받는 청바지 차림의 젊은 이들이 거리에 넘쳐나고 있습니다.

제가 이곳에서 와서 느낀 또 하나의 놀라움은 많은 대한민국의 젊은이들이 남들 모두가 부러워하는 IT 기업에 취업해서 발군의 실력을 발휘하고 있다는 것이었습니다. 저는 항상 궁금했습니다. 이분들은 무엇이 다른가? 어떤 능력을 갖추고 있는가? 어떻게 현지인들도 취업하기 힘들다는 굴지의 IT 기업에 취업했을까? 젊은 나이에 그 많은 연봉을 받으면 어디에 쓸까?

이러한 궁금증은 저만의 것이 아닐 것입니다. 요즘 '취업이 어렵다, 바늘구멍이다, 하늘의 별 따기다'라는 말이 젊은이들의 자조적인 한숨에 섞여 점점 바꿀 수 없는 현실로 굳어지는 느낌입니다. 하지만 취업의 길이 해외에도 열려있다는 것을 이 책을 통해 알 수 있을 것입니다.

대형 서점의 서가에는 수많은 자기계발서가 줄줄이 꽂혀 있습니다. 재미있는 것은 대부분의 책이 성공한 사람을 관찰한 분들이 저자라는 사실입니다. 내가 겪지 않은 일을 관찰만을 통해 일반화시키고 감동과 교훈을 주기는 쉽지 않은 일입니다. 하지만 이 책의 저자 24분은 서로 다른 경로를 통해 미국 IT 기업에 성공적으로 취업했고 자신들이 겪은 과정을 이 책 속에서 이야기하고 있습니다.

여러분이 가진 가능성은 하늘보다 높고 바다보다 넓습니다. 미국 IT 기업 취업이 불가능한 꿈이 아니며, 이 책의 저자들이 성취했다면 여러분들도 그 꿈을 이룰 수 있을 것입니다. 꼭 꿈을 이루십시오. 그리고 두려움과 주저함을 뒤로하고 과감히 발을 내디뎌 시애틀 IT 기업 취업에 성공하시면 언제라도 공관을 찾아 주십시오. 시애틀이 자랑하는 스타벅스 커피 한잔을 대접하도록 하겠습니다.

추천의 글

스타트업얼라이언스 센터장_임정욱

긴 인생의 여정에서 더 넓은 세상을 경험하고자 하는 젊은이들에게 권하고 싶은 책입니다. 이국땅에서 용감하게 어려운 길에 도전해서 우여곡절 끝에 자리를 잡은 선배들의 이야기가 실려있습니다.

런투게더 대표_장재용

오늘날 데이터 과학, 인공지능 신경망, 로보틱스 분야와 같이 우리의 눈과 귀를 자극하는 기술의 진보는 현업 전문가뿐 아니라 대학생들에게도 미래를 어떻게 준비할지 조급한 마음을 갖게 만듭니다. 다행히 이 책을 통해서 그러한 기술의 심장부에 해당하는 미국의 기술 중심 회사에서 활약하고 있는 전문가를 만날 수 있습니다. 전혀 다른 별에 사는 사람들의 이야기가 아니라 바로 우리 주변에서 볼 수 있는 평범한 동료와 친구와 같은 분들의 이야기라서 미국으로 이직을 준비하는 분들에게 최고의 가이드가 될 것이라 확신합니다.

시애틀 한인 IT 종사자 모임 '창발' 회장, Senior Product Manager at Amazon_이찬희

미국에서 일하는 5년 동안 가장 많이 들었던 질문이 "어떻게 미국에서 일하게 되셨나요?"와 "어떻게 저도 미국에서 일할 수 있을까요?"입니다. 개인마다 미국에서 취업하고자 하는 목표와 처한 상황이 다르기 때문에 답을 드리기가 쉽지 않았습니다. 다양한 배경을 가지고 각기 다른 경로를 통해 미국에서 취업에 성공한 24명의 저자의 생생한 이야기가 그분들에게 실질적인 도움이 되리라 믿고, 시도도 하기 전에 안 될 것으로 생각했던 분들에게 희망을 줄 수 있기를 바랍니다.

Distinguished University Professor of Global Supply Chain Management
and Asian Studies, University of Toledo_**Paul Hong**

삶을 계획하며 미래를 위한 도전을 어떻게 어디서부터 시작해야 할지 막연한 가운데 두려움을 극복하고 실제적이며 구체적인 방향을 정립하며 성공과 실패담의 많은 사례가 인상적입니다.

Microsoft Korea 부장_**이소영**

국내 취업이 어렵고 취업해도 자신의 눈높이에 맞지 않아 이직을 생각하거나 막연하게 해외 취업을 동경하는 사람들이 많은 현실에서, 이 책은 실제 다양한 성공사례를 통해 생생하게 미국 취업에 대한 이정표를 제시하고 있습니다. 이 시대에 꼭 필요한 책이라 생각합니다.

구글 시니어 파트너 테크놀로지 매니저_**서주영**

'더 넓은 세상과의 조우'. 한국 땅을 넘어 미국에 터전을 마련한 이들의 생생한 경험을 담은 '우린 이렇게 왔다'는 이민, 비자, 취업, 생활 등 미국 정착에 필요한 현실적인 정보를 구체적으로 설명하고 있습니다. 미국 생활을 시작한 지 얼마 안 된 내게도 많은 도움이 될 만큼 값진 정보를 담고 있습니다. "우린 이렇게 왔다"는 더 넓은 세상을 향한 꿈을 키우는 많은 이에게 보물 같은 책이 되리라 확신합니다.

코드스쿼드 마스터_**정호영**

제가 존경하는 분이 사람의 인생은 각자가 자기만의 신화를 만드는 과정이라고 했습니다. 그리고 이 책은 한국판 오디세이 같은 책입니다. 여러분의 성공신화 도입부에 이 책이 나오길 희망합니다.

지금으로부터 20년 후에
당신은 당신이 한 일보다
하지 않은 일을 더 후회할 것이다.
그러니 뱃머리를 묶고 있는 밧줄을 풀어 던져라.
안전한 항구로부터 벗어나 항해를 떠나라.
무역풍을 타라. 탐험하라.
꿈꾸라. 발견하라.

Twenty years from now
you will be more disappointed
by the things you didn't do than by the ones you did do.
So throw off the bowlines.
Sail away from the safe harbor.
Catch the trade winds in your sails. Explore.
Dream. Discover.

서문

꿈이 있다는 것은 살아있다는 것이다. 꿈을 이루기 위해 열심히 노력하는 것은 고통스럽지만 한편으론 행복한 일이다.

어릴 땐 꿈을 거창하게 가진다. 마음만 먹으면 대통령도 되고, 장관도 되고, 아인슈타인과 같은 과학자가 될 것 같다. 그러나 나이가 들고 공부를 하며 세상에는 내 마음대로 되지는 않는다는 것을 하나씩 깨닫게 된다. 내가 할 수 있는 것과 할 수 없는 것들이 조금씩 보이기 시작한다. 꿈이 좀 더 현실적으로 변하게 된다. 꿈이 현실에 묻혀 잊혀지는 경우도 많다. 때론, 꿈을 꾸는 것이 사치스럽게 느껴지기도 한다. 그러나 꿈은 사치가 아니다. 배경 있고, 돈 있고, 학맥이나 인맥이 있는 사람, 가진 사람들의 전유물이 아니다. 꿈은 인생이다. 꿈은 삶이다. 꿈은 나의 존재 의미이자 살아갈 이유다. 꿈이 반드시 거창할 필요는 없다. '저녁이 있는 삶'-퇴근 후 가족과 함께 저녁을 먹고 시간을 같이 보낼 수 있는 삶을 희망하는 것도 고귀한 꿈이다. '주말이 있는 삶', '오늘보다 내일이 나은 삶', '누군가에게 도움이 되는 삶', 이런 꿈도 소박하면서 소중한 꿈이다.

많은 사람이 다양한 꿈으로 미국으로 왔다. 또한, 다양한 꿈을 꾸며 미국에 살고 있다. 어떻게 보면 이 책은 꿈 이야기다. 24명이 어떤 꿈을 꿨고 어떻게 꿈을 이루기 위해 노력했는지, 어떤 꿈을 꾸며 살아가고 있는지를 들려준다. 이 책을 읽으며 잊혔던 꿈을 되찾기 바란다.

이 책이 일과 삶의 균형을 꿈꾸는 당신에게, 좀 더 넓은 세상에서 세계적인 인재들과 함께 일하며 경쟁하고 싶은 당신에게, 수평적인 문화에서 오래 개발하고 싶은 당신에게, 가족들에게 좀 더 여유로운 생활을 제공하고 싶은 당신에게, 구글[Google], 아마존[Amazon], 마이크로소프트[Microsoft], 애플[Apple], 페이스북[Facebook] 등 세계적인 기업에서 일하고 싶은 당신에게, 자유로운 문화 속에서 꿈을 마음껏 펼쳐 보고 싶은 당신에게 도움이 되기를 바란다.

꿈의 실현은 얼마나 계획을 세우고 노력하느냐에 따라 달라진다. 꿈이 막연한 희망, 바람으로 끝나는 것은 별 의미가 없다. 꿈을 갖고 노력할 때 방법이 보이고 또 내게 도움 줄 사람을 만난다. 24명의 저자의 노력이 꿈을 꾸는 당신에게 영감을 주고 또 실제적인 도움을 줄 수 있기를 바란다. 구체적으로 미국 이직의 꿈을 가지고 있는 분이 있다면 좋은 가이드가 됐으면 한다.

세계는 넓고 할 일은 많다. 할 일이 많다는 것은 기회가 많다는 것이다. 기회는 도전해야 얻을 수 있다. 도전하기 전까지 성공할지 실패할지 아무도 모른다. 물론 모든 도전에는 위험이 따른다. 위험에도 불구하고 자신이 도전할 가치가 있다고 생각되면 과감히 시도하라고 말해주고 싶다. 또, 도전하고 방법을 찾을 때 의외로 기꺼이 도와줄 사람도 나타난다. 필자를 포함, 이 책에 참여한 모든 저자, 또한 이 책에 참여하지 못했지만 글을 보내 주신 분들, 그리고 곁에서 응원하고 여러모로 지원해 주신 많은 분이 여러분들을 응원하고 도울 것이다.

2018년 8월
저자들을 대표하여 시애틀에서
송재희

CONTENTS

추천의 글 —— 4
서문 —— 9

제1부 개발자 현황

제1장 한국 개발자 현황 - 송재희 —————————————————— 17

제2장 미국 이직자 현황 - 송재희 —————————————————— 31

제2부 미국 이직 사례

제3장 50점 영어 개발자, 미국 DBA로 정착하다 - 조항덕 ———————— 51

제4장 광고 세일즈맨에서 데이터 과학자로 - 이가영 ————————— 65

제5장 많은 문제들을 해결하고픈 열정적인 디자이너 - 이근배 ————— 79

제6장 내 삶의 의미를 부여하기 - 김상은 ——————————————— 109

제7장 세일즈맨으로 시작한 데이터 엔지니어 - 강성욱 ————————— 119

제8장 인생은 속도가 아니라 방향이다 - 윤아람 ————————————— 129

제9장 우리는 같은 강물에 두 번 발을 담글 수 없다 - 윤성민 ——————— 151

제10장 해고를 걱정하는 개발자의 미국 생존기 - 김세연 ———————— 159

제11장 커리어 체인지 - 박미라 ———————————————————— 177

제12장 비개발자 토종 한국인의 미국 취업기 - 엄고운 —————————— 189

제13장 행복을 찾아가는 과정 - 이준섭 ———————————————— 207

제14장 비자, 회사가 걱정할 문제다 - 허제웅 —————————————— 217

제15장 중요한 개인적 가치들을 중심으로 하는 미국 취업 도전기 - 이유빈 — 229

제16장 길 바깥은 위험했고 그 길이 어디로 이어지는지 몰랐다 - 이정원 ——— 239

제17장 가보지 않으면 모른다 - 이병준 ——————————251

제18장 어학연수부터 실리콘밸리 개발자로서 정착과정- 박호준 ——— 269

제19장 팀과 사람들을 보고 이직하라 - 이성재 ———————— 291

제20장 100세 시대 인생의 2막을 올리다 - 백영훈 ——————— 299

제21장 꿈은 이루어진다 - 유기초 ———————————323

제22장 데이터에서 발견한 행복과 성공 - 김진영 ——————343

제23장 커리어를 만들려 애쓰지 말고 네 삶이 곧 커리어로! - 김병학 ——— 353

제24장 저녁이 있는 삶 - 윤종성 ———————————— 367

제25장 생물학자가 개발자가 된 이유 - 김예준 ——————— 387

제26장 실리콘밸리에서 하루하루 나의 자리를 만들어가기 - 유호현 ——— 395

제3부 비자와 미국 생활비

제27장 비자와 신분 - 조항덕 & 송재희 ————————— 409

제28장 비자의 종류 - 조항덕 & 송재희 ————————— 417

제29장 미국 생활 - 조항덕 & 송재희 —————————— 435

감사의 글 ——— 450

맺는 글 ——— 454

참고 문헌 ——— 462

제1부
개발자 현황

제1부
개발자 현황

제1장

한국 개발자 현황

송재희

젊은 세대를 지칭하는 말은 그 시대상을 반영한다. 취업난에 시달리고 비정규직 일자리로 내몰리는 청년은 '88만 원 세대'로 불렸다. 이어 연애·결혼·출산을 포기할 수밖에 없다고 해서 '3포 세대'라고도 했다. 내 집 마련과 인간관계까지 포기한 '5포 세대', 꿈과 희망마저 포기하는 '7포 세대', 여기에 희망과 건강과 학업 포기한 '9포 세대'가 등장했다. 최근 청년들은 다른 것도 다 포기해야 할 상황이란 뜻에서 자신들을 'n포 세대'라고 부르기 시작했다.[1] 이런 용어가 한국 사회를 어느 정도 반영한다고 볼 수 있지만, 사람마다 한국 생활, 한국 환경을 느끼는 것이 조금씩 다를 것이다. 이에, 한국에 사는 사람들이 어떻게 느끼는지 알고 싶어 한국에서 미국으로 이직을 희망하는 사람들을 대상으로 설문을 했다. 128명이 설문에 응답했다. 설문 조사 결과에서 발견한 몇 가지 현상을 공유하고자 한다.

연령대

우선 설문 조사자들의 연령대를 살펴보자. 총 응답자 127명 중에 50대 1명, 60대 1명을 제외하고 전체 연령대 중 30대가 62명(49.6%)으로 가장 많았고, 그리고 20대 33명(26.4%), 40대 27명(21.6%) 순이었다.

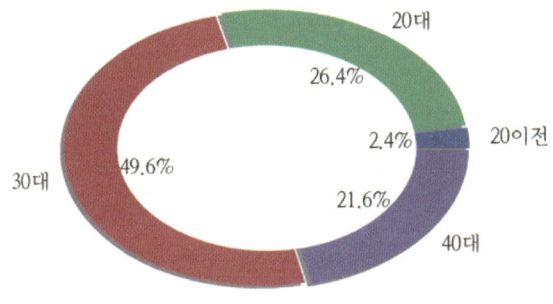

< 표1. 설문 조사자 연령대 >

이직 계획

몇 년 안에 이직할 계획인지를 묻는 질문에 57.5%(73명)가 5년 안에, 40명(31.5%)이 1년 안에, 10년 안에는 14명(11%)이었다.

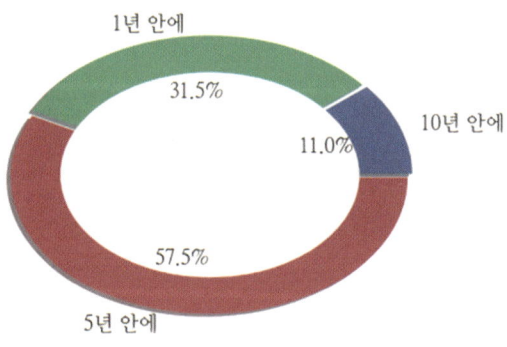

< 표2. 몇 년 안에 이직할 계획입니까? >

이직 준비

1년 안에 이직을 계획하고 있다고 설문 응답한 40명에게 어떻게 이직 준비를 하는지를 질문하였고 20명(50%)이 구체적으로 구직 활동 중이라고 했다. 다음으로 11명(27.5%)이 생각 중이라고 했으며 9명(22.5%)이 어학 준비 중이라고 대답했다.

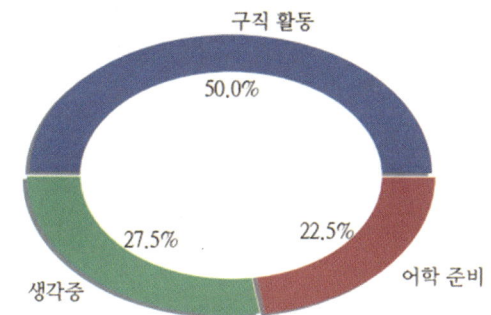

< 표3. 1년 안에 이직을 희망하는 자들의 준비 방법 >

5년 안에 이직하려고 계획하는 사람 중엔 막연히 생각 중이라는 응답자가 무려 69.9%(51명)로 이직 준비 기간이 길어질수록 구체적인 준비가 부족한 것을 알 수 있다.

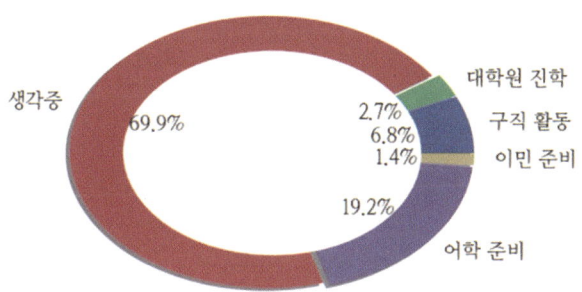

< 표4. 5년 안에 이직을 희망하는 자들의 준비 방법 >

구직활동

어떻게 구직활동을 하고 있는지에 대한 질문에서 대부분 응답자 (101명, 90.2%)가 혼자서 하고 있다고 응답했다. 그 외에 링크드인 Linkedin이나 지인을 통해 준비하고 있다고 했다. 이러한 응답은 1년 안에 이직하려고 계획하는 사람들이나, 5년, 10년 안에 이직을 계획하는 사람들이나 별 차이가 없었다.

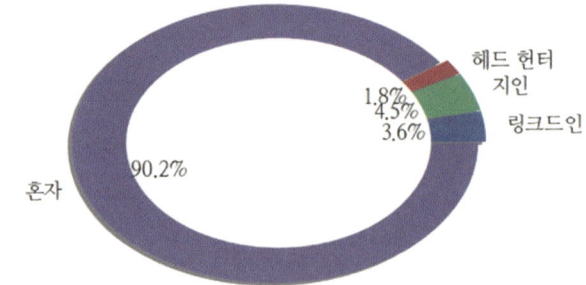

< 표5. 어떻게 구직 활동을 하고 있나요? >

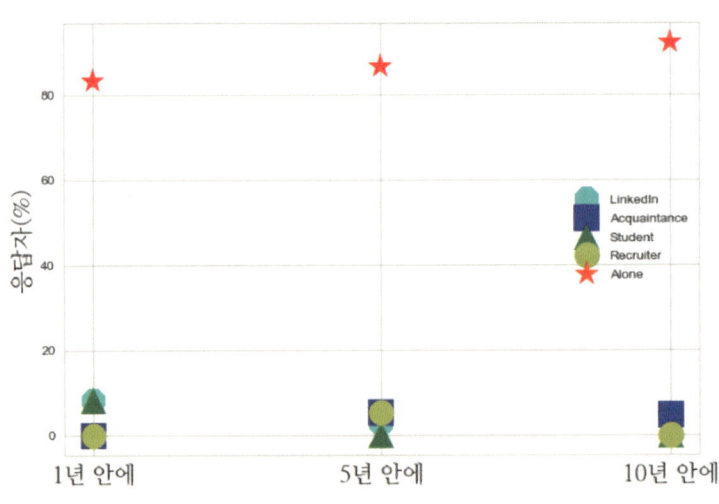

< 표6. 이직 희망 연도별 구직 방법 >

일반적으로 구직 활동을 혼자 하는 것은 좋지 않다고 본다. 구직 활동은 단순히 이력서를 제출하고 인터뷰를 보는 것으로 끝나지 않는다. 요즘 기업에서는 쓸만한 인재가 없다고 하고, 구직하는 사람들은 일할 회사가 없다고 한다. 이런 격차는 왜 생기는 걸까? 한마디로 회사가 원하는 인재와 구직자 사이에 연결이 잘 안돼서다.

사람을 영입하는 것은 쉽지 않다. 실력은 있지만 협업이 안되는 사람, 실력이 있어보였지만 실제로는 그렇지 않은 경우, 수동적이거나 열정이 없는 사람, 방어적인 사람 등 이력서나 인터뷰만으로 가리기 힘든 경우가 많다. 그래서 요즘은 추천을 선호한다. 추천을 받기 위해선 실력도 있어야 하지만 인맥도 좋아야 한다. 인맥은 링크드인이나 소셜 미디어에서 친구 요청으로 간단히 만들어지는 게 아니다. 기술 커뮤니티 활동, 블로그 활동, 저술 활동, 봉사 활동 등 꾸준하고 폭넓은 활동으로 인맥이 쌓이는 것이다. 또한, 활동의 목적이 무엇을 얻기 위해서가 아니라 같이 나누기 위해서야 한다. 한마디로, 받은 것이 있으면 내가 아는 것을 공유하고 남에게 도움이 되어야 한다는 것이다. 일단 추천을 받으면 추천이 없는 것보다 유리하다. 추천하는 사람도 본인의 신뢰를 바탕으로 상대방을 추천하는 것이기 때문에 아무래도 바라보는 시각이 다를 것이다. 실제로 추천으로 지원한 경우 서류 통과 비율이 높다고 한다.

그 후에는 지인이나 네트워킹을 통해 지원 회사에 대해 철저히 공부한 다음 인터뷰 준비를 하면 된다. 헤드헌터나 리쿠르터를 이용하는 것도 추천한다. 이들을 통해 지원하면 후보자에 대해 한 번 더 필터링을 하므로 서류 통과 확률도 높아진다.

한국 생활 만족도

한국 생활에 얼마나 만족하는지에 대해 72명(56.7%)이 그저 그렇다, 약 20%(26명)가 어느 정도 만족한다고 했다. 놀랍게도 아주 만족한다는 응답자는 단 1명 밖에 없었다. 설문 결과만 보면 대략 5명 중 1명만 한국 생활에 어느 정도 만족한 것을 알 수 있다.

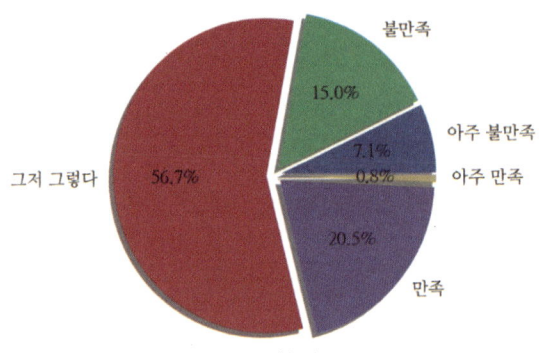

< 표7. 한국 생활 만족도는? >

설문자들에게 불만족 이유를 물었다. 설문 결과 4번 이상 반복되어 언급된 것들은 다음과 같다.

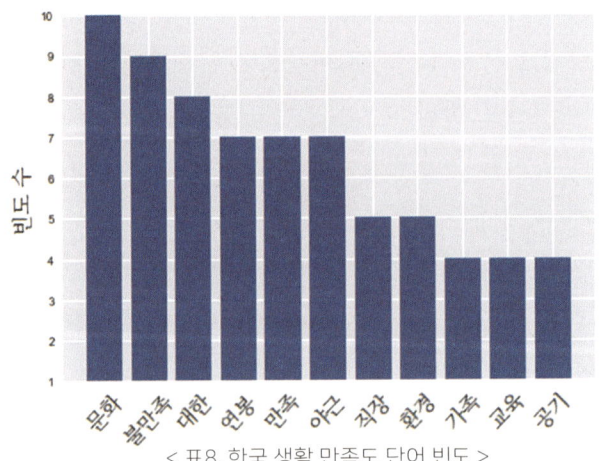

< 표8. 한국 생활 만족도 단어 빈도 >

한국 지도를 배경으로 불만족 이유를 다음과 같이 워드 클라우드로 구현해 보았다. 보상 없는 초과 근무, 적은 연봉, 비싼 집값, 획일화되고 자기 생각을 표현하기 어려움, 미세먼지 같은 대기오염 문제, 각박한 생활(예: 육아, 회사 등), 조직 문화, 전통적 소통의 방식, 과도한 업무량, 생활과 협소한 생각, 좁은 사회 관계망, 일에 대한 인식 차이, 삶의 질, 교육 및 개발 환경, 야근, 교육 시스템, 나이가 많으면 개발 경력을 이어나가기 힘든 것, IT 직업 대우 불충분 및 여성에 대한 차별, 체계 없는 프로세스, 주거 복지, 국민연금 불만족, 열악한 기업 환경, 문화, 정체된 성장, 불합리한 노동 방식, 연봉 고과 산정, 불안한 한국 경제, 나이/서열 문화에서 오는 비효율, 똑똑하지 못한 상사와 일하는 것, 일과 삶의 균형이 없음, 엔지니어를 일용직 취급하는 문화, 관리자가 되지 않는 한 미래가 없는 엔지니어, 회사 선택지가 많지 않음, 아이 키우기 힘듦, 집값에 대비한 낮은 연봉, 노후 대비 힘듦, 지나친 인구 밀도, 취업난, 획일적인 가치관과 수직적 문화, 출산과 동반되는 여성 경력 단절 문제, 시간이 지남에 따라 개발자가 관리자가 되어야 하는 상황 등이다.

종합해서 정리해 보면 나이 서열에 따른 경직된 조직 문화, 수당 없는 야근이나 주말 근무 등 보상 문제, 엔지니어로서 오래 일할 수 없는 환경, 열악한 워라밸, 다양한 기회 부족, 여성 차별, 교육환경, 취업난, 미세먼지 등 공기 오염문제 대부분 사람이 한 번쯤은 생각했던 문제일 것이다.

한국경제 매거진 2018년 1월호에 〈2018 행복 키워드로 주목받은 '워라밸'〉이란 글이 실렸다.[2] 이 글에서 "우리는 정말 열심히 살았다. 산업화를 위해 헌신했고 범국민적 항쟁이라는 말에 걸맞게 민주화를 위해서도 최선을 다했다. 가장 길게 일하는 나라라는 오명을 들어가면서도 일하고 또 일했다. 외환위기 때는 금도 모았고, 악정에 맞서 촛불도 들었고, 더 이상 비정규직이 희생되지 않는 사회를 위해 희망버스도 탔다. 그럼에도 우리들의 삶이 여전히 고단하고 희망을 찾기 어려운 형편이라면 뭔가 잘못돼도 크게 잘못된 것이다."라고 말하고 있다.

유엔 산하 자문기구인 지속가능발전해법네트워크 SDSN, The Sustainable Development Solutions Network 는 전 세계 156개국을 상대로 국민 행복도를 조사한 결과를 담은 '2018 세계행복보고서'를 발간했다.[3] 여기서 한국은 세계에서 57번째로 행복한 나라로 조사되었다. 행복 지수가 높은 나라들과 비교해 본다면 경제나 기대 수명 등에는 별 차이가 없다. 그러나 의외로 사회의 청렴도와 선택의 자유에서 점수가 아주 낮은 것을 알 수 있다.

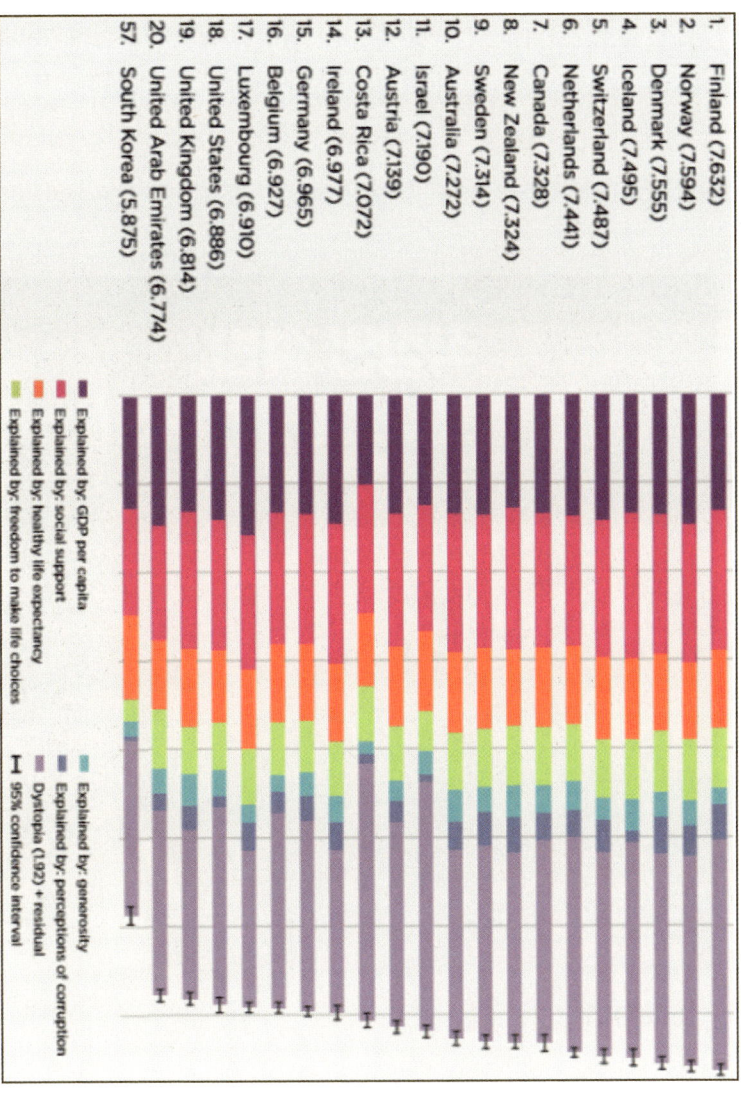

<표9. 156국가의 국민 행복도 조사 - 지속가능발전해법네트워크 제공>

제1장 한국 개발자 현황

'사람인'이 직장인 722명을 대상으로 설문 조사한 2017년 자료의 결과를 보면 '저녁이 있는 삶'을 살고 있다는 직장인은 절반(50.6%) 수준에 그쳤고, 저녁이 있는 삶을 살지 못하는 주된 요인으로 야근(60.5%, 복수 응답)이 가장 높았다. 그리고 업무 과중(42.0%)과 장거리 출퇴근(33.9%), 퇴근 후 업무 요청(23.5%) 등이 뒤를 이었다.

< 표10. 저녁이 있는 삶을 누리지 못하는 이유 >
(사진 출처: http://bizn.donga.com/3/all/20171129/87504199/2)

2016년 기준 경제협력개발기구^{OECD} 고용 동향 조사에 따르면 한국인들의 1인당 평균 근로시간은 2,069시간으로 멕시코, 코스타리카 다음으로 세 번째로 많았다. 이는 OECD 35개 회원국 평균 1,764시간보다 305시간 더 많으며, 근로시간이 가장 적은 독일보다는 무려 706시간 길다.

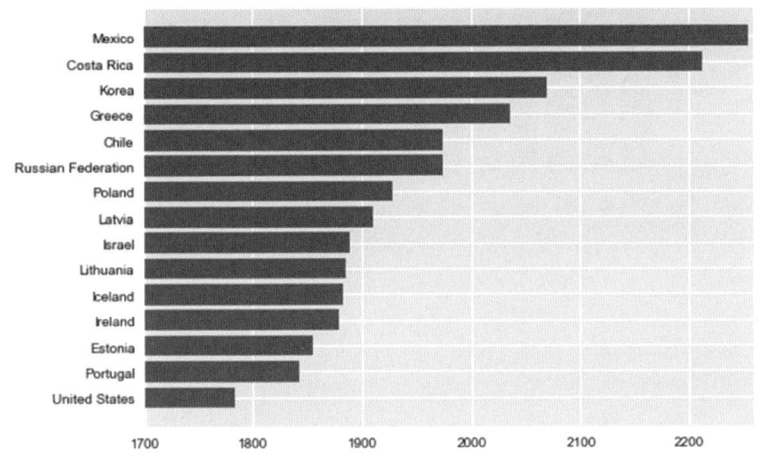

< 표11. 2016 OECD 1인당 평균 근로 시간 >

1년에 휴가를 한 번도 사용하지 않았을 때 근무시간이 1,936시간임을 고려하면 평균적인 한국인은 법정 근무시간보다 133시간, 즉 약 17일을 더 일하는 셈이 된다.4) 그러나 다행인 것은 해마다 근무시간인 조금씩 줄어든다는 것이다. 과거 OECD 데이터를 볼 때 2016년이 2007년에 비해 237시간이 줄어든 것을 알 수 있다. 2016년이 2015년에 비해 13시간이 줄었다.

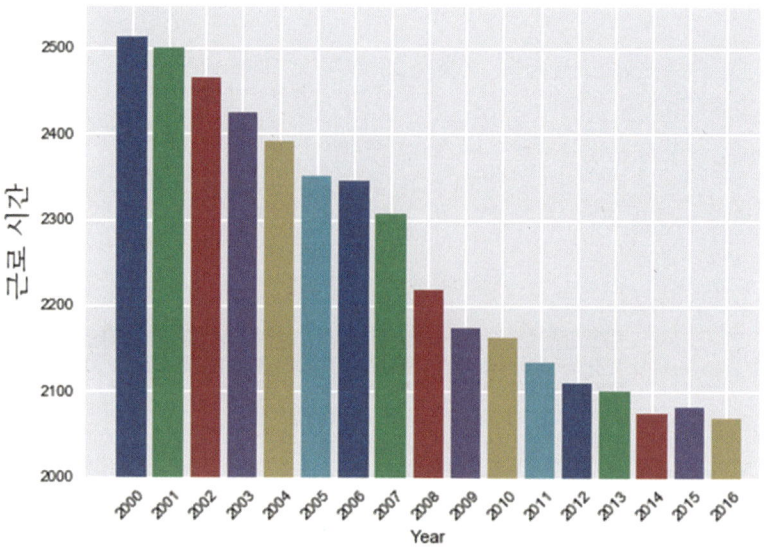

< 표12. 한국 1인당 평균 근로 시간 >

미국의 대부분 회사의 공휴일5)이 11일 정도인 것에 비교할 때 한국에서 야근, 주말 근무가 얼마나 잦은가 알 수 있다. 미국은 법정 근무 시간에서 공휴일을 빼면 1,992시간이다. 여기서 OECD 미국 1인당 근무시간을 빼면 209시간 약 26일이 나온다. 즉, 적어도 공휴일을 제외하고 26일의 휴가를 갖는다는 것이다. 사실 대부분 미국 회사가 휴가를 권장하고 있다. 그 해에 휴가를 다 쓰지 못하면 다음 해에 쓸 수 있는데 휴가 일수를 축적하는 데 한계를 두는 회사들이 대부분이다. 휴가 일수 한계가 되면 더 이상 휴가가 축적되지 않는다. 제도적으로 휴가를 권장하는 것이다. 또한, 특별한 일이 아니면 휴가 신청을 기각하는 경우는 없다. 휴가를 눈치 보지 않고 자유롭게 쓸 수 있다는 얘기다.

반면 미국 생활보다 한국 생활이 좋은 이유로 다음을 뽑았다. 가족, 친구 등 많은 지인, 맛있는 음식, 편의시설, 상대적으로 안정된 직장, 익숙한 생활 등이다. 실제로 나도 가끔 한국에 방문할 때마다 편의 시설이 너무 잘 되어 있어서 놀란다. 특히 한국 어느 곳을 가든지 야외 운동 시설이 잘 되어있다. 공원도 잘 정리되어 있고 가로등도 많아 밤에도 운동할 수 있다. 내가 사는 시애틀은 날이 어두워지면 갈 곳이 별로 없다. 또 편의점과 식당은 얼마나 많은가? 어디서든 걸어서 몇 분 내에 카페나 식당, 편의점이 있다. 이런 것은 미국보다 좋은 점이다.

제1부
개발자 현황

제2장

미국 이직자 현황

송재희

미국에 거주하는 사람들에게 설문을 부탁했다. 107명이 설문에 응해 주었다. 설문 결과를 분석해서 미국에서 일하는 사람들의 현황을 보여주고자 한다.

설문자 수가 적어서 '미국에서 일하는 사람들의 현황'이라는 단어를 사용하여 전체를 대변하기에는 부족한 부분이 많지만 테크 기업 종사자들에 대한 정보를 어느 정도 알 수 있으므로 공유하고자 한다.

연령대

먼저 연령대를 알아보았다. 30대가 54명으로 약 50.5%로 거의 절반을 차지했다. 그 다음 40대 31명. 30대와 40대를 합치면 85명 약 80%나 된다.

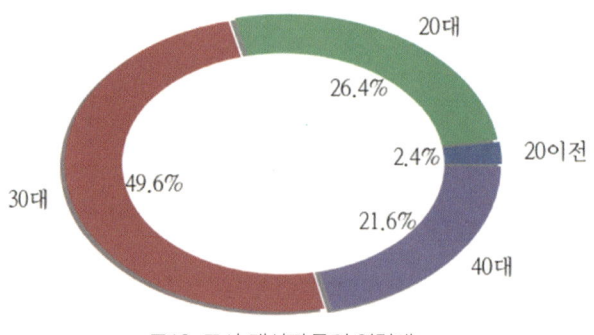

< 표13. 조사 대상자들의 연령대 >

최종 학력

석사 이상 학력(석사 48, 박사 19)이 약 63% 정도 된다.

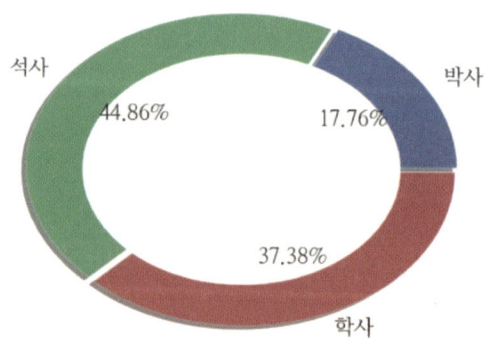

< 표14. 조사 대상자들의 최종 학력 >

연령대별 최종 학력을 보면 20대에는 학사 출신이 많고, 30대 이후에는 석사 이상 고학력 출신이 많은 것을 알 수 있다. 이는 나이가 많을수록 한국에서 학사 학위를 취득하고 미국에서 석사나 박사를 한 후 취업하기 때문인 것 같다.

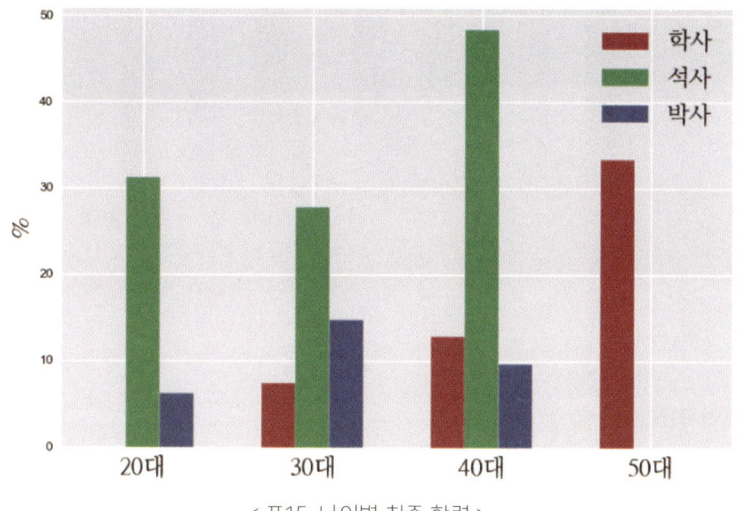

< 표15. 나이별 최종 학력 >

연령대별 미국에 온 시기를 살펴보면 20, 30대 많은 비율이 최근 2010년 이후에 온 것을 알 수 있다. 특히 20대는 무려 16명 중의 10명, 약 62%가 2010 이후에 미국에 왔다. 20대 학사 학력이 16명 중의 11명, 약 69%을 보면 미국 IT 상황이 호전되어 학사학위만 가지고도 취업이 예전보다 쉬워진 것 같다.

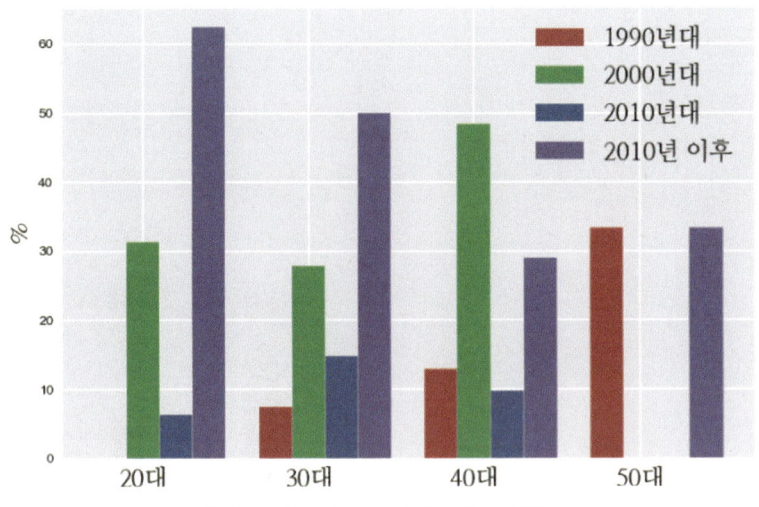
< 표16. 조사 대상자들이 미국에 온 시기 >

취업 경로

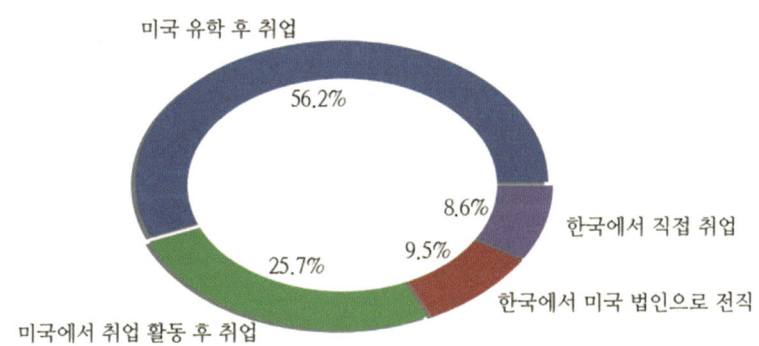
< 표17. 조사 대상자들의 미국 취업 경로 1 >

취업 경로는 개인 사업, 현재 구직 활동 중을 제외하고 총 105명 중 미국으로 유학 와서 취업한 경우가 59명(56.2%)으로 많았다. 시민권이나 영주권을 가지고 있는 상태에서 미국 대학을 나와 취업한 경우는 '미국에서 취업 활동 후 취업한 경우'로 분류했기 때문에 실제 미국 학위를 가지고 취업한 경우는 약 60% 정도 되는 것 같다. 또, 40% 정도는 미국 학위없이 취업하였다. 미국 학위가 취업에 도움이 되겠지만 절대적인 것은 아닌 걸 알 수 있다. 한국에서 직접 취업한 경우도 9명으로 약 8.6%였다. 한국에서 미국 법인으로 취업한 경우 10명, 약 9.5%였다. 제3부 실제 사례 편에서 어떻게 취업했는지 좀 더 자세하게 다양한 경우를 살펴볼 것이다.

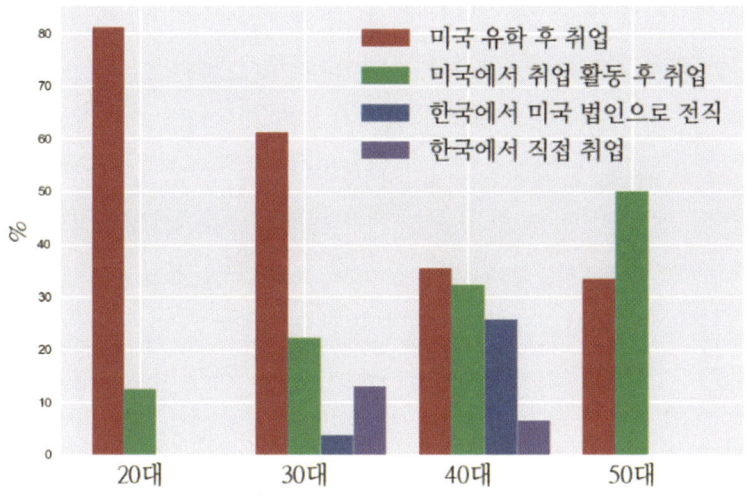

< 표18. 조사 대상자들의 미국 취업 경로 2>

연령대별로 취업 경로를 분석해 봤다. 20대는 설문 응답자 중에 한국에서 직접 취업한 경우가 없었다. 30대는 54명 중 14명(26%)이 한국에서 미국 법인으로 옮기거나 직접 취업한 것으로 조사되었다. 40대는 한국에서 취업한 경우가 조금 높게 나왔다. 31명 중의 10명으로 약 32%에 해당한다. 50대는 응답자 6명 중 3명은 한국에서 영주권을 받아 미국에 왔고, 3명은 미국에서 공부했다.

업무 분야

'현재 어떤 직업군에 종사하나요?'란 질문에는 다양한 직업군이 응답에서 관찰되었다. 총 응답자 107명 중 소프트웨어 개발자라고 응답한 사람이 46명, 약 43%에 달했다. 그 다음으로 데이터 엔지니어/과학자가 12명, 관리자 10명, 프로젝트 관리자 9명, 디자이너 6명, 데이터베이스 개발자/관리자 4명, 하드웨어 개발자 2명이 있었다. 그 외의 직종으로 응용과학자 Applied Scientist, 사업 개발자 Business Development, 연방 정부 Federal government 근무자, 경영 컨설턴트 Management consultant, 운영 및 공급 Operations & Supply, 경영, UX 연구원 UX researcher, 비디오 시스템 Video System(Picture Quality), 마케팅, 연구자, 재무 Finance, 통신업, 인공지능 연구원 AI Research Scientist 등이 있었다.

한국 생활 만족도

다음은 '한국에서 어느 정도 만족했는가?'라는 질문이다. '아주 불만족'부터 '아주 만족'까지 1~5단계로 만족도를 측정했다. (숫자가 높을수록 만족도가 높음)

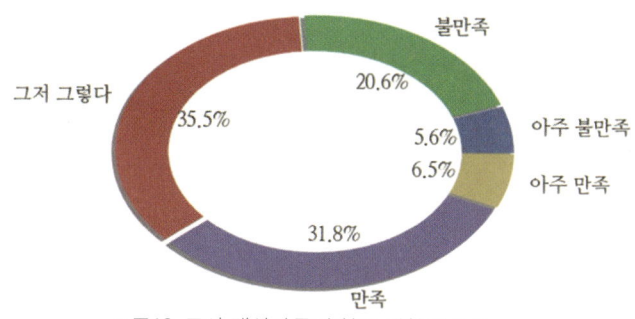

< 표19. 조사 대상자들의 한국 생활 만족도 >

만족하지 않았다는 응답은 불과 약 26%로 그렇게 많지 않았다. 즉 한국에 생활 만족도와 미국 이직 사이의 상관관계가 그렇게 크지 않다는 것이다. 한국에서의 생활에 어느 정도 만족하던 분들이 미국 이직에 성공했다고 볼 수도 있겠다.

미국 생활 만족도

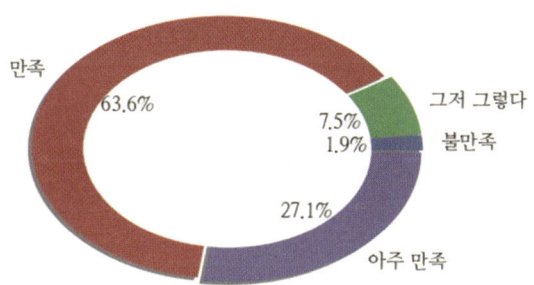

< 표20. 조사 대상자들의 미국 생활 만족도 >

미국에 거주하는 사람들의 미국 생활 만족도는 상당히 높은 것으로 조사됐다. 대부분이 만족하는 것으로 나왔고, 무려 27%가 '대만족'이라고 대답했다. 한국 생활 만족도에서 '대만족'이 약 6.5%인 것에 비교하면 그 차이를 분명히 알 수 있다.

'미국 생활에 만족한다^{만족도 4점}'고 응답한 사람들 68명 중 한국 생활 만족도와 비교해 봤다. 이 중 14명이 '한국 생활에 만족하지 못했다'고 대답했고, 26명은 '그렇게 만족하지도 불만족하지도 않았다'는 응답을 했다. 적어도 40명(58.82%)의 만족도를 증가시킨 것을 알 수 있다.

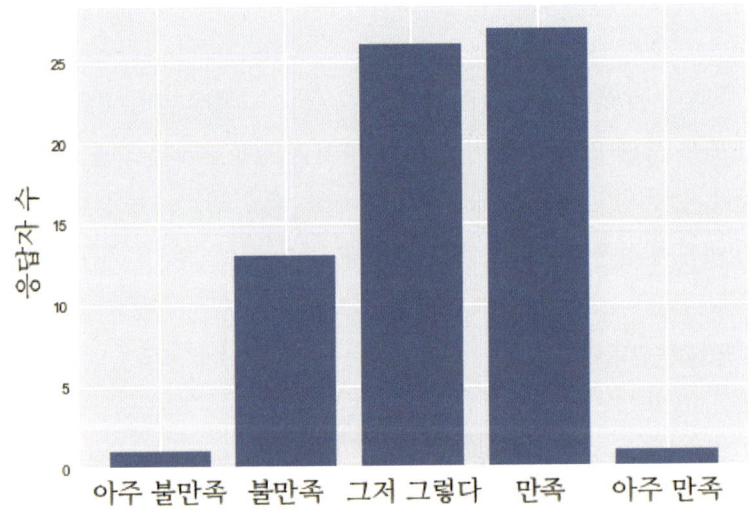

< 표21. 미국생활 만족도 4 응답자 중 한국생활 만족도 >

'아주 만족 한다^{만족도 5점}'고 한 29명 중 12명이 '한국 생활에 불만족했다'고 응답했고, 한국 생활에 불만족했던 응답자들이 미국 생활에 아주 만족도가 큰 것을 알 수 있다.

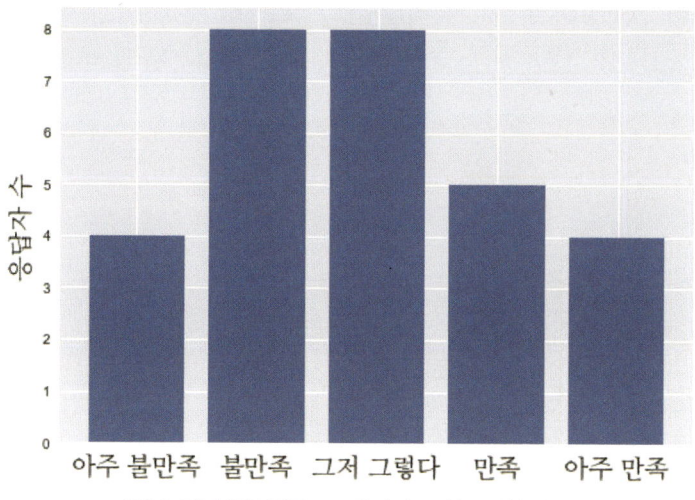

< 표22. 미국생활 만족도 5 응답자 중 한국생활 만족도 >

미국 생활의 장점

미국 생활이 왜 만족스러운지 워드 클라우드Word Cloud를 구현해 봤다. 역시 워라밸Work & Life Balance이 가장 많았다.

4회 이상 언급된 단어를 뽑아 보았다. 워라밸, 가족, 기회, 문화, 환경, 직장/회사, 시간, 합리적인, 다양한 이런 단어들이 많이 나왔다.

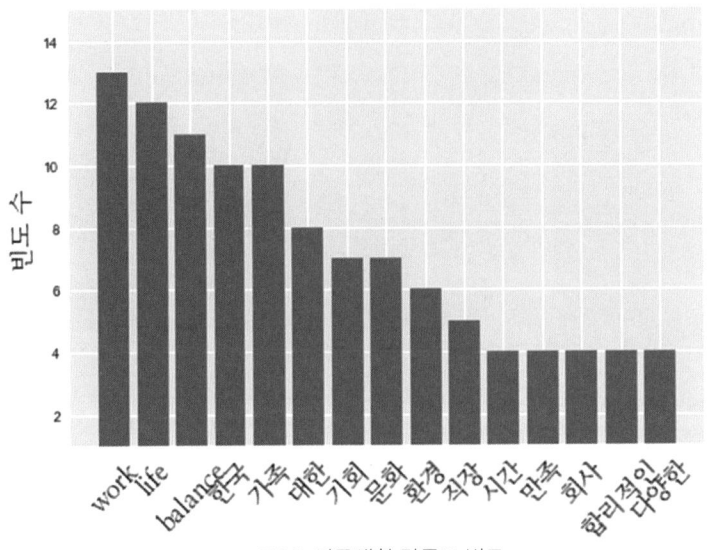

< 표23. 미국생활 만족도 빈도 >

이제 응답자들의 몇몇 이야기를 들어보자.
"안정된 직업. 50대 중반에도 여전히 개발자로 일할 수 있다."
"인간적인 대우와 자율적인 환경."
"자기 계발 및 재충전 시간 확보, 가족 활동 및 여가 활용."
"훌륭한 근무 환경. 스트레스가 없음. 아름다운 자연환경. 자녀들을 위한 훌륭한 교육 시스템"
"8시간 근무. 칼퇴근. 일과 삶의 균형. 넓은 땅, 골프."
"실력 있는 사람들과 일하며 많은 것을 배울 수 있음."
"자잘한 업무가 없음."
"일이 재미있고, 수평적인 조직 구조, 일과 삶의 균형, 가족 간에 불화가 없음."

"많은 기회, 그리고 면도를 안 해도 되는 것."

"업무적 비전, 합리적인 직장 상사 동료 및 회사 문화, 유연한 근무 형태, 개인 발전을 위해 회사에서 투자해주고 지원해 줌, 다양한 변화가 일어나는 실리콘 밸리에서 살면서 가깝게 느끼고 배우는 기술 발전, 금전적 보상, 자연환경 등 삶의 질."

"빠른 인정과 보상 시스템."

"한국에 있을 때보다 경제적으로 약간 더 풍족함, 미세먼지 없는 자연환경, 수평적인 직장 문화."

미국 생활 단점

그렇다고 미국이 파라다이스는 아니다. 미국에 살면서 불편하거나 어려운 점도 많이 있다. 그중 가장 많이 언급된 것은 역시 언어 문제였다. 영어가 모국어가 아니기 때문에 아무래도 불편한 것은 사실이고 이 때문에 불이익을 당하거나 난감한 상황에 부닥치기도 한다. 외로움, 심심함도 많은 응답자가 단점으로 들었다. 부모님이나 친척들이 같이 미국에 산다면 조금 덜하겠지만 그렇지 않은 경우 한국에 남아 있는 가족들에게 미안한 마음을 많이 가지고 있다. 특히 한국 명절 때 부모님이나 형제자매들과 같이 지낼 수 없다는 것이 간혹 쓸쓸하기도 하다. 회식이나 저녁 모임이 별로 없는 생활 속에서 옛날 친구들과 자주 만나 놀았던 기억들이 그리워진다는 사람도 많았다.

거주 지역

어느 지역에 거주하는지도 질문하였다. 이 질문은 설문 중간에 추가했기 때문에 응답을 못 한 분이 많다. 응답자 기준으로 거주하는 지역은 다음과 같았다. 주로 시애틀이 있는 워싱턴주와 실리콘 밸리가 있는 캘리포니아 즉 미 서부에 많은 분이 사는 것으로 파악됐다.

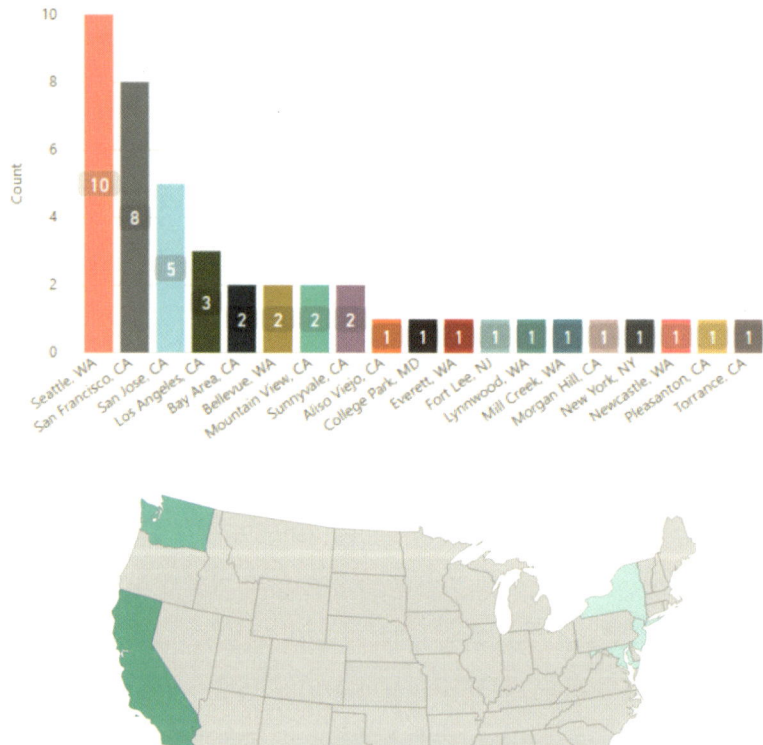

< 표24. 거주 지역 >

주로 하이테크 회사들이 서부로 몰려 있고, 동부쪽은 뉴욕주를 중심으로 분포된 것을 알 수 있다. 그 외 콜로라도 덴버, 텍사스 오스틴, 매사추세츠 보스턴 등도 많은 테크 회사가 있지만, 설문 응답자 중에는 그곳에 살지 않는 것으로 나왔다.

다시 한국으로?

'한국에 돌아갈 생각이 있는가?'에 대한 응답은 59명(55%)이 '아니다'라고 대답했고, 또 41명. 약 38%가 '아직은 모르겠다'고 응답했다. '돌아가겠다'는 사람들은 약 6.5%(7명)밖에 되지 않았다.

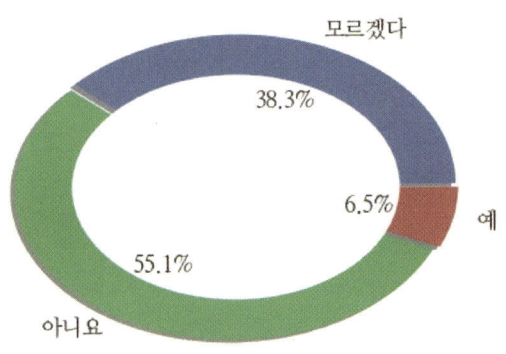

< 표25. 다시 한국으로 돌아갈 생각은? >

제2부
미국 이직 사례

미국 인구 조사국^{U.S. Census Bureau}에 따르면 2015년 미국에 1,822,000명의 한인이 살고 있다고 한다.1) 한편, 세계 은행^{World Bank}에 따르면 2015년 한국 인구는 약 51,000,000이다. 한국에 사는 인구의 약 3.5%가 미국에 살고 있다는 얘기다. 한인들이 많이 사는 미국 내 도시는 로스앤젤레스가 333,000명으로 1위고, 이 책의 저자들이 많이 사는 시애틀^{Seattle}도 뉴욕^{New York}, 워싱턴 DC^{Washington DC}에 이어 4위다. 67,000명이 살고 있는 것으로 나와 있다.

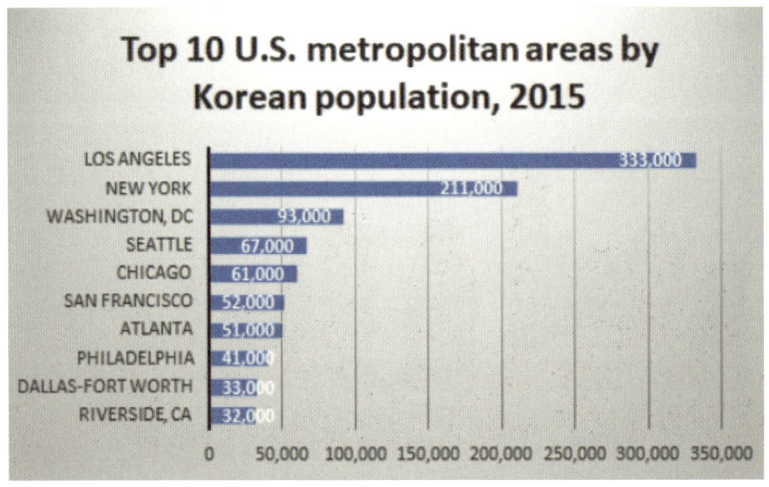

< 표26. 한국인이 많이 사는 미국내 지역 Top10 (2015년) >

이 중 얼마나 많은 사람이 자영업을 하고 회사에 다니는지 정확한 통계를 구하기는 어렵다. 특히 IT 쪽에서 일하는 사람들이 얼마나 되는지 정확히 알기는 어렵다. 그러나 지역별로 활발하게 활동하는 전문가 그룹을 통해 대략 짐작할 수 있다. 페이스북, 애플, 구글 등 대부분의 하이테크 본사가 있는 실리콘밸리에는 베이 에어리어 K 그룹^{Bay Area K Group}3)이 있다. 2018년 5월 기준 4,460명의 회원이 있

다고 한다.3) 아마존, 마이크로소프트 그리고 스타벅스 본사가 있는 시애틀 지역에는 창발이라는 그룹이 있다. 약 500여 명이 등록되어 있다. 로스앤젤레스 지역에도 K 그룹이 있고, 자동차 산업이 몰려 있는 미시간 지역에는 KPAI 그룹이 있다. 그 외에도 요즘 한참 성장하고 있는 텍사스 오스틴 지역에도 모임이 형성되고 있다.

다음은 이 책의 저자들의 통계이다. 이 책을 기획하면서 이직 사례를 수집하기 위해 여러 매체를 통해 저자를 모집했는데, 미국 전역에서 55명이 저자로 참여 의사를 밝혔다. 진행 중 여러 사정으로 저자로 참여하지 못하는 사람들이 생겼고, 최종 32명과 함께 인터뷰 등을 하며 작업을 진행했다. 32명은 19개 회사에서 근무하고 있고 이 중 아마존과 마이크로소프트에서 근무하는 사람들이 많았다.

이렇게 아마존과 마이크로소프트에서 근무하는 사람이 많고 시애틀 거주자가 특히 많은 이유는 시애틀의 테크 기업 종사자들이 중심이 되어 이 책을 기획하고 만들었기 때문이다. 특히 시애틀의 한인 모임인 창발 회원들이 많이 참여하고 도와주었다.

회사	Count
Amazon	7
Microsoft	4
Nexon America	2
Airbnb	2
Visa	2
Adobe	2
Nuna	1
Udacity	1
Snapchat	1
Google	1
NEXT Biometrics	1
LG	1
Salesforce	1
ASICS Digital	1
T-Mobile	1
Autoliv	1
Facebook	1
Dropbox	1
Netflix	1
Grand Total	32

< 표27. 저자들의 근무 회사 >

저자들의 직책은 소프트웨어 엔지니어Software Engineer가 가장 많았고, 다음으로 PMProgram Manager이 많았다.

Job Title	Count
Software Engineer	10
Program Manager	4
Business Intelligence	3
Data Scientist	2
Database Engineer	2
Country Development Manager	1
Database Administrator	1
Product Manager	1
Strategic Sourcing	1
Scientist	1
UX Designer	1
Product Designer	1
Technical Lead Manager	1
Electrical Engineer	1
Backend Engineer	1
Principal Engineer	1
Grand Total	32

< 표28. 저자들의 직책 >

미국 취업 경로를 보면 미국에서 석사과정을 마치고 취업한 경우가 12명으로 가장 많았다. 미국에서 학사는 박사과정까지 마친 수를 합치면 17명, 그리고 학사를 마치고 졸업 후 미국에서 취업을 못하고 한국에서 미국계 기업으로 취업한 경우, 미국 시민권자로 미국에서 대학을 마친 경우 등 미국에서 공부한 경우가 20명으로 약 62.5% 차지했다. 미국 학위 없이 미국 취업한 경우가 32명 중 12명으로 37.5% 차지했다. 미국 취업 시 미국에서 학위를 따는 것이 유

리하지만 미국 학위 없이도 미국 취업이 불가능하지 않음을 알 수 있다.

취업 경로	Count
미국 석사	12
한국에서 직접 취업	4
한국지사에서 미국 본사	4
미국에서 취업	3
미국 박사	3
미국 학사	2
미국 법인	2
미국 박사 중퇴	1
미국 시민	1
Grand Total	32

< 표29. 저자들의 취업 경로 >

비자	Count
학생 비자	16
취업 비자	6
관광 비자	2
시민권	2
투자자 비자(E-2)	2
주재원 비자(L-1)	2
영주권	1
교환 비자	1
Grand Total	32

< 표30. 저자들의 비자 현황>

저자들이 미국으로 올 때 비자를 살펴보면 학생 비자가 가장 많았다. 이외에도 직접 취업 비자를 받거나 주재원 비자나 투자자 비자 등 다양한 경로로 미국에 왔고 취업했음을 알 수 있다.

제2부
미국 이직 사례

제3장

50점 영어 개발자, 미국 DBA로 정착하다

조항덕 @ Visa Inc.

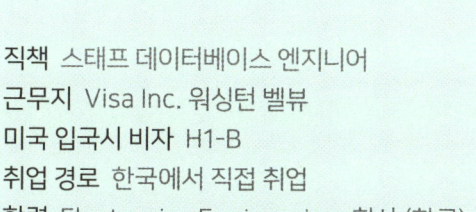

직책 스태프 데이터베이스 엔지니어
근무지 Visa Inc. 워싱턴 벨뷰
미국 입국시 비자 H1-B
취업 경로 한국에서 직접 취업
학력 Electronics Engineering, 학사 (한국)

경력
Visa (Seattle, WA) - Staff 데이터베이스 엔지니어 (2017/3 ~ 현재)
Nowcom (LA, CA) - 데이터베이스 관리 팀 리드 (2012/9 ~ 2017/3)
Nexon America (LA, CA) - 시니어 데이터베이스 관리자 (2010/1 ~ 2012/9)
Moeim Inc. (LA, CA) - 매니저/ 공동 창업자 (2008/3 ~ 2009 12)
Minigate (한국) - 데이터베이스 개발자, 웹 개발자 (2004/6 ~ 2008/2)
Naum Inc. (한국) - 데이터베이스 개발자, 웹 개발자 (2002/3 ~ 2004/6)

활동
강사 - SQLSaturday Community Events
　　　 Los Angeles SQL Server Professionals Group
　　　 Saturday Night SQL

조항덕을 소개하자면...

나는 시애틀의 비자 Visa.Inc에서 스태프 데이터베이스 엔지니어로 근무하고 있다. 학창 시절, 수학과 과학을 좋아했지만 암기과목을 못 했고, 단어를 줄줄 외워야 했던 영어는 정말 취약한 과목이었다. 영어를 못하는 내가 미국에서 이렇게 살 것이라고 생각한 친구는 단 한 명도 없었을 것이다. 대학에서 전자공학을 전공했지만, 개발자로 병역특례를 마친 덕에 자연스럽게 졸업 후에 개발자가 되었다. 개발자로 살던 어느 날, 한국 IT에 불현듯 싫증을 느끼고 미국행을 결심하였다. 처음에는 힘들어 보였지만 모험을 위해 한 단계 한 단계 준비하고 실천하다 보니 어느 순간 정말로 미국 기업의 데이터베이스 관리자가 되어 있었다.

☆ 미국 취업, 기회는 많다

- 좁은 땅에서 경쟁하지 말고 미국이 아니어도 좋으니 외국으로 나와라. 이것이 본인을 위해 또 대한민국을 위해 좋은 일이다.

- 미국 취업이 점점 어려워지고 있는 것은 사실이지만 아직도 기회는 많다. 준비하고 찾아라. 미국 회사에서 일할 수 있는 비자는 H1-B만 있는 것은 아니다. J, L, O 비자 등 다양한 비자가 있다.

미국 취업 준비, 이렇게 했다

▶ 영어 준비

미국 취업을 위해 영어부터 준비해야 했다. 대학생 때 어학원을 1년 정도 다닌 적이 있다. 영어는 반복 학습이 필요하고 문장이 혀에 익어야 자신도 모르게 그 문장이 튀어나온다. 영어 학원에 다니면 좋겠지만, 회사에 다니며 동시에 학원 시간에 맞추기엔 쉽지 않았다. 그래서 시작한 것이 전화 영어였는데, 경험해보니 전화 영어는 선택이 아닌 필수다. 인터뷰도 전화로 봐야 하고 미국에서도 전화로 해결하는 일이 많다. 특히나 사람 얼굴을 보고 대화하는 것과 전화 영어는 너무 다르다. 그래서 꼭 추천한다. 나는 저녁 늦은 시간(예를

 들면, 11:50 PM)에 주로 했었고, 이 전화 영어 시간을 거의 빼먹지 않았다. 야근, 술자리, 버스, 택시 상관없이 다 전화를 받았고, 못하는 영어로 아무 데서나 떠들어댔다.

영어는 무엇보다 꾸준한 반복 학습이 중요하다. 특히 한국 사람이 제일 먼저 해야 하는 일은 듣기다. 하지만, 이것이 정말 지루한 데다, 연필을 쥐고 공부하던 버릇 때문에 듣기를 읽기처럼 공부하는 경향이 있다. 지루함을 극복하기 위해 내가 선택한 방법은 그나마 재미있는 애니메이션을 계속 보는 것이었다. 좀 익숙해진 후엔, 미국 드라마를 봤다. 여기서 중요한 건 절대 자막을 보면 안 된다는 것이다. 80~90% 영어가 들리면 그때 자막을 열어서 비교하는 것이 좋다.

▶ 비자 준비

미국에 올 수 있는 비자 종류에는 여러 가지가 있지만, 취업 활동을 위한 비자로는 H1-B 비자가 대표적이다. H1-B 비자는 공학Engineering 또는 컴퓨터 사이언스Computer Science 관련 4년제를 졸업했다면 지원 자격은 된다고 볼 수 있다. 하지만, 이는 한국 병역특례와 비슷하게 회사에서 스폰서를 받아야 비자를 진행할 수 있다. 또한, H1-B는 1년에 발행할 수 있는 할당량이 있다. 자격이 돼서 지원한다고 다 H1-B를 받을 수 있는 것은 아니고 매년 정해 놓은 개수만 비자를 발급한다. 내 경우에는 H1-B 신청자 중 추첨을 통해 받을 확률이 ⅓ 미만이었다.

H1-B 신청은 4월 1일 날 접수를 해서, 약 6월쯤에 추첨Lottery 결과

가 나오고, 10월 1일부터 일할 수 있는 구조로 되어있다. 이 일정을 맞추려면 현실적으로 이전 해 10월부터 회사를 알아보기 시작해야 한다. 1~2월에 취업이 확정되어 3월에 변호사와 서류 준비를 마무리하고 6월에 당첨이 되면 10월 1일부터 일할 수 있는 1년 사이클로 봐야 한다. 상황이 이렇다 보니 H1-B를 지원해주는 회사를 구하는 건 사실상 하늘의 별 따기처럼 보였다.

이런 내용을 알고도 나는 포기하지 않았다. 이유는 2가지였다. 첫 번째로는, 어렵다고 믿는 것들은 하지 않아서 어려운 것이지 할 수 없는 게 아니라는 나의 믿음 때문이었다. 두 번째로는, 그 당시 〈시크릿〉이란 책을 읽었는데, 이 책이 설명하는 논리가 참 신기했다. 이 책을 보고 그리고 나의 짧은 경험을 보고 느낀 점은 '의지가 강하면 길은 만들어진다'는 것이었다.

H1-B 비자가 너무 어려워 보여 이를 알아보러 서울 방방곡곡을 돌아다녔다. 그중 한 업체를 만났는데, 인터뷰를 보지 않고도 H1-B를 지원해 준다고 했다. 다만, 서류 접수 후 추첨이란 부분이 있기 때문에 비자가 보장되지는 않는 구조였다. 비용이 무려 2천만 원이라 했다. 비자를 받고 나면 미국에서 다른 회사를 알아보고 다시 옮겨야 하는 구조였다. 말 그대로 비자를 팔아먹는 사기 단체처럼 보였다.

정말이지 한국에서 H1-B를 바로 발급받아 들어간 경우를 찾을 수가 없었다. 사실 미국에 살면서 여태껏 단 한 명도 못 봤다. 대부분은 미국에 유학 와서 여기서 OPT^{Optional Practical Training}로 1년간 지내면서 H1-B로 추후 진행하거나, 한국 대기업에서 미국에 법인을 설

립해서 그리로 주재원 비자로 보내는 경우, 아니면 미국에서 일할 기회가 생겨 지인을 통해 미국으로 들어와서 처음에는 현금으로 받으며 일하다가 여러 경로로 비자를 해결하는 경우가 거의 95% 이상 차지하는 것 같다.

그 당시에 한국에 있던 인도 친구에게 물었다. "H1-B를 받고 싶은데, 정말 어려운 것 같다. 기업이 1년을 기다려야 하는데 그런 데가 있을까?". 그 친구가 대답했다. "You never know. Just try it."

▶ 이력서 준비 및 취업

이력서를 준비하는데 앞서 업무 관련 자격증이 있다면 꼭 따는 것이 좋다. 영어도 원어민이 아니고 비자도 후원을 받아야 하고, 이주 비용을 대야 하는 회사 차원에서는 서류에서 좋은 점수를 받지 않으면 인터뷰 기회는 오지 않을 것이기 때문이다.

당시 데이터베이스 관리자로 가고 싶었던 나는 마이크로소프트 데이터베이스 관련 자격증을 모두 땄다. 총 15과목 정도를 본 것 같다. 자격증 취득은 생각보다 쉽다. 보통 문제은행에서 출제되기 때문에 특정 자격증을 제외하곤 누구나 조금만 노력하면 딸 수 있다. 물론 자격증은 서류상의 보완이지, 본인의 실력을 보완해 줄 수 있는 부분이 아니기 때문에 본인이 할 수 있는 분야의 자격증을 취득하는 것이 좋다고 본다. 그렇게 1년을 꼬박 준비하고 자격증이 준비되자마자 이력서를 작성하기 시작했다. 미국의 이력서 양식은 한국과는 너무도 다르다.

다음은 미국 이력서 상식이다.

- 이력서는 보통 2장. 최대 3장을 넘기지 않는다.
- 개인정보는 이름, 전화번호, 이메일, 졸업학교, 현재 거주 지역 정도만 넣는다.
- 나이, 성별, 인종은 이력서에 티가 나도록 적으면 안 된다.
- 사진도 보통은 넣지 않는다.

고용기회에서 불합리한 차별을 방지하고자 HR에선 개인적인 정보가 직접 노출되는 것을 좋아하지 않는다. 물론 어느 정도 유추는 가능하다. 단지, '나이 : 30살' 이런 식으로 적지 말라는 것이다.

나는 인도 친구의 도움을 받아 이력서를 작성했고, 샘플을 구해서 참고했다. 한국 이력서와 쓰는 방법이 너무도 달라서 적다 보니 한 10장쯤 적은 것 같다. (지금의 나라면 절대 이렇게 작성 안 한다.) 작성된 이력서를 당시 Dice.com(한국의 잡코리아Job Korea 같은 사이트, 지금은 Indeed.com이 훨씬 유명하다)에서 DBA, H1-B Support로 검색되는 회사에 모두 이력서를 넣었다. 그때가 10~12월 정도였다. 그중 몇 군데와 전화 인터뷰를 했는데, 미국 시각이니 여기 시각으로는 아침 5~6시나 저녁 늦게였다. 그중 두 군데에서 오퍼를 받았다. 한 군데는 5만 불, 다른 곳은 6만 불이었다. 너무 감격스러웠고 지금도 그때의 기억을 잊지 못한다.

미국 회사의 업무 환경

한국 회사에서, 한국계 미국 회사를 거쳐 최종적으로 미국 회사에서 일해본 경험으론 회사별로 약간씩의 업무 강도의 차이가 있다.

일단 차이점을 이야기하면, 한국을 벗어나면 더이상 각종 허드렛일은 안 해도 된다. 예를 들어, 프린트물을 가져다 달라든지, 업무와 관계없는 문서 작성을 해달라든지 하는 일이다.

한국계 미국회사는 회사로부터 비자 스폰서를 받아 일하는 사람의 비중이 작지 않다. 이렇다 보니, 업무적으로 좀 더 많은 일을 하더라도 불평을 하기는 여간 어려운 것이 아니다. 심하면 '현지인은 칼퇴근, 비자 후원 받는 사람은 야근'이라는 비합리적인 공식이 보이지 않게 적용되는 경우도 있다.

미국 회사는 이런 부분에 대해 HR에 보고되는 것을 꺼리기 때문에 합리적인 선상에서 야근이 허용되며, 야근은 거의 모두 자발적이다. 바쁠 때는 주말 근무도 많이 하지만, 바쁘지 않을 때는 휴가를 내거나, 집에서 일하거나, 업무 시간에 개인적인 사유로 외출이 필요한 경우 모두 허용되며 특별히 HR에 이야기할 필요 없이 팀장 선에서 결정된다. 보통 업무에 큰 지장이 없고 팀장과 특별한 문제가 없으면, "I'm working from home today" 같은 짤막한 이메일 한 줄로 처리된다.

하지만, 미국회사에서 사람을 해고할 때는 정말 가차 없다. 오전에 통보 Notice가 나가고 오후 몇 시까지 짐 싸서 나가야 한다. 본인 계정은 바로 막히고 로그인도 불가능하다. 그 때문에 자유로움이 있는 만큼 책임감이 크다.

비자의 문화 및 업무 환경

이렇게 큰 대기업의 업무 경험은 처음이었는데, 가장 인상 깊었던 부분은 인터뷰 과정이었다. 일단, 인터뷰 기회를 처음 얻는 데까지 시간이 너무 오래 걸렸다. 테크니컬 인터뷰를 한 3번 이상 그 밖의 인성 및 다른 인터뷰를 포함해서 한 5번 정도 본 것 같다. 보통은 한두 번 정도 보고 나면, 온사이트 Onsite 인터뷰(직접 가서 보는 인터뷰)를 진행하는데, 여기서는 계속 전화 인터뷰만 했다. 이 이유를 나중에야 알게 되었다.

인터뷰를 통과한 후에는 일할 지역 Location과 급여 부분을 결정한다. 내가 원래 지원한 곳은 미국 중부 지방이었는데 급여 부분을 조정하다 보니 어떻게 해서 워싱턴 주로 결정되었다. 참고로 대기업의 경우에는 지역별로 연봉 테이블이 다르다. 이후에는 각종 절차가 상당히 체계적으로 잡혀 있었다. 예를 들어, 이주 비용을 지원하는 부분이나 그 밖의 자동차 렌탈 및 아파트나 집을 구하는 부분 등이다. 총 프로세스가 4~5개월 정도 걸렸다.

 들뜬 마음으로 워싱턴주에 있는 오피스로 첫 출근을 하였는데, 정말 놀라웠던 것은 내가 소속된 팀원이 이 워싱턴주에는 단 한 명도 없었다는 것이었다. 매니저도 없었고 같은 팀원들도 모두 전 세계 각 지역으로 흩어져 있었다. 물론 지역별로 특화된 팀도 있지만, 내가 있던 팀은 한 지역에 많아야 2~3명 정도였다. 상황이 이렇다 보니, 내가 들어갈 팀에서는 당연히 온사이트 인터뷰 대신 전화 인터뷰로만 채용이 가능했고, 급여의 차이가 조금 있을 수 있지만 지역도 내가 선택할 수 있었던 것이었다.

좋은 점은 회사 출근이 상당히 자유롭다는 점이었다. 출근을 해야 일할 수 있는 것이 아니라 인터넷이랑 전화만 되면 어디서든 일할 수 있었다. 여행을 다니면서 일하는 것은 아니지만, 집 근처에서 처리해야 할 일이 좀 있다든지 하는 경우에는 부담 없이 집에서 일하는 옵션을 누릴 수 있었다.

다만, 온콜 Oncall 지원에 대해서는 예외를 두지 않는 경우가 많았다. 인터넷 연결이 좋지 않은 곳도 많기 때문에 온콜 시간 동안에는 주말을 제외하곤 오피스를 꼭 지켜야 했고, 이 스케줄을 조정하려면 상당히 일찍 조율되어야만 했다.

환경이 이렇다 보니, 당연히 이메일이나 전화가 엄청나게 많았다. 바쁜 기간에는 정말 하루에 10분조차 쉴 틈 없이 30분 단위 미팅이 빼곡하게 잡혀 있었고, 그냥 전화기를 귀에 대고 살았다고 과언이 아니다. 좋은 점은 바쁜 시기에는 이렇게 엄청나게 바쁘지만 바쁘지 않은 시즌에는 모든 개발 과정이 거의 중단되는데 이때는 정말 일이 거의 없었다.

이렇게 팀원들이나 매니저랑 통화로만 소통하다 보니 개개인의 성향을 파악하는 데 시간이 오래 걸렸다. 얼굴 표정을 보는 것도 아니고 영어도 완벽하지 않다 보니 나에게는 더욱 어려웠던 것 같다.

그리고 역시나 대기업이다 보니 사내 정치를 피할 수가 없었다. 듣기만 하던 한국 대기업의 정치문화를 미국 대기업에서 단단히 경험한 것 같다. 그 밖의 혜택은 상당히 좋은 편이었고, 업무적으로 크게 부딪힐 일이 없는 각 오피스 있던 다른 직원들과는 너무 편하게 지냈다.

비자다운 문화에 대해 조금 이야기하자면, 첫 번째로 보안이 상당히 철저한 편이고 관련 교육 내용이 정말 많다. 사실 교육이라기보다는, 꼭 통과해야만 하는 일종의 작은 영상과 퀴즈인데, 이런 것이 자주 있는 편이었다. 또한, 위험 요소를 최소화하려는 노력이 많기 때문에 의사결정에 신중하고 시간과 노력을 많이 들이는 편이었다. 반면에 이런 부분들이 일정을 지연시키는 경우도 많았다. 그리고 미국 회사답게 심각한 실수로 인해 회사에 손실이 발생하면, 퇴사가 결정되는 경우도 있었다.

미국 생활

미국 직장 생활에는 만족하고 있지만, 미국 삶에 대해 만족하는 편은 아니다. 정확히 말해 미국 삶이라고 말하기보단 타지 생활을 하는 사람이라면 다 비슷하지 않을까 생각한다.

이유는, 문화가 너무 다르고 가족, 친척, 친구가 없기 때문이다. 물론 아내와 자녀들이 있지만, 부모님, 장모님, 형제들은 모두 한국에 있다. 그러다 보니, 아이들을 교육하는 면에서도 한국 문화를 알려주는 데 한계가 있고, 친척들끼리 소통하는데도 어려움이 많다.

직접 겪어 보지 못하면 그 외로움을 알긴 어려울 것 같다. 대충 보면, 이민 1세대는 정착에 초점을 맞추어 삶의 방향이 정해진다. 그러다 보니, 경제적인 여유도 시간적인 여유도 적은 편이다. 이민 2세대들, 즉 내 자녀들은 이런 여유는 좀 가지지만, 문화적·정신적인 부분에서 조금 혼동을 느끼는 것 같다. 예를 들어, '나는 한국 사람인가 미국 사람인가?' 같은 질문이나 어떤 문화에 맞춰 내 삶을 정해야 하는지 등이다. 어떤 결정을 해야할 때 생각보다 크게 다가오는 문제이다.

가장 큰 문제는 2세대들이 결혼을 하면서 발생한다. 결혼할 때 한국 사람을 만나자니 너무 한국 문화적이고, 미국 사람을 만나자니 내가 미국 문화에 적응하기 힘들고 대략 그런 문제이다. 내가 아는 이민 2세대 대부분은 본인처럼 이민 2세대 한국 배우자를 만나기를 선호하는 것 같다. 최종적으로 이민 3세대가 되면, 이런 부분은 좀 명료해진다. 한국을 돌아갈 가능성도 거의 없고, 미국인인데 한국 문화를 조금 아는 정도에서 자라는 것 같다. 그리고 주위에 친척들이나 사촌들도 생긴다. 결국, 3세대 정도가 되어야 이민 생활이 완성되는 것 같다.

삶의 만족도 부분에서는 나는 한국이 많이 그립다. 그래도 내가 미국에 정착해 사는 이유를 생각해보면, 직장이 만족스럽고 아이들 교육이 만족스럽기 때문이다.

취업 준비를 하는 이들에게 조언

할 줄 아는 언어가 한국어뿐이라면 취업이나 여러 미래의 기회는 한국어가 가능한 약 7천만 명의 사람에게서 나올 것이다. 하지만 다른 언어, 영어, 스페인어, 중국어 중 하나를 더 익힌다면, 이런 미래의 기회가 5~10억 명에서 나올 것이다. 꼭 미국이 아니어도 좋지만, 이왕 도전할 거라면 미국으로 도전해 보는 것도 나쁘지 않다. 내가 비록 미국 삶에 만족하고 있는 건 아니지만, 최고보다는 최선을 선택했다고 보면 될 것 같다.

한국은 취업이 점점 힘들어지고 있다. 한국에 마땅한 기회가 없다면 외국으로 일하러 갈 수 있을 때 그렇게 하는 것이 여러분의 미래를 위해서도 대한민국을 위해서도, 여러분과 경쟁해야 하는 사람들을 위해서도 좋은 선택이라고 생각한다.

제2부
미국 이직 사례

제4장

광고 세일즈맨에서 데이터 과학자로

이가영 @ ASICS Digital

직책 데이터 사이언티스트
근무지 ASICS Digital, 메사추세츠 보스톤
미국 입국시 비자 F-1(학생비자)
취업 경로 미국에서 석사 공부 후 취업
학력 Data Science and Business Anylytics, 석사 (미국)

경력
ASICS Digital (Boston, MA) - 데이터 과학자 (2018/1 ~ 현재)
ASICS Digital (Boston, MA) - 데이터 애널리스트 인턴 (2017/5 ~ 2017/8)
Criteo (한국) -Account Executive (2015/4 ~ 2016/5)
Tapjoy (한국) - Sales Manager (2013/9 ~ 2015/4)
IBM (한국) - Strategy Consultant (2012/3 ~ 2013/9)
Innocean Worldwide (한국)-Account Executive (2008/1 ~ 2011/2)

활동
브런치 https://brunch.co.kr/@carmenlee

이가영을 소개하자면...

나는 2018년에 일을 시작한 신입 데이터 과학자이다. 그러나 한국에선 광고, 마케팅 업계에서 일하던 8년 차 직장인이었다. 누구보다 노후와 커리어에 대해 깊게 고민하지만, 막상 마음먹으면 복잡한 계산 없이 달려드는 성향인지라 두 가지 꿈(데이터에 기반을 둔 과학적인 마케팅과 브랜드 경험을 만들고 싶다, 미국에서 데이터 전문가로 일하고 싶다)을 실현하기 위해 전 재산을 가지고 남편과 함께 석사 유학을 왔다. 사람들의 행동과 다양한 문화에 대해 관찰하고 공부하는 것을 좋아해서, 틈날 때마다 여행하고 소비자와 브랜드가 커뮤니케이션하는 매체와 콘텐츠를 만들고 파는 일을 업으로 삼았다. 지금은 데이터 안에 숨겨진 소비자 구매 행동을 해석하고 예측하는데 대부분의 시간을 보낸다.

☆ 미국 취업에 성공할 수 있었던 키 포인트

- 데이터 과학으로 무엇을 하고 싶은지가 분명하게 있었다. 나는 데이터와 관계없는 포지션에서 일하며 갖고 있던 질문과 갈증을 해소할 수 있는 수단이 데이터라는 것을 알게 된 뒤에 데이터 과학자로 전향하기로 했다. 이런 분명한 목적의식, 방향이 있었기 때문에 비전공자로서 데이터 과학 석사과정을 마칠 수 있었고 데이터 과학자로서 일자리를 잡을 수 있었다.

- 미국 석사 학위를 제외하면 현지 취업에 유리한 편이 아니었기 때문에 그만큼 더 노력했다. 동시에 나이를 따지지 않고, 다양한 경험을 높이 사는 미국 기업 문화의 장점을 십분 활용했다.

- 언어의 한계와 문화적 차이를 인정하지만 동시에 미국 동료들에게 적극적으로 다가가려고 노력했다. 나는 한국에서 나고 자란 토종 한국인이기 때문에, 단기간에 미국인처럼 영어로 말하고 그들의 농담을 모두 알아듣기는 어려웠다. 하지만 미국에서 회사를 다니는 것은 단순히 영어로 회의와 문서 작업을 하는 것이 아니라 미국 사회로의 편입을 의미하기 때문에 몰랐던 미국 문화, 영어 표현들을 물어보는 것을 두려워하기보다 즐겁게 배우려고 노력했다.

한국에서의 경력

 한국에서 경영학과를 졸업했고, 미국에 오기 전까지 한국 광고업계에서 8년간 일했다. 총 4개 회사에서 3가지 업무를 거쳤는데, 광고 에이전시 이노션에서 광고 기획, IT 회사 IBM에서 디지털 마케팅 컨설팅, 온라인 광고 매체 회사 탭조이Tapjoy, 크리테오Criteo에서 광고 세일즈 일을 했다. 내가 담당했던 업무는 크게 TV 광고 같은 마케팅 콘텐츠 제작, 마케팅 콘텐츠나 웹사이트나 모바일 앱 같은 브랜드 자산을 확산하는 광고 매체 세일즈, 클라이언트의 마케팅, 광고전략 컨설팅으로 요약된다.

미국에서의 경력

현재 보스턴에 위치한 아식스 디지털ASICS Digital에서 일하고 있다. 원래 이 회사는 런키퍼Runkeeper라는 피트니스 모바일 앱을 개발한 스타트업이었는데, 몇 년 전에 일본 스포츠 어패럴 기업인 아식스에 인수된 뒤에 아식스 디지털이라는 조직으로 변경되어 런키퍼, 아식스 스튜디오ASICS studio 같은 모바일 앱 외에도 아식스의 이커머스, 디지털 마케팅을 맡고 있다. 데이터 사이언티스트로서 나는, 전 세계 고객들이 asics.com 이커머스 사이트와 'One ASICS'라는 멤버십 프로그램을 어떻게 이용하고 있는지 파악하고, 고객들에게 더 효율적이고 개인화된 쇼핑과 브랜드 경험을 제공하기 위하여 데이터 분석, 예측 모델 수립, A/B 테스트 등을 담당한다.

미국으로 오게 된 계기

첫째, 데이터 사이언티스트로 커리어를 바꾸고 싶었다. 나는 문과, 경영학도 출신의 광고 세일즈맨이었기 때문에 독학이나 사설 기관을 통해 데이터 사이언스에 필요한 하드 스킬을 습득해도 내 능력을 고용주에게 증명하기가 쉽지 않다고 판단했다. 그래서 자연스럽게 석사를 알아보았고, 미국이 한국이나 다른 국가들과 비교할 때 데이터 사이언스를 석사로 전공할 수 있는 학교가 많고, 데이터 사이언스 석사 프로그램들이 시작된 지 오래되었기 때문에 커리큘럼의 수준과 데이터 사이언스 전공에 대한 기업들의 인식 면에서 데이터 사이언스를 공부하기에 가장 괜찮은 나라라고 판단했다.

둘째, 미국에서 일해보고 싶었다. 한국에서 다녔던 세 번째 회사인 탭조이는 미국 샌프란시스코에 본사를 둔 전형적인 실리콘밸리 테크 기업이다. 그 회사에 다닐 때 본사로 출장 간 적이 있었는데 그때 실리콘밸리의 사람들과 분위기를 지켜볼 기회가 있었다. 한국에서 내가 세일즈하던 새로운 상품들을 포함해서 여러 가지 혁신적인 상품, 서비스들이 끝도 없이 쏟아져 나오는 것을 보며 미국과 실리콘밸리에 대해 동경하게 되었다. 그 열망이 데이터 사이언스로의 커리어 체인지와 바로 연결된 건 아니었지만, 데이터 사이언스를 공부하고 그쪽으로 직업을 가져야겠다고 결심했을 때 그 철없는 동경이 미국을 선택하게 된 계기가 되었다.

셋째, 일과 삶의 균형을 찾고 싶었다. 나의 사회 경험만으로 한국의 근무 환경을 일반화하기는 어렵지만 적어도 내가 아는 선에서는 한

국에서 정시 퇴근을 하거나, 집에서 일하거나, 내가 일 할 수 있는 시간에 일하면서 일과 삶의 균형을 유지할 수 있는 기업이 그렇지 않은 기업보다 훨씬 적었다. 그리고 그 점은 내가 광고 세일즈였든, 데이터 사이언티스트였든 크게 다르지 않았을 것으로 생각했다. 그래서 정시 퇴근이 '칼퇴'로 불리는 사회가 아니라, 오후 7시 이후에 사무실에 아무도 남아 있지 않은 사회에서 삶을 꾸려보고자, 학위 취득과 현지 취업을 목표로 미국에 왔다.

데이터 과학자로 커리어를 바꾸고 싶었던 동기

학부 때 경영학을 공부하면서 마케팅에 관심을 갖게 된 계기는 브랜딩이라는 정성적인 Qualitative 마케팅 때문이었지만, 졸업 후 현업에서 일하면서 반대로 다음과 같은 정량적인 Quantitative 문제들이 머릿속을 맴돌았다. '내가 만든 광고가 정말로 매출을 높이는 데 기여할까?', '얼마나, 어떤 방식으로, 언제쯤 기여할까?', '광고 말고 매출에 더 많은 영향을 미치는 요소는 뭘까?', '어떤 카피와 비주얼이 더 나은 건지 어떻게 알 수 있을까?', '왜 어떤 모바일 앱은 죽어라고 앱 인스톨 광고를 해도 진성 유저가 늘지 않는데, 또 어떤 앱은 광고를 안 해도 사람들이 입소문까지 내면서 열심히 쓸까?' 등….

나의 이런 질문들은 자연스럽게 객관적인 근거, 과학적인 측정, 그리고 이것들을 바탕으로 한 개선에 대한 관심으로 이어졌고, 새로운 회사와 새로운 포지션으로 이직은 나에게 답을 찾아가는 과정이었다. TV 광고를 본 뒤에 소비자의 머릿속과 가슴속에서 무슨 일이 일어나는지 정확히 알 수 없었던 반면 디지털 매체는 광고에 대한 반응과 광고를 본 소비자의 프로파일을 파악하는데 훨씬 쉬웠다. 특히 나의 갈증을 가장 많이 채워준 회사는 한국에서 마지막으로 다닌 리타겟팅 광고매체 회사였는데, 이 회사는 광고를 통한 매출 극대화를 목표로 했고, 이를 위해 가장 구매 확률이 높은 사람들을 찾아내서 이 사람들을 위주로 광고를 보여주고, 광고 배너에서 이 사람들이 가장 살만한 상품을 개인화하여 보여주었다. 그리고 이러한 타겟팅과 추천 상품 선정은 사람이 관여하지 않는 자동화된 프로세스였다. 더불어 어떤 배너 템플릿이 클릭과 구매를 가장 많이 일으키는지, 사람들이 웹사이트에 들어와서 제품을 본 뒤 며칠 뒤에 구매하는지, 그 결정 과정에서 몇 개의 경쟁사 웹사이트를 방문하는지 등을 알 수 있었다.

두 곳의 온라인 광고매체 회사에서 일하면서 내가 가졌던 질문들에 답해줄 수 있는 도구와 주체가 데이터, 데이터를 처리하는 인프라스트럭처, 그리고 데이터를 다루는 사람들이라는 것을 알게 되었다. 사람들이 어떻게 행동하고 반응하는지에 대한 데이터를 수집, 처리, 분석해서 파악하고, 이를 바탕으로 한 실질적이고 의미 있는 변화를 상품과 서비스에 반영할 수 있는 도구와 주체들. 여기까지 생각이 미쳤을 때 나는 그렇게 만들어진 상품을 파는 일보다 그 변화를 직접 만드는 일이 더 하고 싶은 일이라는 것을 깨닫고 데이터 과학으로 커리어를 바꾸기로 했다.

비전공자로서 데이터 과학자가 되기까지 어려움

비전공자로서의 어려움은 유학 준비 기간에 선수 과목Prerequisite을 이수하면서부터 시작되었다. 미국 대학원의 데이터 사이언스 전공 프로그램들은 보통 기초 통계학, 미적분, 선형 대수, 프로그래밍 언어 과목 중 1개 이상을 선수 과목으로 요구했는데, 다행히 기초 통계학을 학부 때 들었지만 그 외에는 완전히 처음이었다. 그래서 유학을 준비하면서 1년에 걸쳐 방송통신대학교와 사이버대학교에서 정보통신 수학(공업 수학과 거의 같은 과목), SQL 수업, Java 수업, 이산 수학, 자료 구조를 수강했다.

그리고 그 과목들을 듣기 이전에 선행학습을 했다. 첫 번째 선행학습은 고등학교 이과 수학 공부였는데, 인터넷 강의로 이과 수학 중 미적분 부분만 두 달 정도 들으면서 고등학교 때 문과 수학에서 배웠던 내용을 복습하면서 동시에 처음 보는, 더 어려운 미적분을 배웠다. 그리고 소프트웨어 엔지니어였던 남편이 특정 프로그래밍 언어를 배우기 이전에 프로그래밍이 무엇인지, 그 개념부터 알아야 한다고 조언해주어서 lynda.com에서 'Foundations of Programming: Fundamentals'라는 과목을 들었다.

물론 선수 과목 수강과 선행 학습으로 갑자기 이과형 인간이 되지는 못했고, 학교에 있는 1년 반 동안 데이터 과학자로 취업할 수 있는 상태로 지식과 스킬을 끌어올려야 했기 때문에 석사 기간에는 공부 자체에 최대한 많은 시간을 투자했다. 학교 수업에서는 R, 파이썬을 가르치는 것이 아니라 머신러닝 알고리즘의 개념과 이 언어들로 어떻게 모델링할지 배우기 때문에 언어의 기초는 혼자 온라인에서 따로 배웠다. 그리고 통계학이나 수학도 수업에서 배운 내용을 아마 남들보다 더 시간을 들여서 이해하지 않았을까 싶다.

지금 와서 돌이켜보면 경영학과 출신, 30대, 그리고 한국인이라는 사실은 나의 약점이 아니라 강점이었다. 왜냐하면, 수준 높은 한국 고등학교 수학 덕분에 미적분, 삼각함수, 행렬 같은 것들의 기본을 어릴 때 배웠고, 나이를 먹으면서 사고력, 이해력이 10, 20대 때보다 나아졌으며, 무엇보다 광고업 경험을 통해서 데이터 과학으로 이루고자 하는 바가 명확했기 때문이다.

아식스 디지털의 회사 문화와 업무 환경

아식스 디지털은 일본 기업을 모기업으로 두고 있지만, 인수 전 미국 스타트업 시절의 업무 수행 방식과 문화가 그대로 남아있다. 여기서 기인하는 한국 직장 생활과 다른 점 중 가장 크게 와닿는 것은 개인에게 주어지는 자유와 책임이다. 나에게 일방적으로 업무를 지시하거나, 비상식적으로 일을 재촉하거나, 근태로 눈치를 주는 사람은 없다. 나의 매니저는 주 별로 나의 장단기 프로젝트의 진행 상황을 체크하고, 회사 내에서 데이터 사이언스를 활용해야 할 프로젝트를 찾아 주기도 하고, 나의 커리어를 가이드 하면서 고충도 들어준다.

시간에 있어서 특히 자유로운데 우리 회사는 유급 휴가에 제한이 없고, 컨퍼런스 콜이나 슬랙^{slack}으로 논의하는 것이 자연스러워서 언제 어디서 일하는지가 완전히 나에게 달려 있다. 그리고 정해진 근무시간이 없기 때문에 다른 사람들과 미팅에 있는 것이 아니라면 개인 스케줄에 맞추어 일할 수 있다. 언젠가 일찍 퇴근하고 저녁에 집에서 일을 한 적이 있는데 그날따라 진도가 잘 나가서 새벽 4시가 되어 버렸다. 다행히 미팅이 없는 날이라 자기 전에 매니저에게 알리고 느지막이 일어나서 재택근무를 했다. 자주 있는 일은 아니지만 '눈치 보는' 문화가 아니기 때문에 가능한 상황이다.

여기까지가 '자유'의 좋은 점이라면, 동시에 내가 맡은 프로젝트는 처음부터 끝까지 나 혼자 해야 하는 '책임'이 존재한다. 나의 내부 고객인 마케팅, 프로덕트 팀 사람들이 원하는 것을 파악하고 일정을 조율하면서 일을 마무리하는 것까지 혼자서 해내야 한다. 만약 회사를 다녀본 적이 전혀 없는 상태였다면 버거웠을지도 모르는 수준의 책임이다. 물론 필요할 때는 매니저에게 도움을 요청할 수 있지만 나를 포함한 모든 팀원이 자신의 프로젝트가 존재한다. 물론 일을 대충 하거나, 질질 끈다고 해서 상하 관계 하에서 나를 혼내는 사람은 없다. 하지만 진급과 이직, 그리고 그것을 가능하게 하는 평판 관리와 업무적인 성장을 생각한다면 정말 나 자신을 위해서 자발적으로 열심히 일하게 되는 문화다.

업무 강도는 이성적인 편이다. 내가 수용할 수 있는 프로젝트 일정을 매니저, 사내 고객들과 이야기해서 조율한다.

아식스 디지털의 특이한 문화라면 스포츠 의류, 신발을 다루고, 피트니스 서비스를 파는 회사이기 때문에 그와 관련된 혜택, 복지가 많은데, 특히 운동과 관련된 지출(용품 구매, 마라톤 참가 등)을 회사에서 많이 보조해준다. 또한, 직원들의 성향도 활동적인 편인데, 예를 들면 회사 사람들끼리 자발적으로 함께 러닝을 하고, 사무실에 요가 강사를 초대해서 매주 요가 클래스를 연다. 나는 한국에서 러닝을 제대로 해본 적이 없었는데 이 회사에 입사한 뒤에 사내 분위기에 자극을 받아 러닝 트레이닝을 시작했고 최근에 회사 사람들과 5km 마라톤에도 출전했다. 수평적, 자율적인 업무 환경과 건강한 라이프 스타일을 추구하는 사람이라면 우리 회사를 적극적으로 추천하고 싶다.

미국 취업을 준비하는 이들을 위한 조언

미국 취업을 권하기보다 오히려 한국에 계속 사는 것이 더 나은 선택일 수도 있다는 것을 말하고 싶다. 만약 한국에서 다니던 직장에서 미국 지사 또는 본사로 파견되어 미국에서 일하는 경우가 아니라면 나처럼 유학 후 구직을 하거나, 한국에서 온라인으로 구직을 해서 미국으로 와야 하는데 여기에는 한국에서 이직하는 것의 몇 배에 해당하는 노력이 필요하다.

전에 가수 보아 씨가 미국에 처음 진출했을 때 신인가수처럼 나이트클럽을 돌면서 앨범을 홍보하고 본인을 알리느라 엄청나게 고생했다는 기사를 본 적이 있는데 한국에서 경력직으로 있다가 미국에

와서 구직하는 상황이 이와 유사하다. 내가 졸업한 한국 학교, 다녔던 한국 회사를 미국의 고용주가 모를 가능성이 높고, 미국에서 구직할 때 이력서와 인터뷰에서 어떤 점을 어필해야 하는지, 연봉 협상은 어떻게 해야 하는지를 직접 부딪치면서 배워야 한다.

그리고 취업한 뒤에는 미국인 동료들과 함께 일하는 방식과 문화에 적응해야 한다. 본인이 먼저 물어보기 전까지는 아무도 '너는 외국인이라 잘 모르겠지만 이건 이런 거다'라고 친절하게 설명해주지 않는다.

이러한 새로운 상황에의 적응과 배움이 버거울 것 같은 사람이라면 나는 과감하게 미국 취업을 반대하고 싶다. 한국에서 받는 대우, 한국에서 쌓은 네트워크, 평판, 경력을 어느 정도 내려놓고 새로운 무대에 맞게 자신을 포장하고 단련하는 것이 모든 사람이 겪어야 할 일은 아니지 않나 생각한다.

또 하나는 영어의 중요성이다. 엔지니어 포지션은 말로 하는 업무의 비중이 소프트 스킬이 중요한 세일즈나 마케팅 포지션에 비해 적긴 하다. 그래도 결국 다른 팀원들이나 내 매니저가 원하는 것을 파악하고, 내가 어떤 일을 했는지와 어떤 질문이 있는지 전달하려면 이를 위한 영어 실력이 요구된다.

나는 한국에서 나고 자랐고, 대학 때 네덜란드 교환학생 6개월과 인도에서의 인턴십 6개월, 호주 어학연수 3개월이 영어를 접한 경험

전부였다. 외국계 회사에 다니면서 영어를 쓸 일이 있었지만 '나는 영어를 못 한다'고 스트레스를 받을 정도로 영어로 해야 하는 중대한 업무는 없었다. 내 경우에는 업무적인 커뮤니케이션은 내가 아는 표현, 주제들을 다루기 때문에 어려움이 적은데, 동료들과 사적인 이야기나 스포츠, 연예계 뉴스 같은 업무 외적인 이야기를 할 때 상대의 말을 알아듣지 못할 때가 있다. 또, 내가 말하고자 하는 바를 모두 전달하지 못할 때가 많아 답답하고, 주눅이 들기도 한다. 그래서 나는 짬짬이 시간을 내서 미국 드라마를 따라 말하고, 영어 팟캐스트를 듣고, 영어로 된 책을 읽는다.

하기 싫은 언어 공부를 억지로 하는 것은 아니지만 한국에 계속 있었더라면 지금만큼 영어 스트레스를 느끼지 않았을 것이고, 어쩌면 그 에너지와 시간을 더 즐거운 일에 쓸 수도 있지 않았을까 하는 생각이 들기도 한다. 프로페셔널로서 자기가 맡은 일을 잘 해내고 전문성을 쌓는 것도 중요하지만 그에 더하여 언어와 현지 문화에 대한 끊임없는 공부 역시 외국에서 일하기 위한 덕목이라고 생각한다.

제2부
미국 이직 사례

제5장

많은 문제를 해결하고픈 열정적인 디자이너

이근배 @ Facebook

직책 Product Designer
근무지 Facebook, 워싱턴주 시애틀
미국 입국시 비자 F-1(학생비자)
취업 경로 유학 후 취업
학력 Human-Computer Interaction, 석사 (미국 조지아텍)
Psychology, 학사 (미국 미시간 앤아버)

경력
Facebook (Seattle, WA) - Product Designer (2018/6 ~ 현재)
Facebook (Seattle, WA) - Product Design Intern (2017/5 ~ 2017/8)

활동
브런치 : https://brunch.co.kr/@geunbae
미디엄 : https://medium.com/@geunbaemikelee
포트폴리오 : http://geunbae-lee.com
Dribbble : http://dribbble.com/geunbae-lee

이근배를 소개하자면...

나는 이 세상에 존재하는 많은 문제를 해결하고 싶은 열정적인 디자이너다. 디자인에 입문한 지는 몇 년이 채 되지 않았지만, 심리학과 HCI^{Human Computer Interaction}를 바탕으로 디자이너로서 필요한 능력과 툴들을 사용하여 아이디어를 표출하는 것을 많이 연습해왔다. 주 관심 분야는 흔히 우리가 접하는 웹이나 앱이지만, 미래에는 사물인터넷^{IoT}, 증강/가상현실^{AR/VR}, 인공지능^{AI}에 관한 제품들도 디자인해보고 싶다. 요즘과 같은 급격히 변하는 세상에는, 너무나도 다양하고

> ### ☆ 미국 취업에 성공할 수 있었던 키 포인트
>
> - '열정^{Passion}'이란 단어는 누구나 쉽게 쓸 수 있지만 '행동^{Action}'이 수반되어야 비로소 원하는 것에 좀 더 다가갈 수 있다.
>
> - 항상 시장을 읽고, 내가 어떤 것을 더 해야 하는지, 어떻게 하면 남들 앞에서 당당해지고 뛰어날 수 있는지를 연구하고 실천해야 한다. 모르는 것이 있으면 더 아는 사람에게 정중히 물어보고, 아는 것이 있으면 모르는 사람에게 친절히 가르쳐 줄 수 있는 사람이 되고 싶다.

어려운 문제들이 존재하고 있다. 때문에, 디자이너들의 역할이 점점 더 중요해지고 있는 것 같다. 따라서 급변하는 IT 분야 안에서 살아남기 위해 공부도 꾸준히 하고 있다. 혼자서 사이드 프로젝트를 해보려고 노력도 하고 있고, 배우고 느낀 점들을 블로그에 글로 써 표출하며 항상 여러 트렌드를 읽고 습득하려고 애쓰고 있다.

미국 HCI 대학원 입학 과정

사실 나는 학부 때 디자인을 전공하지 않았을뿐더러, 그 전에 디자인 교육을 받은 적이 거의 없다. 오히려, 캐나다에서 고등학교를 졸업한 후, 미시간 대학교에 기계공학 전공으로 입학했다. 하지만, 그 당시에는 내가 선택한 전공에 대한 지식이 많이 없었을뿐더러, 어떤 것을 미친 듯이 배워보고 싶은 열정도 없었던 것 같다. 고등학교 때 열심히 이것저것 공부했을 때와는 다르게 대학교 때는 흥미도 떨어지고 오히려 숨을 돌리고 싶어졌었다. 돌이켜보면, 첫 2년의 대학 생활은 너무 무의미하게 지나갔다. 너무나도 허무하게 시간을 보내고 나니 정신도 차려야 했고 정말로 쉬면서 내가 뭘 해야 할지 고민해보고 싶었다. 그래서 3학년에 돌아가기 전에 한국에 돌아와 군에 입대했고 그 절제의 테두리 안에서 시간이 흘러가면서 하나둘씩 도전해 보고 싶고 알고 싶은 것들이 생겨났다. 전역 때쯤에는 '그래! 나는 기계공학보다는 문과 체질이야'라고 자신에게 최면을 걸었고 복학을 해서는 많은 반대와 걱정에도 불구하고 심리학으로 전과를 했다. 그 당시에 부모님과 몇몇 친구들이 전과를 결정하는 나를 보며 매우 걱정했지만 나는 심리학이라는 전공이 흥미로웠고 배우고 싶었다. 또한, 나라는 존재에 대해서 많이 고민하던 찰나였기 때문에, 사람들의 행동과 심리 그리고 표정 등에 대해 공부를 한다는 것이 매력적이었다. 그리고 시간이 흘러 열심히 하다 보니 좋은 성적도 받았을 뿐만 아니라, 교수님들과 재미있는 연구도 하면서 첫 대학 2년과는 다른 나머지 2년을 보냈다. 그때 나의 자신감과 배움에 대한 열정은 매우 높았던 것 같다.

하지만 기쁨도 잠시, 졸업 후 진로가 생각보다 큰 문제였다. 많은 문과 유학생이 하는 고민일 수도 있겠지만 STEM^Science, Technology, Engineering, Mathematics 관련 전공이 아니면 미국 취업이 불리한 면이 없지 않기에 많은 고민 없이, 당연히 한국으로 돌아가야겠다고 생각했다. STEM 전공을 하면 3년이라는 실무연습^OPT 기간이 주어지지만 STEM이 아닌 전공들은 1년 안에 H1-B라는 비자를 받지 못하면 다시 한국이나 다른 나라로 돌아가야 한다. 그 때문에 미국에서의 취업을 고려하지 않고, 한국에서의 진로만을 고민했다.

솔직한 마음으로 돌이켜보면, 미국에서 취업을 일찌감치 포기한 것이 매우 아쉽다. 무조건 비자는 나오지 않을 거라는 생각과, '어차피 문과를 공부한 유학생이니까 한국에서 일하겠지'라는 생각을 한 것이 후회됐다. 그리고 졸업 후, 어느새 한국 가는 비행기에 몸을 실었고 정신을 차려보니 한국 강남역 메가로스쿨에서 한국 로스쿨 진학을 희망하는 학생으로 변신해 있었다.

정말 솔직하게 말해, 로스쿨 준비는 너무나도 힘들었고 나와 맞지 않았다. 한국에서 내노라하는 사람들도 재수하고 삼수하는 마당에 초등학교 때부터 캐나다와 미국에서 유학해온 나는 한국말로 공부하고 문제를 푸는 것에 익숙하지 않았고, 한자들 또한 이해하기 힘들었다. 모의고사를 볼 때마다 대부분 하위권이었고 스터디를 할 때면 다른 사람들 발목을 붙잡진 않을까 노심초사했다. 그뿐만 아니라, 한국 특유의 문제 풀기를 위한 암기방법과 문제를 푸는 공식이 존재하는 사실이 있다는 것이 익숙하지 않았다. 그리고 그런 방법으로 문제를 풀어야 한다는 사실이 더욱더 스트레스였다. 사실

애초에 이런 것들이 너무나 싫어서 어렸을 적부터 유학을 가고 싶었던 것도 사실이다. 사실 유학 생활 도중에 중학교 때 잠시 한국으로 돌아왔었을 때가 있었는데, 족보 닷컴이라는 곳에서 과거 기출문제를 미친 듯이 뽑아서 기계처럼 풀고 또 풀었었다. 그런 방식이 매우 나와는 맞지 않는다고 생각해서 다시 유학을 떠났었는데, 로스쿨을 포기하게 된 계기도 비슷하다.

그럼 도대체 나는 어떻게 UI/UX/프로덕트 디자인에 입문해 여기까지 오게 된 것일까? 정말 운이 좋게도, 내가 로스쿨에 대해 심각하게 고민하고 있을 당시, 미국에서 날 지도해주시던 심리학 교수님께서 한국의 대학교 몇 곳에 심리학 강의를 하러 방문하셨다. 페이스북 메신저로 한번 밥이나 먹자는 연락이 왔고, 만나서 반가운 얘기들을 하던 도중, 진로 얘기를 하며 HCI^{Human Computer Interaction}와 UX^{User Experience}에 관한 얘기들을 해주셨다. 로스쿨 진로를 매우 고민스럽게 여기던 내게 매우 알맞은 진로일 것 같으니 집에 돌아가면 컴퓨터를 켜서 한번 찾아나 보라고 말씀해주셨다. 그리고 내가 아는 같은 대학 선배가 역시 심리학 전공 후 카네기멜론 대학에서 HCI로 석사를 한 뒤, 현재는 미국 아마존^{Amazon}에서 UX 디자이너로 일하고 있다는 사실을 알려주셨다. 그리고 그 선배에게 연락해 많은 정보를 들을 수 있었다. 미국에서 누구나 아는 회사에서의 취업, 고액의 연봉, 주식과 보너스 그리고 유연한 근무시간 등이 나를 설레게 하기 충분했다.

항상 테크 쪽에 관심이 있었기 때문에 이런 모든 정보가 나를 설레게 하기 충분했고, 그날부터 쭉 컴퓨터를 켜고 시간 가는 줄 모르게 새벽까지 UI/UX 관련 내용을 찾아보았다. 직업군은 어떻고, 무엇을 잘해야 하며 어떤 대학원들이 있고 등 무수히 많은 정보를 노트에 적어가기 시작했다. 이 세상 그 누구도 그 날이 내 인생을 180도 바꾼 순간이라는 것은 알지 못했을 것이다. 심지어 부모님도 그땐 얘는 도대체 뭘 하는 애인가 싶기도 하셨을 것 같다. 기계공학으로 들어가 심리학으로 전과해서 갑자기 한국 돌아와서 로스쿨을 간다고 하고는 다시 공대 쪽으로 간다고 하니, 속이 터지셨을 것 같다.

며칠 후였던가, 로스쿨 공부를 바로 그만두게 됐다. 한번 꽂히는 것은 무조건 파고드는 성격 때문인지 다른 것은 눈에 들어오지도 않았다. 당장 컴퓨터 학원을 등록하고 아침에는 디자인과 코딩, 밤에는 대학원 준비 등으로 시간을 보내고 체력이 남으면 디자인 스터디도 알아보고 인터넷에서 블로그나 기사도 읽고, 네트워킹도 하려고 노력했다. 열정으로 불붙은 나에게 학원은 진도가 너무 느렸기 때문에 집에서 혼자 공부하면서 더 속도를 올렸다. 실력도 많이 향상되고 이것저것 배우고 습득하면서 재미는 더해졌다. 남들보다 훨씬 뒤처져 있다는 생각을 계속하면서 나를 채찍질했고 배워도 배워도 새로운 것들이 너무나도 재미있었기에 지치지 않는 폭주 기관차처럼 방에서 밤을 새우기 일쑤였다.

드리블Dribbble이라는 곳에 가면 세계 각지에서 디자이너들이 예쁘고 트렌디한 것들을 포스팅했는데 '저런 건 도대체 어떻게 만들지?' 하고 생각하는 것에서 끝나는 게 아니라 항상 스크랩해두고 똑같이 스케치Sketch나 포토샵Photoshop을 켜고 따라 했다. 또한, 코딩에 관심이 있었고 필요성을 느꼈기 때문에 간단한 홈페이지를 처음에는 만들 줄 몰랐지만 무작정 공부를 하며 이것저것 비슷하게 흉내 내보기도 했다. 그저 무엇이든 배우고 연습하고 읽고 쓰고 열심히 마우스 클릭을 했던 것 같다. 지금 생각해보면 그 열정과 '절박함'이 지금의 나를 만든 것이 아닌가 생각한다.

다시 시간의 흐름으로 말하자면, 2015년 5월 대학교 졸업, 2015년 8월까지 로스쿨 준비 후 포기, 2015년 12월까지 미친 듯이 코딩과 디자인 공부 및 대학원 지원 서류 준비, 2016년 3월 결과 발표, 2016년 8월 조지아텍 Georgia Tech HCI 석사 입학. 공부한 시간으로만 따져도 당연히 디자인에 대한 이해나 실력이 부족하다고 생각할 수밖에 없는 나의 배경이다. 따라서 매일 이를 갈면서 공부를 했고 연습, 또 연습을 거듭했다. 모르는 게 있으면 각종 디자인/테크 관련 페이스북 그룹에 포스팅도 해보고 피드백도 구하고 잘하는 분에게 페이스북이나 링크드인 메시지도 보내며 멘토십도 구하고, 사람들이 많이 쓰는 유명한 앱들을 내려받아서 어떻게 작동하고 디자인되어 있는지도 미친 듯이 파고들었던 것 같다. 무엇보다 인터넷에 나와 있는 수많은 튜토리얼, 블로그, 아티클, 오프라인 스터디들 및 많은 정보가 밑거름되었다. 그런 도중 운이 좋게 한국에 있는 스타트업에서 몇 개월 동안 일을 해볼 수도 있었고 라이트브레인 Rightbrain 이란 UX 컨설팅 회사에서 주최하는 UX 수업도 3개월 동안 들을 수 있었다.

대학원 지원 시에 '심리학 전공자이지만 디자인과 코딩에 대한 이해도와 실력이 있으며 나의 포트폴리오는 혼자 직접 코딩해서 만들었어요'라는 문구를 앞세웠다. 그것을 장점으로 내세우는 동시에 열심히 공부하는 나의 열정을 조금이라도 봐준 것이 아닌지, 운이 좋게도 그래서 많은 대학원이 나를 합격시켜 준 것이 아닌가 생각된다. 다시 말하지만 끝없는 열정과 내가 어느 위치에 있는지 돌아보는 자각심self-awareness이 나 자신을 계속 채찍질하지 않았나 생각한다.

대학원 준비, 이렇게 했다

▶ 1. 미국 대기업에 다니는 디자이너들에 대한 정보 수집

대학원 지원 준비를 밤낮으로 하는 도중, 꾸준히 한 것이 몇 개 더 있다. 하나는 좀 이상하게 들릴 수 있지만, 시간이 날 때마다 링크드인을 통해서 관심 있는 대학원에 다니는 사람들이 어느 기업에 인턴십이나 정직원으로 갔는지 프로파일 스토킹을 하는 것이었다. 그냥 검색하면 나오는 정보이기에 찾는 것은 매우 수월했다. 몇몇 학생들이 정말로 내가 꿈에 그리는 회사에 다니는 것을 보면 흥미롭고 전율이 흘렀다. 링크드인의 이력서에서 그 사람의 출신 학교와 수강 과목, 포트폴리오는 어떤 식으로 디자인돼있고 프로젝트들은 어떤 것들이 있는지 등을 눈여겨보았다. 몇 개의 포트폴리오들은 시간이 가는 줄 모르게 보고 북마크로 저장하기도 하면서 '언젠간 나도 저렇게 해야지'라고 생각했다. 하지만 반대로 어떤 포트폴리오 웹사이트들은 둘러보기가 불편한 경우도 있었으며 디자인 경험이 많지 않은 내 눈에도 전체적인 느낌이 별로인 것들도 있었다. 이렇듯, 여러 사람의 포트폴리오에서 많은 영감과 자극을 받았고, 닮아야 할 것들과 닮지 말아야 할 것들 또한 많이 느끼고 얻었다.

▶ **2. 미국 대기업이 원하는 디자이너의 역량**

또 다른 준비 중 하나는, 미국에 많은 사람이 아는 구인·구직 사이트를 통한 디자인 직종 분석과 회사가 포스팅하는 디자이너 모집 글들을 시간 날 때마다 하나씩 읽어보는 것이었다. 미국에서는 대부분 링크드인 잡스 LinkedIn Jobs, 인디드 Indeed 그리고 글래스도어 Glassdoor와 같은 곳을 활용하는데 나는 거기서 매일 프로덕트 디자이너, UX 디자이너 그리고 인터랙션 디자이너 등 여러 디자이너 직업을 찾아보았고 회사마다 다른 이름의 직책과 뽑는 시기, 그리고 지원방식이 있는 것을 알게 되었다. 정직원은 물론이거니와 인턴십에 관한 정보도 끊임없이 노트에 쓰기도 하고 머릿속으로도 정리했다. 예를 들어, 구글 UX 디자인 인턴십 지원은 1월 초에 열리고, 페이스북 프로덕트 디자인 인턴십 지원은 구글보다는 비교적 빨리 열리는 등, 이런 유용한 정보 덕에 대학원에 가서 다른 친구들보다 빨리 포트폴리오를 정리하고 지원할 수 있지 않았나 생각한다. 정보가 힘이다!

▶ **3. 디자이너가 알아야 할 툴 공부**

"난 디자이너예요." 또는 "난 뛰어난 디자이너가 되고 싶어요."라고 말하기 위해서 제일 중요한 것 중 하나가 바로 스킬 셋 Skill Set이다. 흔히 디자인을 모르는 사람들이 디자인을 생각하면 스케치보다는 포토샵을 더 많이 말하는 경우가 있는데 아무래도 요즘은 스케치 시대다. 처음 내가 디자인 툴을 공부해야겠다고 마음먹었을 때 배운 것은 포토샵이나 일러스트레이터였지만 포토샵보다 스케치를 쓰는 트렌드가 왔고 당연히 학생으로서 트렌드를 따르는 게 자연스러웠다. 게다가 스케치는 포토샵으로는 할 수 없는 여러 추가 기능들이 있었으며 너무나도 편리했다. 스케치를 써본 사람이라면 아마 알 것이다. 이런 디자인 툴들 말고도 와이어 프레이밍이나 프로토타이핑 또한 요즘 디자이너가 갖춰야 할 능력임을 알았기에 많이 다운로드하여보고 실제로 툴마다 몇 가지를 만들어보기도 했다. 시간이 지나다 보니 선호하는 툴들이 생겨났고 프레이머^{Framer}나 오리가미^{Origami}는 특히 페이스북 그룹에 가입해서 정보도 얻고 궁금한 것은 물어보며 열심히 활동했다. 이런 온라인 커뮤니티가 매우 잘 되어 있었고 다른 사람들이 만든 프로토타입들을 다운로드 받아 들여다보며 이해하고 방법을 습득하며 모르는 게 있으면 질문도 해보았다.

▶ 4. 드리블과 비핸스 보고 따라 해보기

매일매일 피와 땀을 흘리며 디자인 관련 툴들을 손에 익혔다. 단축키를 서서히 익혔고 스케치 경우에는 심볼^{Symbol} 사용에 익숙해졌고 각종 유용한 플러그인^{Plug-in}들도 활용해보는 등 점점 실력이 향상되어갔다. 실력 향상에 가장 도움이 됐던 것은 드리블^{Dribbble}이나 비핸스^{Behance}에 나오는 맘에 드는 디자인들을 따라 해보는 것이었다. 가끔 대중교통을 이용할 때나 집에서 자기 직전, 정말 멋있다고 생각했던 디자인들을 스크랩이나 스크린샷으로 저장해놓고 최대한 똑같이 만들어보았다. 처음에는 그림자나 색의 사용이 익숙하지 않아 애를 먹었다. 하지만 그럴수록 혼자 연구했고 시행착오를 통해 최대한 비슷하게 만들 수가 있었다. 그러다 보니 제법 실력이 늘게 되었고 특히 폰트를 적절히 트렌드에 맞추어 사용하는 법도 제법 늘기 시작했다. 색의 배합도 많이 개선되었고 타이포그래피 연습도 꾸준히 했다. 지금도 딱히 시각적^{visual}으로 뛰어난 디자이너라고 할 수는 없지만, 개인적으로 모든 디자이너가 꼭 그럴 필요는 없다고 생각하기 때문에 현재에 매우 만족하고 있다. 하지만 지금도 시간 날 때마다 드리블에 업데이트하는 등 많은 노력을 하고 있다.

▶ 5. 혼자 하는 프로젝트, 포트폴리오 콘텐츠 만들기

대학원 지원 당시 포트폴리오에 대해서 앞에 살짝 얘기를 해보았는데 이런 궁금증을 가졌으리라고 생각된다. '웹사이트의 윤곽은 만들었다 치고 도대체 그 안에 어떤 내용을 넣었을까?' 다시 말하지만, 디자인 전공자가 아니었기에 그때는 당연히 디자인 관련 프로젝트는 커녕 아예 넣을만한 소재가 없었다. 하지만 포트폴리오 윤곽은 다 만들었는데 그 안에 넣을 프로젝트들이 없으면 그저 빈 껍데기에 불과하기 때문에 고민을 많이 했다. '도대체 어떤 것을 넣을 수 있을까?' 고민과 고민 끝에 아무래도 혼자라도 프로젝트를 해보는 게 제일 나은 방법임을 깨달았다. 처음에는 평소에 사람들이 많이 사용하는 앱들을 내려받아서 혼자 평가 Audit를 해보며 '어떻게 하면 더 좋은 UX를 만들 수 있을까?', '어떻게 하면 디자인을 더 이쁘게 또 실용적이게 할 수 있을까?'란 질문들을 던져보면서 프로젝트를 진행해 보았다. 혼자 방에 앉아 인터넷으로 대충이라도 리서치도 해보고, 노트에 내 개인적인 생각과 개선 방향도 적어보고, 와이어 프레이밍도 연필로 쓱싹쓱싹 해보았다. 딱히 어떤 특출난 아이디어를 학교 측에 보여주고 싶다기보다는 UX 분야에 충분한 관심이 있고 혼자 무작정 해볼 만한 열정이 있으며 그것을 실현할 수 있게끔 하는 디자인 툴 사용 능력이 있다는 것을 증명하고 싶었다.

짧은 기간에 여러 프로젝트를 했는데 날씨 앱을 프로토타이핑까지 해서 더 재미있게 만들어보았고 캐릭터 디자인도 해보고, 각종 아이콘 디자인, 그리고 스타벅스 같은 웹사이트들을 대충이나마 코딩으로 재현해보았다. 이런 것들이 꼭 UI/UX와 관련이 되는 것들이 결코 아닐 수도 있었지만, 뭐든 관련 있으면 일단 최대한 웹사이트에 추가로 넣어보았고 나의 200%를 보여주고 싶었기에 콘텐츠를 덜 넣는 것은 상상도 못 하였다. 지금 그때의 포트폴리오를 보면 당장 구멍으로 숨어버리고 싶지만, 디자인의 '디'자도 모르고 코딩의 '코'자로 모를 것 같은 심리학과 출신 학생의 열정을, 당시의 면접관은 높이 샀던 것 같다.

▶ **6. 디자인 관련 밋업, 스터디, 컨퍼런스 참가**

여기서 알아야 할 것은, 나는 결코 방에 틀어박혀 4개월 내내 공부만 하고 대학원 준비를 한 건 아니라는 것이다. 페이스북이나 각종 이벤트 앱, 웹사이트를 통해 다양한 디자인 밋업meetup이나 스터디 또는 HCI 컨퍼런스에 참가했다. 그중 기억나는 것이 페이스북 프레이머Framer 그룹 운영자 이준원 님과 진행한 프레이머 스터디인데, 일요일 아침마다 매우 재미있게 참가하고 많이 배웠던 시간이었다. 처음에 프레이머에 대해 배울 때 모르는 게 많아서 페이스북 그룹에 스터디를 찾아보았다. 그때 운 좋게도 이준원 님이 스터디를 개설하고 주도해 주셨다. 이렇게 실무 디자이너들이나 다른 학생들과 같이 스터디하고 직접 얘기도 듣는 것이 디자인이나 크게는 IT 필드에 대한 전반적인 지식을 많이 쌓게 해 준 것 같다. 게다가 너무나도 멋진 디자인을 하시는 디자이너분들을 보면서 주먹을 꽉 쥐고 '언젠간 나도 저렇게 될 거야!'라는 생각을 하며 집에 돌아와 더 이를 갈고 열심히 했다. 이런 이벤트나 모임들은 정말로 많은 동기부여와 격려가 된다. 앞으로도 기회가 된다면 많이 참가하고 싶다.

▶ **7. 남는 시간 활용 (아티클, 블로그, 유튜브 강의 등)**

어릴 적부터 지겹도록 듣는 말, 자투리 시간 활용. 항상 전교 1등들은 말한다. 화장실 가는 시간도 공부에 최대한 활용했다고…. 여기서 말하고 싶은 건, 그 정도는 아니지만 어느 정도까지는 열정과 관심만 있다면 할 수 있다는 것이다. 지금까지도 계속 말했지만, 나는 버스, 지하철, 택시나 아니면 잠들기 전 시간을 최대한 활용하려고 신경 썼었다. 대학원 지원 마감까지는 4개월이라는 짧은 시간밖에 없었던 것도 있지만 대학원을 지원하고도 입학은 보통 8월이나 9월이었기에 시간도 많이 남은 것을 알고 있었다. 게다가 대학원에 입학해서 실제로 수업을 듣고 프로젝트를 친구들과 진행해야 하기까지에는 많은 배경 지식과 디자인/코딩 지식이 많이 필요할 것만 같았다. 학교에 가서 비실비실 끌려다니기보다는 프로젝트를 주도하고 열심히 하고 툴도 적절히 활용할 줄 아는 디자이너가 되고 싶었기에 매일매일 끊임없이 배웠다.

여유가 좀 생기면 UX 관련 아티클이나 블로그를 찾아봤고 운동할 때나 잠들기 전에는 유튜브 강의를 보았다. 그저 구글에 UX만 검색해도 쏟아져 나오는 정보에 감탄을 금치 못했고 정말로 이 분야가 핫Hot하다는 것에 안도감을 느끼기도 했다. 너무나도 방대한 정보가 있었는데, 전문적인 지식, 세세한 튜토리얼부터 취업하는 방법, 인터뷰 방법, 포트폴리오 만드는 방법, 디자인 툴 설명, 비교 등

끝이 없었다. 시간이 가는 줄 모르게 너무 재미있었고 어떤 것들은 내 능력 밖임을 깨달았을 때는 속상하기도 했다. 지금도 모르는 게 너무 많은 나 자신을 보며 자책하고 채찍질한다. 지금 이 글을 쓰는 순간에도 배우고 싶은 것들, 배워야 할 것들이 너무나도 많다.

▶ 8. 기본적인 웹 코딩 배워놓기

아까 잠시 말했지만 여기서 더 자세히 말해보려 한다. '코딩, 과연 디자이너에게 필요한 스킬인가?' 나는 솔직히 코딩 중에서도 프론트엔드 개발Front-end Development, 즉 HTML/CSS/JS에 관한 기본지식은 디자이너가 배우면 좋다고 생각한다. 실제로 많은 사람이 "Should Designers Learn How To Code?"라는 질문들을 던지면서 디자이너가 코딩을 왜 배우냐고 비아냥거리는 경우도 있는데 솔직히 내가 지금까지 코딩을 배워서 이득 본 것을 생각하면 진짜 이런 말들을 들으면 서운하다. 대학원을 지원할 때 허접했지만 직접 코딩한 웹사이트가 좋은 점수를 따게 해주었고, 대학원에 들어가서도 새롭게 만든 필자의 포트폴리오가 페이스북이나 다른 회사들 인터뷰를 볼 때 면접관의 눈썹을 올리게 해주었다. 게다가 학교에서 프로젝트를 할 때는 스케치 같은 툴로 하는 디자인뿐만 아니라 프로젝트를 위해 웹사이트를 만들어야 하거나, 프레이머로 프로토타이핑할 때, 다른 친구들보다 눈에 띄는 효과Impact를 줄 수 있었다.

예전에 어떤 회사에서 인턴을 할 때도 회사 내부에서 사용하는 제품에 내가 코드를 써서 리뷰를 받고, 그것이 통과되어 결국 프로덕션이 되기도 했다. 솔직히 내가 엄청난 것을 만진 건 아니지만 그래도 충분히 눈에 띌만한 개선을 한 건 사실이었다. 그리고 엔지니어 중 나와 프로젝트를 같이 진행하는 프론트엔드 쪽 엔지니어가 있는데, 그 엔지니어와 내가 만든 디자인에 대해 회의를 할 때면 조금이라도 아는 척할 수 있는 자신감도 가질 수 있었다. 그렇기 때문에 디자인 공부를 하는 학생이나 친구들을 만날 때마다 코딩은 적어도 기본적인 HTML/CSS/JS는 배워놓으면 좋다고 목에 핏대를 세우면서 얘기한다. 디자이너가 코드를 쓰면 싫어한다고도 하는데 몇몇 회사들은 오히려 그런 것을 장려하는 것 같다. 내가 만약에 좀 더 깨끗이, 짧게 쓸 수 있다면 엔지니어가 시간 날 때 가르쳐 준다. 애초에 건드리지 못할 것은 무작정 덤비면 안 되지만 내 능력 안에 할 수 있는 조그마한 일들은 항상 있기 마련이다. 엔지니어가 바빠서 다른 일들을 먼저 해야 하고 굳이 지금 해결해야 할 일이 아니라면 천천히 시행착오를 통해 해보면 된다. 그렇게 배우는 거다.

▶ **9. 스타트업 또는 회사 경험**

시간은 정말 눈 깜짝할 사이에 흘렀다. 12월쯤에는 열 군데 정도의 HCI 대학원에 지원서를 넣었다. 마감일 전까지 부랴부랴 모든 것을 쏟아부었고 혹시나 빠진 것들이 있는지 확인, 또 확인했다. 포트폴리오는 지원서를 넣고도 결과가 나오기 시작하는 2, 3월까지 언제든 학교 측에서 열람할 수 있기에 수시로 업데이트했다. 그리고 꾸준히 블로그도 읽고 디자인 연습도 하고 링크드인에서 다른 디자이너 스토킹도 하고…. 그렇게 반복적인 것을 하던 중에 번뜩 생각난 아이디어가 있었다. '혼자 공부만 하지 말고 실제로 일을 해보면 어떨까?'

그 당시 지원한 대학원에 모두 떨어질 것이라고는 생각하지 않았다. 그래서 입학 전까지는 많은 시간이 남았다고 판단했고, 그 때문에 실제로 일 경험을 해보고 싶었다. 어느 날, 컴퓨터 앞에 앉아 구인구직 사이트들을 막 뒤지기 시작했다. 처음에는 대기업에 지원하고 싶었지만, 디자인 인턴을 뽑는 곳이 많이 없었을뿐더러 대기업에서 배우는 것보다 스타트업이나 작은 기업에서 더 많은 것을 배울 수 있을 거라는 생각을 했다. 그래서 관심 있는 곳에 이력서를 넣어보기 시작했다. 인턴십이든 정직원이든 그저 경험을 쌓으려고 지원했다. 최대한 오래 일해보고 싶은 마음에 무슨 일을 하는 회사인지 딱히 많이 따져보지도 않았던 것 같다. 그 정도로 너무나도 배우고자 하는 열정이 넘쳤고 디자이너라는 직함을 달고 일을 해보고 싶었다. 그때 운 좋게도 몇몇 작은 회사에서 연락이 왔다. 전화로 대충 면접을 보고 방문 인터뷰까지 거쳤는데 그중 해외에서도 좀 알려진 회사에서 인턴십 기회를 주었다. 사실 회사 측에서는 인턴십을 거치고 정직원을 뽑고 싶었을 테지만 나는 그냥 인턴십 경험만을 원했다. 그 당시 나를 가이드해주던 디자이너분이 계셨는데 일을 열심히 하고 또 잘하셨다. 기본적인 디자인 과제도 매일 내주셨는데 실력 향상에 정말로 많은 도움이 되었다. 그리고 짧은 몇 개월이었지만 정말로 값진 경험을 했다. 생각보다 많은 것을 배우고 비주얼 디자인 쪽으로 많이 연습도 했으며 이력서에 한 줄이라도 쓸 수 있게 되어서 매우 뿌듯했다.

취업 과정 및 팁

▶ **1. 대학원 첫 학기의 승부**

아까 언급했듯이 대학원에 들어가기 전에 이미 엄청나게 많은 정보를 습득했다. 원하는 회사의 입사 지원이 대충 언제 열리고 언제 닫히는지, 준비해야 할 것들은 무엇인지 그리고 어떻게 자신을 차별화해야 하는지에 대한 것들에 대한 준비를 학교에 들어가자마자 시작했다. 석사 프로그램은 2년이라 여름방학 때 모두 다 인턴십을 하러 떠난다. 인턴십은 돈도 벌고 경험도 쌓을 좋은 기회이거니와 졸업 전 다른 정직원, 특히 New Grad position에 지원할 때 많은 강점이 있다. 그리고 전 세계에서 알고 있는 구글, 페이스북, 아마존 등의 회사에서의 인턴 경험은 첫 출발선을 성공적으로 장식할 수 있는 목표이다. 그래서 나는 좋은 회사에서 인턴십 오퍼를 받는 것이 제일 중요하다고 생각했다. 그리고 그러기에는 1학년 1학기 때 최대한 많은 수업을 들어서 포트폴리오에 넣을 프로젝트를 최대한 많이 넣어야겠다고 생각했다. 왜냐하면, 인턴십 지원은 대부분 11월에 시작해서 2월 말 정도면 끝난다. 분명 4월까지도 구하는 회사들이 있는데 대부분 이름 있는 유명회사들은 인턴 구하는 데는 문제가 없기 때문에 자리가 없다. 그렇게 되면 2학기 때 하는 프로젝트들은 사실상 포트폴리오에 넣지 못하게 되고 1학기 때의 프로젝트만이 인터뷰를 볼 때 설명할 수 있는 위치에 놓이게 된다.

▶ 2. 배워보고 싶은 것들 vs. 배워야 하는 것들 vs. 아쉽지만 버려야 할 것들

누구나 그렇듯 학교에 입학한 후 수업들을 볼 때 배워보고 싶은 것들이 너무 많았다. AR/VR, IoT 등 모바일이나 웹을 벗어나서 여러 가지 프로젝트를 해보고 싶었다. 하지만 그 당시 제대로 깨달았던 건 인턴십을 위해서는 최대한 모바일과 웹 관련 프로젝트가 있는 것이 중요했다. 대부분의 회사는 UX 디자이너나 프로덕트 디자이너 포지션을 구할 때 모바일이나 웹 관련 프로젝트를 제일 눈여겨 보는데 포트폴리오가 대부분 AR/VR에 관련된 것들이라면 생각보다 지원할 수 있는 회사나 포지션 폭이 확 좁아진다. 몇몇 친구들은 이런 것들을 생각해서 고르지 않은 관계로 포트폴리오가 약간 중간에 붕 뜬 느낌이었다. 게다가 그런 와중에 이력서에 스케치나 프레이머를 할 줄 안다고 쓴다면 회사 측에서 물음표를 던질 수밖에 없다. 그래서 나는 배워보고 싶은 것들이 많았지만 1학기만큼은 프로젝트 대부분을 모바일과 웹에 집중했다. 그리고 솔직히 제일 기본이 되고 사람들이 제일 많이 익숙한 그쪽에 많은 경험과 배경 지식이 없었기 때문에 확실히 짚고 넘어가고 싶었다. 무엇보다 내가 갈고 닦은 디자인과 프로토타이핑 실력 또한 그쪽에 집중되어있었기 때문에 더욱더 수업을 조심해서 골라 들었다. 조지아텍에서는 프로젝트 관련 수업도 있지만, 이론만 배우는 수업도 있다. 하지만 포트폴리오에 결과물이 있으려면 프로젝트 중심의 수업이 좋기 때문에 그런 것도 고려해서 수강하였다.

▶ 3. 실시간 포트폴리오 업데이트

학기 중에 시간 날 때마다 신경 쓴 것 중의 하나가 바로 포트폴리오를 다시 만드는 것이었다. 대학원 지원용 포트폴리오는 디자인이 나쁘진 않았지만 새롭게, 훨씬 더 예쁘게 그리고 더 나은 경험으로 무장한 웹사이트를 만들어보고 싶었다. 학교 시작 후 한 달 동안까지도 학교 공부만큼 포트폴리오 웹사이트 코딩에 시간을 많이 투자했던 것 같다. 10월 중순 정도쯤까지 완성해서 서서히 끝나가는 학교 프로젝트들을 쉽게 집어넣을 수 있게 윤곽을 잡으려고 했지만, 나도 모르게 집중해서 하다 보니 밤을 새우는 경우도 잦아졌고 조금씩 완성이 되어가는 나의 웹사이트를 보면서 하루라도 빨리 세상에 빛을 보게 해주고 싶었다. 수업 중간에 시간이 비면 혼자 조용한 곳을 찾아 음악을 들으면서 코딩을 했던 기억이 난다.

석사 1학년 1학기 때는 정말로 아주 바빴다. 삶의 여유를 즐길만한 시간이 없었고 인턴십 지원과 인터뷰 등이 곧 다가올 것을 직감했다. 10월 중순 때만 해도 몇몇 회사들을 서서히 인턴십 채용공고를 내기 시작했고 그때마다 나의 프로젝트들이 성공적으로 한 걸음 다가서길 바랐다. 그리고 한 단계씩 프로젝트들이 진화할 때마다 사진 찍고, 기록하고, 배운 점들, 개선해야 할 점들을 정리해서 포트폴리오에 집어넣기 시작했다. 친구 중에는 포트폴리오를 만들지 않은 경우도 있었고 딱히 인턴십을 대비하지 않거나 정보도 모르는 친구들도 있었다. 게다가 도대체 왜 이렇게 빨리 포트폴리오를 신경 쓰고 업데이트를 매주 하는지 이해를 못 하는 친구들도 있었다. 하지만 내 머릿속엔 지원 시기는 11월부터였으며 학교 프로젝트는 대부분

학기 말인 12월 중순에 끝나는 것을 고려하면 모든 프로젝트의 프로세스를 도큐멘팅^{documenting}하고 편집하는 것은 한꺼번에 하면 정말 하기 싫어질 만큼 오래 걸릴 것을 누구보다 잘 알고 있었다. 게다가 12월 말 겨울 방학에 포트폴리오를 업데이트하고 서서히 지원하기에는 놓치는 회사들도 몇몇 있었고 빨리 지원할수록 인터뷰를 따내는 데 어느 정도 이점도 있다고 생각했기 때문에 몇몇 친구들이 '너 너무 서두르는 거 아니야?'라고 말할 때, 난 내 갈 길만을 묵묵히 그리고 자신 있게 걸어갔다.

▶ 4. 교내 프로젝트 외 다른 도전

대학원 첫 학기에 3개 이상의 제대로 된 프로젝트를 하는 것은 매우 힘든 일이다. 특히 내가 다녔던 조지아텍은 1학년 1학기 때 친구들과 같이 들어야 하는 필수 과목들이 있어서 한정되는 경우도 있었다. 하지만 분명 적어도 한 개 정도는 더 들을 수 있는 여유가 있었기에 이론 강의보다는 프로젝트를 통해 배우는 강의를 택했다. 그렇지만 결국 포트폴리오에 집어넣을 수 있는 학교 프로젝트는 많아야 3개였다. 포트폴리오 웹사이트에 프로젝트가 3개밖에 없다고 해서 나쁜 것이 결코 아니지만 뭔가 더 어필할 수 있는 것들이 있을 거라고 믿었다. 그리고 그런 기회는 예상보다 빨리 찾아왔다. 바로 그것은 교내에서 있는 해커톤^{hack-a-thon}, 디자이너톤^{design-a-thon} 그리고 각종 대회였다.

꼭 우승을 차지해야겠다는 생각은 하지 않았고 오히려 참가에 의미를 두고 열심히 해서 포트폴리오에 넣을 수 있을 정도의 퀄리티까지 뽑아보고 싶었다. 만약 상을 받는다면 분명 이력서나 포트폴리오 한편에 자랑도 할 수 있으리라는 기대감도 없지 않았다. 며칠 동안 밤새고 친구들과 디자인해보고 프로토타입도 만들어보고 여러 가지를 해보았는데 생각보다 재미있었다. 게다가 운이 좋게도 몇 번 상을 받아서 포트폴리오에 넣을 수도 있었다. 추가로 학교에서 했던 프로젝트 중 2개는 실제로 교내 대회에서 수상하는 영광을 얻기도 했다. 이런 것들 모두 포트폴리오 웹사이트에 사진과 함께 실었으며 모든 사람에게 나의 열정과 동시에 실력을 보여 줄 수 있는 무기가 되지 않았나 싶다.

▶ **5. 회사들에 대한 지식 및 공부**

기본적으로 회사에 지원하려면 지원하고자 하는 회사가 무엇을 하는 회사이며 내가 지원하는 역할이 어떤 것임을 분명히 알아야 한다. 이름은 들어봤지만, 정확히 무엇을 하는 회사이며 어떤 비전이 있으며 디자이너가 회사 내에서 하는 역할 같은 것들에 대한 정보는 많이 없어서 따로 지원하기 전에 시간을 투자해서 알아봐야 했다. 실제로 그 회사들에 다니는 디자이너들의 포트폴리오도 들여다보고 링크드인 프로파일에 나와 있는 정보도 눈여겨봤다. 하지만 몇몇 회사들은 내가 정말로 일을 하고 싶은 회사였기에 이 모든 과정이 너무나도 가슴 뛰는 일이었다. 심심할 때 글래스도어 glassdoor나 쿼라 Quora라는 사이트에 가서 회사와 디자이너 타이틀을 치면 생각보다 많은 리뷰나 댓글을 볼 수 있다. 분명 거기에 나와 있는 정보가 최신이 아닐 수도 있고 정확하지 않을 수도 있지만 그래도 아예 모르는 것보다는 좋은 정보들이 있었다. 또 하나의 정말 좋은 방법은 인맥을 만들어서 직접 물어보는 것이다.

▶ 6. 추천(리퍼럴) 받기

미국에서는 인터뷰를 따내기 위한 제일 쉽고 빠른 방법은 리퍼럴 Referral을 받는 것이다. 수천 개 또는 수십만 개의 지원서를 리쿠르터들이 일일이 하나하나씩 읽어볼 순 없으니 어느 정도 직원 추천에 의존하는 것 같다. 내 경우에는 운이 좋게도 가고 싶은 회사에는 적어도 한 명씩 친구나 선배가 있어서 리퍼럴을 받는 게 어렵진 않았다. 하지만 한두 개의 가고 싶었던 회사들에는 아는 사람이 없었기에 1학년 1학기 때 같은 학교 졸업생이나 페이스북 그룹, 또는 링크드인 메시지를 통해서 공통분모가 될만한 사람과 연락해서 친해지도록 노력했다. 이처럼 만약에 아는 사람이 없다면 꾸준한 온라인/오프라인 네트워킹을 통해 인맥은 미리 만드는 것이 좋은 것 같다. 실제로 몇몇 디자인 관련 페이스북 그룹에서 자신의 드리블 Dribbble, 비핸스 Behance, 코드펜 Codepen, 블로그 등을 소개하는 사람들이 있는데 그런 식으로도 자신의 영역을 넓혀 가는 것도 하나의 방법인 것 같다.

▶ 7. 이력서 디자인

지금까지 포트폴리오에 대한 이야기는 많이 했지만, 이력서 얘기는 자세히 하지 않은 것 같다. 개인적인 생각으로는 제일 중요한 건 역시 포트폴리오지만 이력서도 분명 엄청 중요하다. 대게 포트폴리오에는 이력서를 내려받을 수 있게 하거나 직접 써넣는 경우가 있는데 어쨌든 회사에 지원하려면 이력서를 PDF 파일로 내야 한다. 이력서에 대부분 넣는 내용은 자신에 대한 간단한 소개, 학교, 일 경험, 쓸 줄 아는 툴들 외 수상경력 등이다. 디자인 같은 경우에는 학점은 그렇게 많이 중요하지 않다. 많은 회사에서는 심지어 학점을 물어보지도 않는다. 그만큼 포트폴리오를 많이 본다는 것인데, 포트폴리오를 들여다보기 전에 이력서를 먼저 보는 것으로 알고 있다. 이력서에 나와 있는 학교, 프로젝트 또는 일했던 회사들이 흥미로우면 포트폴리오로 넘어가는 형식이라서 이력서가 어쨌든 첫인상이 된다. 그래서 많은 디자이너의 이력서를 보면 이 모든 것을 다 넣는 동시에 자신의 창조적인 디자인을 뽐내는 경우가 많다. 시간을 투자해서 이력서를 차별화시키는 것은 필요하긴 하지만 어디까지나 그 안의 내용이 더 중요하기에 읽기 쉽게 정리돼야만 하며 흑백으로 프린트하게 되어도 깔끔하게 출력이 돼야 하는 등, 여러 가지를 많이 신경 쓰는 것이 좋다.

▶ 8. 포트폴리오 외 어필 방법

결국 회사에 지원할 때는 이력서 첨부파일, 포트폴리오 주소, 자기소개 및 지원 사유 등이 있는데 많은 회사가 기타 링크^{Additional Link}라고 해서 다른 디자인 관련 웹사이트들이 있으면 첨부로 넣으라고 한다. 뭐든 추가로 넣는 것은 나쁠 것이 없기 때문에 내 경우에는 드리블, 미디엄, 링크드인 주소를 넣었다. 이 외에도 비핸스, 코드펜, 깃헙 등을 추가로 넣을 수가 있으며 이력서나 포트폴리오에 넣지 못한 작업물이 나온 웹사이트를 올려도 호감을 줄 수 있다.

▶ 9. 개인 블로그 시작

처음 디자인을 접했을 때 미디엄^{Medium}이라는 미국의 유명 블로그 사이트(한국의 브런치^{Brunch}와 같은) 웹사이트들에 나와 있는 각종 아티클과 블로그들이 정말 많은 도움이 되었다. 회사들이 발행하는 유용한 글들도 물론 많았지만, 그중에는 현업 디자이너들이 쓴 글들도 상당히 많았다. 크게 봤을 때는 글의 종류는 반반이었던 것 같다. 하나는 전문 지식에 관한 글들이고 또 하나는 자신의 경험담이었다.

대학원에 들어와서 공부하기 시작했을 때 나의 이야기를 글로 풀어 보면 어떨까에 대한 생각을 많이 했었다. 처음에는 HCI 석사에 대한 경험담을 집중적으로 쓰고 싶었는데 그 이유 중 하나는, 디자인 관련 글들은 많았지만 이 주제에 관한 글들은 찾아보기 힘들었을 뿐더러 지금도 그렇지만 그 당시에도 정말 많은 사람이 HCI 석사를 지원 희망하는 것을 몸으로 느낄 수 있었기 때문에 어느 정도의 사람들이 읽어주리라 생각했다. 그래서 한 자 한 자 써 내려가고 대학원 관련 글 말고도 페이스북에서 인터뷰한 글, 드리블에 관한 글들도 나의 미디엄에 쓰게 되었다. 운이 좋게도 그리고 감사하게도 많은 사람이 나의 글들에 공감을 해주었고 도움이 되었다고 댓글도 남겨주었다. 그리고 그런 모든 것들이 더해져, 더 열심히 글을 써야겠다는 생각을 하게 되었다. 그 중, 심리학 배경으로 UX 입문하기와 포트폴리오 구조에 관한 글은 반응이 엄청 뜨거워서 뮤즐리Muzli와 사이드바Sidebar에 소개되는 등 폭발적인 조회 수를 기록하게 되었다. 이때부터는 정말로 글 쓰는 것에 대해서 큰 재미를 느끼게 되었고 한편으로는 신중해지기 시작했다. 모르는 것들은 찾아도 보고 배우게 되었고 무조건 올리는 것이 아니라 어떤 것에 관해 쓸 것인지에 대해 계획을 짜고 구조Structure를 짜고 계속 고쳤다. 스토리텔링에도 신경을 많이 썼다. 그리고 그것은 디자인할 때, 그리고 나의 작업을 기록할 때 정말로 정말로 큰 도움이 됐다.

▶ **10. 디자이너에게 블로깅이란?**

개인적인 생각이지만 글을 잘 쓰는 능력은 디자이너에게 매우 좋은 어드밴티지인 것 같다. 가끔 온라인에 나와 있는 유명 디자이너들의 블로그를 읽을 때면 집중해서 확 읽어버리는데 내용도 내용이지만 짜임새가 매우 매끄러워서 읽다가 넘기는 적이 별로 없었다. 하나 더 최근에 계속 느낀 건 프로젝트를 포트폴리오 웹사이트에 도큐멘팅하거나 회사에서 프로젝트에 대해서 모든 것을 기록할 때 계속 글을 쓴다는 것이었다. 디자이너의 업무 중 많은 것들은 실제로 스케치로 디자인하는 것도 있고 수많은 미팅도 있지만 어딘가에 글을 쓰는 것이 정말로 많다. 나는 모든 프로젝트를 진행할 때 문제 설정 Problem Statement 에 대해서 정확히 짚고 넘어간다. 따라서 어떤 것이 문제인지, 왜 이게 문제인지, 누구를 위해서 내가 이 문제를 푸는지, 마지막 결과는 어떤지 등에 관한 글을 쓴다. 그리고 다른 팀원들과 소통할 때도 구조 Structure 가 잘 되어있는 글을 보여준다.

▶ **11. 지원 후 구글 애널리틱스를 통한 방문자 분석**

회사에 지원서를 넣고 나면 적어도 몇 주 동안은 연락이 없다. 진짜 빠른 경우에는 일주일 만에도 답장이 오는 경우가 있지만, 인턴십 같은 경우에는 시간이 좀 더 걸리는 것 같다. 포트폴리오 웹사이트에 방문을 하긴 하는지가 제일 궁금한데 제일 쉽게 알아낼 방법은 웹사이트에 구글 애널리틱스 트래킹 코드 Google Analytics Tracking Code 를 삽입하는 것이다. 하기가 정말 쉬워서 온라인에서 하는 방법을 찾으면 아마 쉽게 알아낼 수 있을 거다. 트래킹 코드를 넣고 구글 애널리틱스 툴에 들어가면 어느 지역에서 방문했는지, 네트워크는 무엇인지(회사 이름인 경우가 많다) 그리고 어느 페이지에 얼마큼 머물렀는지까지 분석해볼 수가 있다. 게다가 실시간 정보도 다 보이기 때문에 지금 나의 웹사이트에 들어온 사람들을 볼 수 있다. 내 경우, 웹사이트에 내가 지원한 특정 회사에서 들어오면 매우 기뻤다. 그리고 실제로 인터뷰를 보기 한두 시간 전에 면접관들이 들어와 보는 것을 경험으로 깨달아서 나중에는 전화나 화상통화 면접을 보기 전에 그 사람들이 어떤 프로젝트를 눈여겨보는지 실시간으로 봤다. 그래서 짧은 시간이지만 면접관이 더 오래 머무른 프로젝트에 대해서 마음속으로 연습 또 연습하면서 전략적으로 준비했다.

▶ 12. 리쿠르터와의 대화

대부분 처음에 인터뷰를 보자고 회사에서 연락이 오면 기회는 정말 높아진 것이다. 대부분의 서류가 사실 필터가 되는 경우가 많고 인터뷰를 보자고 이메일 오는 경우는 지원자 수보다 턱없이 적기 때문이다. 회사마다 진행되는 단계가 다르지만 인턴십 같은 경우에는 리쿠르터와 먼저 대화를 한다. 대충 리쿠르터가 적절한 시간에 전화해서 지원자의 관심사와 스킬을 인턴이 필요한 팀과 매칭을 하기도 하지만 크게는 지원자에 대해서 더 알아가는 동시에 프로세스를 설명해 주는 시간이다. 어떤 경우에는 실제로 리쿠르터와 전화하고 나서 인터뷰를 더 이상 진행 못 하는 경우도 있는 것으로 봐서, 절대로 가볍게 해서는 안 되는 단계임이 분명하다. 인터뷰 봤던 몇몇 회사의 경우에는 디자인 리쿠르터가 따로 있어서 디자인 관련된 전문적인 것도 물어봤었다. 하지만 인터뷰를 본 다른 회사들은 그런 것들보단 나에 관한 일반적인 사항을 알고 싶어 했다.

▶ 13. 인터뷰어 파악하기

리쿠르터와 스크리닝 단계를 하고는 대부분 디자인 관련 직업의 면접관과 전화나 화상통화를 한다. 어떤 회사들은 직접 회사로 불러서 온사이트 On-site 인터뷰를 진행하는 경우도 있지만, 인턴십은 대부분 전화나 화상통화로 끝난다. 리쿠르터와 시작부터 끝까지 이메일로 연락을 주고받는데 전화 연결방법, 면접관에 대한 정보 등을 전달해준다. 면접관에 대한 정보는 흔하게는 이름과 직책만 주는 경우가 대부분인데 링크드인이나 페이스북 같은 곳을 찾아보면 쉽게 찾을 수 있다. 특히 링크드인으로는 그 면접관이 어디서 일했었고 어느 프로젝트를 했으며 그 사람에 대한 전반적인 느낌을 알 수가 있다. 면접관과 처음 몇 마디를 나눌 때는 공감대가 있는 것이 분위기를 높여주고 시작을 산뜻하게 출발하게 도움을 주는데 여기서 몇 가지 자신과 공통된 점을 설명하거나 하면 그래도 공감대를 형성할 수 있다. 하지만 오싹할 정도로 스토킹한 것처럼 느껴지면 이상하기 때문에 조심해야 한다.

▶ 14. 실전

실제로 면접관과 전화를 할 때, 회사마다 다르지만 꼭 하는 것이 포트폴리오 리뷰이다. 지금까지 한 프로젝트 중 제일 잘했다고 생각한 프로젝트나 면접관이 관심 있는 프로젝트를 2개에서 많게는 3개까지 설명하게 된다. 대부분 프로젝트가 어떤 것인지에 대한 설명부터 시작하게 되고 프로젝트 중 나의 역할, 힘들었던 점, 배운 점 등을 설명하는데 중간중간에 면접관이 궁금한 점들도 물어본다. 이것에 대해 미디엄에 글을 쓴 것이 있는데 관심이 있으면 여기에서 찾아보길 바란다.

미국 취업을 준비하는 이들을 위한 조언

나처럼 미국으로 건너와 취업 또는 이직을 하고 싶은 사람이 생각보다 많은 것 같다. 지금까지 그런 분들을 직접 만나서 얘기도 해보고 고충도 많이 들었다. 영어 문제부터 비자 그리고 적응 문제 등 여러 다양한 문제들을 고민하고 있었다. 하지만 도전하는 것이 두렵지 않다면 나처럼 대학원을 통해 학생 비자$^{F-1}$를 받고 취업$^{H1-B}$ 비자를 받거나 다른 경로를 통해 미국에서 취직이 확정된다면 일단 부딪혀 보라고 권하고 싶다. 다양한 인종과 다양한 문화가 섞인, 선도적인 미국의 테크 필드$^{Tech\ field}$에서 일하는 것은 정말 소중한 경험일 것이다. 마음속 깊이, 열정을 가지고 항상 배우려고 하는 자세를 가지는 사람이 더 성장하고 하는 일에 대한 재미를 느끼는 것 같다. 난 앞으로도 열심히 할 것이고 소중한 경험을 하며 더 현명한 디자이너가 될 것이다.

제2부
미국 이직 사례

제6장

내 삶에 의미를 부여하기

김상은 @ Dropbox

직책 Software Engineer
근무지 Dropbox, 워싱턴주 시애틀
미국 입국시 비자 H1-B
취업 경로 한국에서 직접 취업
학력 컴퓨터 공학 박사 중퇴 (한국)

경력
Dropbox (Seattle, WA) - Software Engineer (2018/5 ~ 현재)
Microsoft (Seattle, WA) - Software Engineer (2012/1 ~ 2018/5)
Naver (한국) - Principal Software Engineer (2005/3 ~ 2012/1)
ETRI (한국) - 인턴연구원 (1999/2 ~ 1999/10)

김상은을 소개하자면…

열 살 무렵 처음 베이직^{BASIC}을 배운 뒤에 좀 더 깊은 내용을 알고 싶어 Z-80A 어셈블리를 독학하고 열두 살 무렵에 처음 게임을 만들었다. 커다란 그래프 종이에 한 픽셀 한 픽셀 캐릭터들을 디자인하고, 배경 음악과 효과음도 직접 만들고, 여러 캐릭터가 한 화면에 원하는 속도로 움직이게 하도록 코드를 수정해가며 여름방학을 다 보냈다.

그 후로 오랜 시간을 컴퓨터와 함께 해왔고 여전히 배우고 있다. 과정 가운데 많은 추억이 있지만, 다른 사람들에게 도움이 되는 것을 만들어 보람을 느꼈던 일들이 가장 기억에 남는다.

> ☆ **미국으로 취업하고픈 이들을 위한 키 포인트**
>
> - 영어에 익숙해져라. 전문분야의 책은 모두 영어로 된 책을 읽고, 개발 노트나 일상생활의 메모 등도 영어로 하는 습관을 들이는 것이 좋은 것 같다.
>
> - 미국행을 결심하기 전에 본인 성향이 혹시 한국에 더 맞는 것이 아닌가를 먼저 고민하길 바란다.

어려서부터 하고 싶은 일을 하고 목표를 성취해 나가는 것에 대한 보람보다, 내가 누군가에게 도움을 줄 수 있다는 것에서 더 큰 삶의 의미를 발견해왔던 것 같다.

The purpose of human life is to serve,
and to show compassion
and the will to help others.
- Albert Schweitzer

한국에서의 경력

미국 구직활동을 시작할 무렵 경력은 컴퓨터공학 박사과정 중퇴 후 병역특례 전문연구원으로 4년 반 정도 일한 것을 포함해 10년 정도의 소프트웨어 개발 경력이었다. 당시 네이버^{NHN}에 약 6년 정도 근무했었고 주로 Win32 based C++ application 개발을 여러 해 했었다. 네이버에서는 네이버폰, 네이버 백신, 네이버톡

$^{LINE의 전신}$ 등을 개발했었다. 미국에 오기 전까지는 C++을 주로 사용했었고 약간의 Objective-C를 사용했었다. 미국에 온 뒤로는 C#, Java, C, C++, Objective C++, 어셈블리^{Assembly}를 쓰고 있고 현재 업무는 C와 C++가 주류이며, 파이썬^{Python}도 가끔 사용하고 있다.

미국에서의 경력

2012년 마이크로소프트 윈도/윈도라이브 그룹에 입사해 파일 공유 서버의 레이트 리미터$^{Rate Limiter(throttling)}$ 구현 및, 윈도8.0과 8.1용 파일 앱의 인증시스템, 모바일 앱의 데이터모델 설계에 참여했다. 2015년에 마이크로소프트 리서치^{MSR}로 옮겨 마이크로소프트 최초의 리눅스 기반 OS인 애저 스피어$^{Azure Sphere}$ 프로젝트의 시작 멤버로 리눅스 커널 메모리와 사용자 메모리, 시스템 라이브러리 최적화와 로깅 시스템 설계 및 구현을 주도했다.

미국 취업의 동기

미국으로 취업하고 싶은 마음은 있었으나 네이버에 취직한 후 '한국에도 이렇게 좋은 직장이 있는데 굳이 왜 미국으로 가나'하는 생각으로 미국 이직의 꿈을 접었다. 하지만, 네이버가 성장하면서 회사가 수평적 구조에서 수직적 구조로 변하였다. 또 시간이 지나며 기술에 집중하기보다는 관리급으로 올라가야 하고 조직 안에서 사람들의 관리하는 게 더 중요함을 알게 되었다. 엔지니어로서 기술에 집중하고 싶었고 또한 엔지니어로 오래 일하고 싶어 미국으로 이직을 결심했다.

회사 지원과 인터뷰 준비, 그리고 입사까지

구글에 온라인으로 지원했는데 약 6시간 정도 뒤에 리쿠르터recruiter로부터 전화통화가 가능하냐는 메일을 받았다. 마이크로소프트의 리쿠르터에게 구인광고의 구체적인 내용에 대해 질문 메일을 보냈는데, 미국 밖에 거주 중인 외국인에게는 열려있지 않은 포지션이지만 팀과 상의해서 진행할 수 있도록 노력해보겠다는 답장을 다음 날 받았다. 이 외에 두세 개 회사에 더 지원했었는데 모두 이틀 안에 리쿠르터로부터 긍정적인 답변이 왔다.

본격적인 인터뷰 준비를 위해 코딩 인터뷰 완전 분석Cracking the coding Interview, Effective C ++, Programming Pearls 등 많이 알려진 책들을 봤다. 4~5주 정도 코딩 문제를 풀어보고, 기본적인 자료구조 개념도 다시 정리했다. 주로 주말 오후에 카페에서 서너 시간 정도 책 보고, 문제 풀어보고 했던 것 같다. Careercup.com을 본 것 같기도 한데 기억이 정확하지 않다. 자료구조^{Data structure}를 전체적으로 점검하는 것은 필수인 듯싶다. 시간이 부족해서 학부 때 배운 자료구조 책을 다 읽어볼 시간이 없다면, 웹에 잘 요약되어 있는 글들이 많이 있으니 읽어보면 도움이 될 것 같다.

인터뷰 후, 오퍼를 수락하고 나서 몇몇 면접자들로부터 축하 메일을 받았다. 곧바로 취업 비자가 진행되었는데 비자 신청을 위해 많은 서류를 준비해야 했다. 그리고 백그라운드 체크를 담당하는 외주업체가 고용 여부 확인을 하기 위해 내가 재직 중인 회사에 연락을 시도했으나 안타깝게도 전화로 고용 여부를 확인하는 것이 한국 사회에서 일반적이지 않은 데다, 외주업체 담당자가 한국어가 불가능한 상태에서 당시 회사 대표번호로 인사 담당자에게까지 연락이 닿는 것이 무리가 있어 대체 방안으로 직접 경력증명서를 번역하고 공증을 받는 등의 일이 필요했다.

비자 승인이 난 뒤에, 회사에서 제공해주는 이주 패키지^{international hiring package}에 의해 한국 KPMG로부터 미국 이주와 관련한 세무 상담을 받고, 한국의 집을 정리한 뒤에는 회사에서 호텔 숙박을 제공해 주어서 남산 하얏트 호텔에서 지냈다. 차를 판 뒤에는 회사에서 렌터카를 지원해 주었다. 이삿짐이 많았는데 다행히도 회사 지원 이주 패키지가 좋아서 모든 짐을 수월하게 옮길 수 있었다. 개인용 경비행기나 대형 요트를 제외하고는 이삿짐 제약이 거의 없었다.

미국 내에서의 이직

마이크로소프트에서 6년 5개월 정도 근무한 뒤에 드롭박스로 이직했다. 이직을 준비하면서 세 회사와 인터뷰했는데, 인터뷰도 7년 전에 비해 달라진 부분이 있었다. 예를 들어, 알고리즘과 자료구조에 대한 이해도 검증을 위한 '코딩 인터뷰'가 기존에는 어떤 식으로 문제에 접근해서 어떻게 답을 유도하는지 과정에 집중했던 것에 비해 최근에는 leetcode.com의 영향인지 유형별로 해법을 완벽하게 암기한 뒤에 문제를 받자마자 가장 시간복잡도가 낮은 해법을 바로 제시하는 사람을 선호하는 느낌을 받았다. 프로그래밍 인터뷰가 암기 과목이 되어버린 안타까움이 좀 있었으나 또한 스타트업 회사나 유니콘 회사들은 독특한 인터뷰 프로세스로 기존 인터뷰에서 측정하기 힘들었던 역량을 확인하려는 시도가 인상 깊었다.

인터넷에 올라오는 이직 경험담을 보면 다섯 개 이상의 회사들과 동시에 인터뷰를 진행하는 경우가 많은 것 같으나, 나는 세 곳과 동시에 인터뷰를 진행하기도 쉽지 않았다. 갑작스러운 회사 사정이나 리쿠르터의 개인 사정 등으로 한두 주 정도 진행이 멈춰버리는 일이 의외로 흔하게 발생했고, 그때마다 다른 회사들에도 일정 조절을 부탁하는 번거로움이 있었다. 처음엔 더 많은 회사와 인터뷰를 하려 했으나 이런 문제로 결국 세 회사와 인터뷰를 하게 되었다. 오퍼를 받은 뒤에는 무조건 다른 회사 오퍼를 들고 가서 여기에 맞춰달라고 요청하는 것이 왠지 해당 회사와 리쿠르터에 대한 예의가 아닌 듯하여 마음이 무겁기도 했다. 연봉을 좀 올리기 위해 내가 새로 일하게 될 회사에 돈만 밝히는 사람 같은 인상을 주게 되는 것은 얻는 것보다 잃는 것이 더 많다는 생각이 들었다.

다음에 이직한다면 이번처럼 여러 회사와 동시에 인터뷰를 진행하지 않고 꼭 가고 싶은 회사 한 곳만 정해서 진행하는 것이 정신 건강에 좋을 것 같다.

한국 직장생활과 마이크로소프트와의 차이점

처음 마이크로소프트에서 일하기 시작하면서 느낀 점은, 업무와 관련된 한국과 미국의 문화적 차이가 개인에게나 회사에 많은 영향을 준다는 것이었다. 그중 가장 큰 차이가 업무의 합리성과 객관성이었다. 한국 회사들의 업무가 종종 팀 단위로 묶이거나 여러 사람에게 한 가지 업무가 부여되어 각 개인이 업무에 어느 정도의 기여를 했고, 구체적으로 어떤 일을 했는지가 명확하지 않은 경우가 많았던 것에 비해 마이크로소프트의 업무 분담은 개인별로 책임과 범위가 항상 명확했다. 이렇게 개인의 업무 범위가 명확해지니 주변의 눈치를 살피면서 실제 업무와 관계없이 늦게까지 자리를 지키고 앉아있는 일이 없으며 본인의 기여도와 관계없이 모든 결과물이 팀 전체의 공동 성과로 간주되어 정당한 노력의 대가를 받지 못하는 상황을 걱정하지 않아도 되는 점이 합리적으로 여겨졌다.

현재 취업 준비를 하는 이들에게 조언

영어를 장벽으로 여기는 사람이 여전히 많다. 인터뷰 중에도 영어가 능숙치 않으면 질문에 집중도 어렵고, 특히 답에 접근하는 과정을 계속 설명해야 하는데 문제 풀면서 동시에 영어로 설명하려면 힘들다. 해결 방법은 영어에 익숙해지는 것이다. 요즘은 컴퓨터 공학 전공자들도 대부분 번역서로 공부하는데, 용어들이 모두 한글화한 것이어서 각 용어의 영어표현을 또다시 익혀야 한다. 가능하면 영어로 된 책을 읽고 개발 노트나 일상생활의 메모 등도 영어로 하는 습관을 들이자. 또, 인터뷰 전 3개월 정도 발음 교정을 받는 것도 좋다.

그리고 나이가 많거나 너무 늦었다고 생각하고 포기하지 않았으면 한다. 나는 만으로 36세까지 한국에서 일했고 만 37세가 되기 두 달 전에 미국에 왔다. 더 젊은 나이에 왔으면 좋았겠지만, 나이 들어서 왔더라도 오지 않은 것보다는 훨씬 낫다고 생각하고 있다. 하지만, 미국행을 결심하기 전에 본인 성향이 혹시 한국에 더 맞는지는 고민해보기 바란다. 예를 들어, 흡연문제나 한국 음식을 주식으로 유지하는 등의 대수롭지 않아 보이는 문제가 미국 회사 생활을 불편하게 만들거나 큰 스트레스가 되는 경우가 종종 있기 때문이다.

제2부
미국 이직 사례

제7장

세일즈맨으로 시작한 데이터 엔지니어

강성욱 @ Nexon America

직책 Senior Database Administrator
근무지 Nexon America, 캘리포니아주 로스앤젤레스
미국 입국시 비자 E-2 Investor Visa (employee)
취업 경로 한국에서 미국 법인으로 취업
학력 Software Engineering 석사 (한국)
경력
Nexon America (Los Angeles, CA) - Senior Database Administrator (2016/4 ~ 현재)
Codeclassic (한국) - CEO/Co-Founder (2015/9 ~ 2016/2)
Nexon (한국) - Senior Database Administrator (2009/9 ~ 2015/10)
Joymax Co. Ltd(한국) - Database Administrator (2008/11 - 2009/8)
NeonSoft(Dreamedia) (한국) - Database Administrator (2006/6 - 2008/8)

활동
강사 Microsoft Korea / Nexon Co., Ltd. / SQLPASS Chapter
개인 블로그 http://sqlmvp.kr
커뮤니티 http://sqlangeles.com
　　　　　http://www.sqler.com
　　　　　http://sqltag.org/
Study Group 운영 SQLAngeles - 데이터베이스, 프로그래밍, 머신러닝
저술 SQL Server 운영과 튜닝 / SQLTAG Book 2

강성욱을 소개하자면…

사회생활 첫 시작은 세일즈였다. 컴퓨터 도매상가에서 컴퓨터 부품과 정보기기를 유통하는 일을 하였다. 어릴 때부터 장사가 꿈이었고, 사람 만나는 걸 좋아했기에 세일즈가 나의 천직인 줄 알았다. 2년쯤 되었을까, 새로운 도전을 하고 싶었다. 현재 일이 싫지는 않았지만, 무언가 연구하고 탐구하고 성취하는 맛을 보고 싶었다. 오랜 고민 끝에 지금 아니면 안 되겠다는 생각이 들어서 과감히 새로운 도전을 해서 데이터베이스 관리자^{DBA}라는 타이틀을 가지게 되었고 현재까지도 DBA다. 데이터가 안정적으로 잘 저장되고 빠르게 검색될 수 있도록 시스템을 설계하고 구축, 관리하는 일을 한다. 또한, 10년이 넘는 시간 동안 데

이터 관련 시스템을 다루다 보니 데이터 분석에도 관심이 많다.

최근 몇 년간 BI^{Business Intelligence}를 병행하면서 데이터 엔지니어로 변신 중이다. 나는 변화를 매우 좋아하고 다양한 분야에 관심이 많다. 최근에는 시스템의 장애를 예측할 수 있는 시스템을 연구 중이다. 시스템 자료를 수집, 분석하여 장애를 예측하여 예방하는 것이 목표다. 사람을 좋아해서 모임도 많이 갖는다. 특히 공부 모임을 만들어 내 지식을 다른 사람과 나누는 것을 좋아한다. 그 외 블로그 및 SNS 활동을 하면서 기술을 공유하기도 한다. 나는 데이터가 정말 좋다. 지금까지도 데이터와 함께였지만, 앞으로도 계속 데이터와 함께할 것이다. 나는 언제나 진행 중이다.

☆ **미국 취업에 성공할 수 있었던 키 포인트**

- 미국 내 한국계 회사를 공략하라. 취업, 미국 적응 등 훨씬 수월하며 미국 기업으로 들어가는 다리 역할을 한다. 찾아보면 한국계 회사들이 많이 있다.
- 내 분야에서 이름만 대면 알아줄 만한 실력을 키워라. 실력이 있으면 기회는 저절로 찾아온다.
- 자신이 아는 실력을 잘 포장하라. 내가 아무리 실력이 있더라도 남들이 알아주지 못하면 별 소용이 없다. 기술 커뮤니티에서 적극적으로 활동한다든가, 책을 낸다든가 기술 관련 글을 꾸준히 쓰는 노력 등 다양한 방법이 있다.

한국에서의 경력

전문대 웹마스터학과를 졸업하고 사회생활을 하면서 학력에 대한 한계를 느껴 회사에 다니면서 사이버대학에서 학사학위를 취득하고 최종적으로 대학원에서 소프트웨어 공학 석사과정을 마쳤다.

한국에서 사회 초년생일 때는 영업으로 시작하여, IT 기기, 컴퓨터 관련 용품을 유통하는 일을 하였다. 그러나 컴퓨터에 대한 관심이 많아 큰 결심 끝에 게임회사의 DBA로 전직하였으며 지금까지도 DBA이다. 한국에서는 여러 게임 회사에 다니며 다양한 게임 DB를 개발하고 관리하였다. DBA이면서도 SE$^{System\ Engineer}$ 분야에 관심이 많았으며, 특히 하드웨어 관련해서 관심이 많아 DBA를 하면서 시스템 자동화에 관해 관심을 가졌고, 운영 시스템에 대한 상태, 진단, 문제 해결 등을 자동으로 관리해주는 솔루션이 있으면 좋겠다는 생각을 하였다.

회사에 다니면서 이러한 필요를 고민하며 조금씩 창업을 준비하였고, 결국 시스템 모니터링 솔루션 관련 회사를 창업하였다. DBA 인생에서 가장 많은 시간을 보냈던 회사는 넥슨^{NEXON}이었는데, 넥슨에서 수많은 데이터베이스를 운영하면서 겪은 경험이 창업 아이템을 고르는 데 많은 도움이 되었다. 창업했던 회사에서는 경영 및 영업을 담당하였다. 낮에는 영업하고 밤에는 솔루션 개발 및 회사의 방향을 고민하는데 대부분의 시간을 사용하였다.

창업하면서 가장 힘들었던 부분은 수입이 불안정한 것이었다. 회사

다닐 때는 날짜에 맞춰 입금되는 월급으로 생활하다 보니, 회사가 어렵다거나 개인적으로 큰 사고만 일으키지 않으면 안정적으로 생활할 수 있었다. 하지만 스타트업 대부분이 그렇듯, 창업 초기에는 부족한 자본금, 회사에 대한 낮은 인지도, 부족한 사례 등으로 회사를 운영하는 데 어려움이 많았다. 특히 월급을 받는 입장이었을 때는 월급날이 늦게 돌아오는 거 같았는데, 막상 월급을 주어야 하는 입장이 되어 보니 월급날이 너무도 빨리 돌아왔다. 결국 경험 부족, 재정 문제 등 여러 가지로 인해 결국 회사를 정리할 수밖에 없었다.

미국 경력

현재 넥슨의 북미지사인 넥슨 아메리카에서 시니어 DBA로 재직 중이며 게임 플랫폼 서비스와 관련된 데이터베이스를 개발, 관리하고 있다. 보통 개발사가 게임을 개발하면 개발된 게임을 유통하는 퍼블리셔가 있다. 퍼블리셔는 보통 대형 게임사들이 많은데, 넥슨의 경우 이미 자체적으로 많은 회원을 보유하고 있고, 국내외에서 다양한 게임을 자체 개발 및 외부 게임을 퍼블리싱하고 있다.

내가 있던 조직에서는 게임 퍼블리싱과 관련된 시스템을 통합하고 자동화하여 빠르게 새로운 게임을 출시할 수 있는 글로벌 시스템을 개발, 관리하는 일을 하였다. 나는 그중에 회원 및 요금부과와 관련된 DB를 개발, 운영하였으며 주로 사용했던 시스템은 SQL 서버이다. 물론 RDB$^{Relational\ DataBase}$ 외에 데이터 분석과 관련해서는 메모리 DB, 하둡 등 분산 처리 시스템을 함께 사용하기도 하였다. 특히 글로벌 서비스의 경우 직접 IDC^(Internet Data Center)를 운영하기에는 제약이 많아, 클라우드 시스템을 적극적으로 도입하여 활용하였다.

넥슨 아메리카는 캘리포니아 남쪽의 로스엔젤레스에 있으며 약 250여 명의 직원이 있다. 한국 회사라는 특성 때문인지 다른 현지의 미국 회사들보다는 한국 직원의 비율이 높다. 시스템 관련 엔지니어는 대부분 한국인이며, 마케팅, GM^(Geneal Manager) 등 서비스 관련은 현지인으로 구성되어 있다. 회사의 특성상 한국과의 교류가 많다 보니 전문적으로 각종 문서의 한국어를 영어로 번역하는 로컬라이제이션팀이 따로 있을 정도로 한국의 본사와 교류가 많은 편이다. 그래서 미국 문화와 한국 문화가 어느 정도 융합된, 다른 회사에서는 느낄 수 없는 독특한 문화를 가지고 있다. 예를 들면, 점심시간에 다 같이 모여 식사를 하는데 한국식 반찬과 미국의 샌드위치가 함께하는 모습을 볼 수 있다. 불고기와 소맥을 좋아하고 한국식 회식 문화를 좋아하는 사람들도 있다. 다른 회사에 비해 한국인의 비율이 높은 만큼 현지 사람들이 한국 문화를 잘 알고 있으며, 우리가 미국 문화를 알지 못해 실수하는 부분에 대해서 문화적 차이점을 인정하고, 배려함으로써 그들과 우리의 문화를 서로 알아가며 일하고 있다.

미국 취업 준비

사실 처음부터 미국 취업을 염두에 둔 건 아니어서 특별한 준비는 없었다. 하지만 마음 한구석에는 한국이 아닌 다른 나라에서 일할 수도 있겠다는 생각이 항상 있었다. 그래서 나중에 기회가 주어졌을 때 최대한 내 장점을 부각하기 위해 꾸준히 기술 습득 및 개인 브랜딩을 위해 노력하였다. 데이터베이스 분야에서 최고가 되기 위해 한 것 중의 하나는 데이터베이스 포럼의 질문들을 하나도 빠짐없이 대답하는 것이었다. 물론 잘 모르는 질문도 올라왔지만 그걸 답하기 위해 공부했고 또 데이터베이스 환경을 구축하여 테스트했다. 어떤 때는 잠을 2시간 정도밖에 자지 못할 때도 있었지만, 이렇게 1년 정도 꾸준히 하니 사람들로부터 전문가 소리를 들을 수 있었다.

대표적으로 많은 시간을 투자했고 지금도 열심히 활동하는 게 기술 블로그 및 커뮤니티 활동이다. 물론 영어가 부족해 한국어로 글을 쓰고 있지만, 실제 인터뷰 시 면접관들도 블로그의 콘텐츠 및 오랜 시간 포스팅한 꾸준함을 높이 평가하였다. 특히 DB 분야는 각 회사가 사용하는 특정 업체가 있는데, 마이크로소프트사의 SQL 서버를 사용해왔던 나는 마이크로소프트사의 전문가 인증 프로그램인 MVP^{Most Valuable Professional} SQL 서버 분야 상을 6년 연속 수상함으로써 기술에 대한 신뢰도를 높였다. 실제로 MVP 상은 해외 취업에 큰 도움이 되었다. 그리고 커뮤니티 활동을 하며 세미나 발표를 하면서 커뮤니티 리더 및 기술 서적 출판 등 많은 활동을 하였다.

미국에 오게 된 계기도 페이스북 메신저로 넥슨 아메리카^{Nexon America}에서 일할 수 있는 실력 있는 데이터베이스 관리자를 추천해 달라는 부탁을 받아서 시작됐다. 메신저를 보내온 사람도 모르는 사람이었지만 내가 한국의 MS SQL 서버에서 알려진 전문가였기에 그 사람의 컨택포인트로 연결된 것이었다. (내가 무명이었으면 이런 기회가 없었을 것이다.) 그 메시지에 내가 미국에 가고 싶다고 답장을 보냈고, 그렇게 해서 넥슨 아메리카를 통해 미국에 오게 되었다.

비자

넥슨 아메리카를 통해 투자자 비자 E-2 employee로 미국에 왔다. E-2 비자의 경우, 미국에 있는 한국회사에서 한국에서 직원을 채용하여  올 때 많이 사용된다. 취업 비자는 보통 신청자가 너무 많아 접수가 시작되고 1주일 후면 마감된다. 2018년도 5일 만에 마감됐다. 마감되면 취업 비자를 신청하기 위해 1년을 더 기다려야 한다. 또, 신청했다고 다 심사가 들어가는 것이 아니다. 추첨을 통해 신청자를 고르고 심사에 들어가게 된다. 추첨에 떨어지면 취업 비자 심사도 안 되는 것이다. 또 1년을 기다려야 한다.

그러나 E-2 비자는 다르다. 쿼터가 없으니 아무 때나 신청해도 된다. 조건만 맞으면 상대적으로 빠른 시일 안에 비자가 승인되는 등 이점이 있다. 그러나 장점도 있는 만큼 단점도 있다. 일단 E-2 비자를 후원해 줄 회사들은 그렇게 많지 않다. 또한, 대부분 한국에 본사를 두고 미국에 지사를 둔 회사들이기 때문에 한국 문화와 미국 문화가 혼재된 곳이라고 보면 된다. 한국 기업 문화의 장단점과 미국 문화의 장단점이 섞여 있으나, 미국 회사에 직접 취업하기 힘든 경우 좋은 방법의 하나라고 생각된다.

미국 취업을 준비하는 이들을 위한 조언

운 좋게도 한국계 회사에 입사하여 문화적 충격이나 여러 불편함이 상대적으로 적은 듯하다. 회사에 한국인 비율도 높아서 한국어로 소통할 때도 많다. 물론 그만큼 한국 문화가 일부 있기는 하지만 문화적 충격에 대한 버퍼 역할을 할 수 있어 매우 좋다. 미국에 있는 한국계 회사가 드물지만, 첫 시작으로 나쁘지 않다는 생각이 든다.

해외에서 생활할 때 가장 큰 벽은 역시 언어다. 나도 영어에 대해 매우 어려움을 느낀다. 특히 IT는 빠르게 변화하는 기술을 습득하기 위해 꾸준히 학습해야 하는데 기술 공부에도 빠듯한 시간에 영어까지 공부해야 하기에 더 큰 노력이 필요하다. 회사에서 커뮤니케이션할 때에도, 미국인 특유의 표현이나 문화적인 은유적 표현은 대부분 알아듣지 못하는 경우가 많다. 해외 취업을 고민하고 있다면 평소에 영어 공부를 꾸준히 하는 습관을 지니면 좋을 듯하다.

가족과 함께 해외로 이주한다면, 배우자와 아이들의 생활도 고려해야 하므로 생활권에 대해 조사가 필요하다. 보통 일하러 오는 사람보다 배우자가 더 힘든 경우가 많다. 직장인은 출근하면 대부분 시간을 회사에서 보내지만, 배우자는 낯선 주거지에서 혼자 적응해야 하므로 여러 심리적인 문제가 생길 수 있고, 아이들도 다른 언어권에서 새 친구들과 학교에 적응하느라 어려움을 겪는 경우가 많다. 그래서 미국 이직 시 연봉, 비자 스폰 뿐만 아니라 주변의 생활환경(집값, 학교 수준, 한인 커뮤니티 수준 등)도 함께 고민해야 한다.

제2부
미국 이직 사례

제8장

인생은 속도가 아니라 방향이다

윤아람 @ Amazon

직책 Software Engineer
근무지 Amazon, 뉴욕 주 뉴욕
미국 입국시 비자 J-1 (교환 방문 / 인턴십 비자)
취업 경로 인턴십 유학 후 취업
학력 Information Systems Management, 석사(미국)

경력
Amazon (New York, NY) - Software Dev Engineer (2017/7 ~ 현재)
Panasonic (Cupertino, CA) - Software Engineer Intern (2015/3 ~ 2016/3)
                         - Software Engineer Intern (2013/6 ~ 2014/6)
WE&FACTORY (한국) - Co-founder/Lead Software Engineer (2012/10 ~ 2013/4)
WINS Co., LTD (한국) - Software Engineer (2011/8 - 2012/10)
                     - Software Engineer (2007/12 - 2010/10)
Samsung Electronics (한국)
   - Software Research and Development Intern (2007/7 - 2007/12)

윤아람을 소개하자면…

어렸을 때부터 게임을 좋아하던 나는, 내가 좋아하는 게임들을 직접 만들어 보고 싶은 마음에 프로그래밍을 배우기 시작했다. 그저 게임이 좋았고, 그 게임들이 어떤 기기 혹은 컴퓨터에서 동작하는 게 마냥 신기했다. C 언어의 "Hello World!" 문장을 출력하는 것부터 시작하여 필요한 프로그램을 직접 만들어 써보기도 하고, 게임을 만들어보기도 하고, 애플리케이션을 만드는 스타트업을 창업해 보기도 했다.

 또한, 미국드라마를 많이 보면서 미국 생활에 대한 동경도 생겼다. 멋진 풍경들과 여유로워 보이는 생활들은 나를 매료시켰고, 실리콘밸리에서 일하

는 소프트웨어 엔지니어의 이야기를 블로그나 강연으로 접하며 나도 꼭 그렇게 되고 싶다는 생각으로 지금까지 달려왔다. 처음 회사에서 개발자로 근무한 이후 미국에서 정식 소프트웨어 엔지니어로 일하기까지, 강산이 변한다는 10년이 걸렸다. 앞으로의 10년은 어떨지, 또 어떤 것을 이루게 될지 너무나 흥미롭다. 여행과 커피를 좋아하며, '경험'만큼 값진 것은 없다고 생각한다. 최근에는 건강 관리를 위하여 크로스핏에 빠져 있다.

☆ 미국 취업에 성공할 수 있었던 키 포인트

- 한국에서 산업체, 프리랜서, 스타트업 등의 개발 경력이 5년 정도 있었지만, 미국 실리콘밸리에서 인턴부터 다시 시작하여 현재는 풀타임 소프트웨어 엔지니어로 일하고 있다. '일단 부딪혀 보자'라는 마음으로 도전한다면 혹시 실패하더라도 그 경험이 쌓여 이후에 큰 자산이 된다. 내 경우에는 공모전, 스타트업, 실리콘밸리 인턴십 등 기회가 왔을 때 '대단한 아이템도 아닌데 잘되겠어?', '난 영어 점수가 없어서 안 될 거야'라는 생각보다는 '일단 부딪혀 보자!'라는 생각으로 도전하였다.

- 어떤 상황이 주어졌을 때 나는 항상 최선을 다하였다. '후회 없이 할 때까지 해보자'라는 모토로 미국에서 소프트웨어 엔지니어로 취업하기 위하여 회사를 A/B/C 세 그룹으로 나누어, 총 300군데 이상의 회사에 지원하였다.

한국에서의 경력

컴퓨터공학과에 진학 후, 삼성 소프트웨어 멤버십SSM이라는 프로그램에 합격하여 SSM 회원으로 활동하며 프로젝트 경험을 쌓았다. 그 이후 한국의 한 보안업체에서 개발자로 약 3년간 산업체 근무를 하였다. 산업체에서 C/C++, 리눅스, 네트워크 세션 관리, 보안 모듈 개발 등의 경험을 쌓았다. 산업체 근무가 끝난 후, 아는 지인들과 함께 모바일 게임 스타트업을 창업하기도 했다. 당시에는 스마트폰이 아닌 피처폰(흔히 2G~3G폰이라고 불리는)이 대세였기 때문에, 피처폰에서 돌아가는 게임을 만들었다. 퍼블리셔와 계약도 하고 수익도 있었으나 스마트폰이 하나둘씩 나오는 시점을 대비하지 못해 게임 사업은 정리하게 되었다. 그 후 복학해서 학교에 다니던 중, 대학 친구들과 앱을 만드는 스타트업에 개발자로 참여하여, 공모전 출전 및 정부 지원 펀드를 받기도 하였다.

미국에서의 경력

현재는 아마존 뉴욕 오피스의 패션Fashion 팀에서 소프트웨어 디벨로프먼트 엔지니어SDE, Software Development Engineer로 근무하고 있다. 구체적으로는 아마존닷컴에서 패션 카테고리에 들어가는 옷, 신발, 주얼리, 시계 부분에서 상품을 클릭하면 나오는 상세 페이지를 수정/업데이트하거나, 새로운 기능을 넣는 일을 하고 있다. 시애틀 HQ에 있는 팀과 인도 방갈로르Bangalore, India에 있는 팀과도 협업하여 아마존닷컴에서 쇼핑하는 소비자들에게 더 좋은 소비자 경험^{CX,} Customer Experience을 주기 위하여 노력하고 있다.

미국에 오게 된 동기

약 3년간의 산업체 근무를 끝내고 복학 후 학교에 다니던 중, 학교 게시판에서 아주 흥미로운 글을 보게 되었다. 한국정보진흥원^{NIPA}이 지원하는 실리콘밸리 인턴십 프로그램이었다. 사실, '영어도 못하는 내가 실리콘밸리 인턴으로 갈 수 있을까'라는 생각이 먼저 들었다. 영어라고는 수능을 위한 영어가 전부였고, 마땅히 내세울 토익, 토플 점수도 없었다. 그 당시 토익은 700점대, 토플은 시험조차 보지 않았다. 하지만 사실 떨어진다고 해도 별로 손해는 없었기에, 가벼운 마음으로 실리콘밸리 인턴십에 지원하였다. 지원서를 작성하고 며칠이 지난 후 갑자기 받게 된 이메일. 월요일 저녁에 받은 이메일엔 바로 며칠 후인 금요일 오전에 바로 영어로 화상 인터뷰를 진행하자는 내용이 들어있었다. 사실 대학생 때까지 리딩/리스닝을 위한 영어만을 해왔었고, 외국인과 말을 섞어본 적은 손꼽을 정도였던 나였기에 스피킹은 전혀 준비되지 않은 상태였다.

주어진 기회는 놓치지 않아야겠다는 생각에 부랴부랴 주변에 있는 영어 학원을 찾아보았다. 급하게 찾은 홍대의 한 영어학원. 화, 수, 목, 딱 3일 수업에 한 달 치 학원비를 한 번에 내고, 오전에는 이력서 기반의 자기소개서, 프로젝트 소개 준비를 하고, 오후에는 선생님과 같이 스피킹 연습/교정을 하였다. 그리하여 어느덧 금요일 오전.

미국 캘리포니아와의 시차 때문에 한국 시각으로는 금요일 오전 8시부터 인터뷰 시작이었다. 일찍 일어나 목욕재계하고, 어차피 화상 면접이라 아래쪽은 보이지 않기에 조금이라도 편한 마음을 가지려고 아래는 운동복을 입고 위는 셔츠와 정장 재킷을 입고 화상 면접을 시작하였다. '아, 한국말로 인터뷰를 봤으면 더 잘 봤을 텐데'라는 아쉬움을 남기고 약 1시간여의 화상 면접은 종료되었다. 그 후 며칠 뒤, 합격 이메일을 받게 된다.

그렇게 해서 일하게 된 회사는 파나소닉 실리콘밸리 R&D 센터 Panasonic Silicon Valley R&D Center였다. 항상 따스한 햇볕이 드는 캘리포니아, 그것도 실리콘밸리에 직접 가게 된다니 마음은 상당히 들떴다. 한국정보진흥원에서 연결해준 에이 전시에서 인턴십 비자[J-1]에 대한 설명을 듣고, 대사관에서 비자 인터뷰를 보고 나니 실감이 나기 시작하였다. 인터뷰 합격 후 비자 인터뷰, 출국 준비, 티켓 구매, 실리콘밸리에서 지낼 곳 등을 찾아보고 인터뷰 후 약 6주 만에 실리콘밸리, 따뜻한 캘리포니아로 출국하게 되었다.

실리콘밸리 인턴십은 처음엔 6개월 계약이었는데, 회사 측에서 진행 중인 프로젝트에 더 참여하기를 요청해 인턴 비자를 연장하여 총 1년 동안 근무하였다. 인턴으로 근무하며 실리콘밸리에서 생활하면서 미국에서 개발자에 대한 대우와 근무 환경 등을 직접 경험해 보니 미국에서 개발자로 꼭 취업하고 싶었다. 그래서, 회사 측과 정식 취업 비자에 대해 논의하기도 했는데, 두 가지 제약 사항이 있었다.

첫째는 J-1의 2년 본국 거주 의무에 걸려서 귀국의무 면제 통지공한Waiver를 받아야만 취업 비자인 H1-B 지원이 가능하다는 것이었고, 두 번째로는, H1-B는 4월 1일에 지원하여 10월 1일부터 일을 시작할 수 있는데, 그 사이에는 J-1 인턴 비자로 근무를 할 수 없다는 점이었다. 결국 회사에서는 취업 비자를 지원해줄 수 없다고 판결이 났고, 나는 미국 대학원으로 진학하기로 마음먹었다. 인턴십이 끝나고 돌아와서 마지막 학기를 마무리하던 중, 근무했던 회사에서 다시 한번 더 와서 일을 하면 어떻겠냐라는 제의를 받게 되었다.

사실 당시에는 한국 대기업들에도 지원했는데, 현대의 HMAT, 삼성의 SSAT 등의 시험에서 낙방하였고(준비를 많이 해야 하는 어려운 시험이었다), 미국에서 인턴으로 일하는 급여가 웬만한 한국 기업에 취업하는 것보다 괜찮았기 때문에 다시 가기로 하였다. 그리하여 두 번째 인턴 비자로 다시 출국하여 1년 동안 다시 파나소닉에서 근무하며 대학원에 지원하였다. 두 번째 인턴이 끝나갈 때쯤, 카네기 멜론 대학Carnegie Mellon University의 정보 시스템 관리 석사Master of Information Systems Management 프로그램에 합격 소식을 듣게 되었고 석사 공부를 시작하게 됐다.

미국 취업 과정

미국의 취업 과정은 미국에서 총 2년이라는 인턴 경험이 있던 내게도 쉽지 않았다. 일단 영어가 자유롭지 않았고, 테크니컬 코딩 인터뷰 준비가 부족했기 때문이었다. 미국 생활을 하면서 어느 정도 영어를 익혔다고 생각했지만, 회사에서 쓰는 용어에 익숙해졌을 뿐 뭔가 큰 점프를 했다는 생각은 들지 않았고, 직접 대화하는 것과 폰 인터뷰는 상당한 차이가 있었다. 또한 테크니컬 코딩 인터뷰는 회사에서 일하는 것과 별개로 따로 준비해야 한다는 이야기를 먼저 인터뷰를 거친 선배 혹은 친구들에게 많이 들었다. (코딩 실력 ≠ 코딩 인터뷰) 석사 시작하고 한 학기가 지난 이후부터 본격적으로 코딩 인터뷰 준비를 시작하였다.

코딩 인터뷰 준비는 LeetCode와 Hackerrank가 아주 큰 도움이 되었는데, 온라인으로 문제를 풀고 알고리즘을 코딩해볼 수 있는 사이트이다. 이 사이트에서 우선 문제를 보고 나서, 시간이 조금 오래 걸려도 바로 답을 보지 않고 직접 풀어본 뒤, 어느 정도 확신이 있을 때 답을 보길 바란다. 또 코딩 인터뷰 완전 분석^{Cracking the coding interview}이라는 책도 두 번 이상 정독하였다. 이 책은 회사별 인터뷰 특징과 알고리즘 및 코딩 인터뷰의 기본기를 쌓을 수 있는 아주 좋은 책이라 생각한다.

미국에서 취업은 보통 회사마다 차이가 있을 수 있으나

① 이력서^{Resume} 및 자기소개서^{Cover Letter} 준비
② 폰 인터뷰

③ 온라인 테스트 혹은 과제 Assignment
④ 테크니컬 코딩 인터뷰
⑤ 온사이트 인터뷰
⑥ 최종 오퍼

순으로 이루어지게 된다.

① 폰 인터뷰 단계로 가기 위해선 우선 이력서 수정이 필요했다. 내가 지원하려는 분야에 맞춘 스킬셋 리스트 Skill Set List와, 이력서를 한 장안에 압축해서 넣는 작업이 필요하였다. 이전에 실리콘밸리 인턴십에 지원할 때는 최대한 자세하게 적는 게 좋다고 생각하여 2~3장짜리 이력서를 적었었는데, 보통 미국 회사에 지원할 때는 이력서 1장, 혹은 경력이 5년 이상인 시니어 급은 2장 이상이 적당하다고 한다. 학교 커리어 센터를 방문하여 이력서와 자기소개서를 수정하는 작업을 하였다.

② HR 전화 인터뷰 혹은 폰 인터뷰는 회사에서 이력서를 보고 어떤 점을 궁금해하는지 바로 톡 치면 내 소개가 나올 정도로 준비를 하였다. 인터넷으로 common interview questions for software engineers를 검색하여 나온 결과와 이력서에 적힌 프로젝트들에 대한 설명, 어떤 스킬셋에 대해서 물어보면 바로 설명할 수 있도록 STAR Situation-Task-Action-Result 테크닉을 적용하여 준비하였다.

③ 보통 전화 인터뷰를 통과하면 온라인 테스트 혹은 간단한 과제 Assignment를 내주는데, 온라인 테스트는 한번 시작하면 시간제한이 있고 생각보다 어려운 문제들이 나오는 경우도 있으니 조심해야 한다. 그리고 글래스도어 Glassdoor에서 그 회사의 인터뷰 후기들을 보다 보면 어

느 정도 힌트를 얻을 수 있다. 스타트업의 경우, 회사에서 적용하려고 하는 알고리즘이나 진행하고 있는 프로젝트에 적용할 수 있는 과제를 내주는 경우가 많다. 대략 1~2주 정도의 시간을 주고 어떤 주어진 문제에 대한 솔루션을 코딩하여 제출하는 것이다.

④ 테크니컬 코딩 인터뷰는 그 회사에서 일하고 있는 인터뷰어와 함께 약 1시간 정도 실시간으로 코딩을 하는 것을 말한다. 실시간으로 문제를 내주고 코딩을 하므로 준비를 많이 해야 했다.

⑤ 온사이트 인터뷰는 보통 하루에 4~5명을 1시간 정도씩 만나게 되는데, 미국 취업에서 꼭 통과해야 하는 과정이다. 인성 면접 Behavioral Interview를 보는 사람도 있고, 테크니컬 인터뷰 Technical Interview를 보는 사람도 있는데, 테크니컬 인터뷰의 경우에는 직접 화이트보드에 코딩을 쓰고 설명하는 식이다. 유튜브 비디오 중에 How to: Work at Google — Example Coding/Engineering Interview라는 비디오를 보고 시뮬레이션을 해볼 수 있다.

⑥ 최종 오퍼를 받았을 때, 오퍼가 여러 개 있는 경우 회사와 협상 Negotiation 을 해볼 수 있다. 보통 샐러리를 조금 더 올려주거나 주식을 더 올려주는 방식이다.

학교에서 하는 커리어 페어 Career Fair 행사에도 참여하였는데, CMU에서는 TOC Technical Opportunities Conference라는 큰 커리어 페어 행사를 가을에 개최한다. 보통 해당연도 12월이나 그 다음연도 5월에 졸업하는 친구들을 뽑으러 오는데, 여긴 같은 학교 학생들끼리 경쟁해야 하므로 경쟁이 상당히 심하다고 볼 수 있다. 그 학교에서 내가 다른 학생들보다 뛰어난 점이나 내 전문 분야를 잘 어필해야 인터뷰 기회를 받을 수 있기 때문이다.

내 경우에는 운 좋게도 야후Yahoo에서 온 매니저와 이야기를 하였고, 그 자리에서 바로 코딩 인터뷰를 보고, 온사이트 초청까지 받게 되었다. 캠퍼스 온사이트 인터뷰Campus On Site Interview를 하게 된다면 보통 위의 단계들을 건너뛰고 바로 온사이트 인터뷰로 갈 좋은 기회이다. 캠퍼스 이벤트에서 명심해야 할 점은, 온 캠퍼스 인터뷰를 하지 못하였다고 해도 이야기했던 리쿠르터의 이메일을 알아놓고 계속 연락을 하면 좋다는 점이다. 커리어 페어에서 사람을 다 뽑아서 당장은 취업 기회가 없을 수도 있지만, 나중에 구인 수요가 나올 수 있고, 이전에 미리 이메일로 한번 연락해놓았던 기록이 있으면 연락할 때 도움이 되기 때문이다. 실제로 나도 가을에 커리어 페어 때 받았던 이메일로 연락을 하고 그 다음연도 봄에 연락해서 그 회사와 인터뷰를 진행한 적이 있다.

또 하나는 링크드인LinkedIn을 적극적으로 활용하면 좋다는 점이다. 지인 중 한 명은 그 회사에 아는 사람이 없어서 레퍼럴을 받기 힘든 상황이었는데, 링크드인을 활용하여 그 회사에 다니는 사람에게 레퍼럴을 받아서 최종 오퍼까지 받은 케이스가 있다. 미국에서는 레퍼럴이 상당히 흔한 경우이고, 서류 통과 확률을 높여주는 아주 중요한 요소 중 하나이다.

한국에서는 괜히 지인 추천을 해서 떨어졌을 경우 나에게 타격이 오진 않을까, 회사에서 시간과 노력을 써서 인터뷰를 보았는데 못 붙는 경우나 내가 추천하여 회사에 붙었는데 다른 회사로 가는 경우, 추천한 사람이 들어와서 일을 잘 못 하는 경우에, 뭔가 민망하거나 내 평판까지 누를 끼치지 않을까 걱정하는 경향이 있다. 하지만 미국은 레퍼럴이 상당히 흔한 케이스이고, 내 평판에 지장이 없으며, 그 사람이 떨어지는 경우 불이익이 없고, 심지어 그 사람이 붙으면 추천한 사람에게 보너스를 주는 회사가 대부분이다.

실리콘밸리의 한 스타트업은 지인 추천으로 그 사람이 합격하면, 추천한 지인에게 최대 $10,000을 주기도 했다. 그만큼 회사에서는 좋은 인재를 뽑기가 쉽지 않고, 어차피 리쿠르터를 통하여 사람을 뽑는 경우 그만큼의 수수료를 지급해야 하기 때문이다.

그리고 인터뷰를 보는데 두려움이 많았던 나는, 인터뷰를 최대한 많이 보면 좋겠다는 생각으로 총 300곳 이상의 회사에 지원하였다. 회사를 지원할 때 3가지 카테고리로 나누어서 지원하였는데, A 그룹(누구나 이름만 들으면 아는 회사, 일하고 싶은 회사, 일하고 싶은 지역), B 그룹(가고 싶은 지역이지만 중견기업이거나, 마음에 드는 스타트업), C 그룹(가고 싶지 않은 지역, 아주 작은 스타트업, 내가 하고 싶은 분야와 살짝 다른 경우)으로 나누어서 우선 C 그룹에 있는 회사에 먼저 지원하여 인터뷰 경험을 먼저 쌓았다. 처음엔 인터뷰 경험이 많이 없었기에 참 많이 떨어졌다. 코딩 인터뷰에는 대비가 안 되어서 문제를 이해하다가 시간이 다 끝난 경우도 있었다.

그렇게 C 그룹에 지원하고 인터뷰를 보다 보니 내 이력서에 대해서 리쿠르터가 어떤 점을 궁금해하는지, 어떤 점을 중점으로 묻는지, 어떤 테크니컬 질문들을 하는지에 대해서 연습이 되었고, C 그룹 중 한 곳에서 구두 제안Verbal Offer을 받게 되는 시점부터 이제 B 그룹에 지원하기 시작하였다. B 그룹과의 인터뷰에서는 이미 어느 정도 인터뷰 경험을 쌓았기 때문에 C 그룹보다는 조금 더 수월하게 진행되었고, 역시 B 그룹에서 제안을 받을 즈음 A 그룹에 지원하기 시작하였다. 보통 한번 지원하여 떨어진 지원자는 떨어진 기록이 시스템에 남기 때문에, 6개월, 혹은 1년 후에나 다시 지원할 수 있어서, 한번 한번의 기회가 정말 소중하니 전략을 잘 짜야 했다.

결국 아마존, 야후, 뉴욕의 스타트업들에게서 제안을 받게 되고, 아마존의 제안을 최종 수락하였다.

아마존의 회사문화와 업무환경

▶ 자유로운 출퇴근 시간

출퇴근 시간은 어느 정도 가이드라인이 있지만, 자유로운 편에 속한다. 하루 8시간, 주 40시간을 일하면 어떤 시간에 출퇴근하던 상관은 없다. 보통 9시~10시 반에 출근하여 점심시간 포함 하루 8시간을 근무한 후 퇴근한다. 팀원 중 한 명은 오전 9시 이전에 출근하고 5시 정각에 항상 집에 간다. 나는 오전 9시 반~10시 사이에 오피스에 도착하여, 9시 반에 온 경우는 5시 반 퇴근, 10시에 도착한 경우에는 6시에 퇴근한다. 또, 오전에 일이 있어서 11시에 출근한 사람은 7시에 퇴근하거나, 6시 퇴근 후 집에서 1시간 일을 더 하기도 한다.

한번은 매니저가 비행기 스케쥴로 인하여 오전 9~12시에 OOO^{out of office}를 한적이 있고, 그 3시간 동안 일을 못 한 만큼 저녁 9시까지 근무한 적도 있다. 또한, 2주마다 한 번씩 스프린트 플래닝^{Sprint Planning (Sprint Planning is an Agile Scrum Event that assists Development Teams in creating a transparent understanding of what can be built and how)}을 하는데, 각 개인에게 주어질때의 일 처리 속도 및 예상 시간을 고려하여 프로젝트를 할당해준다.

미국에서는 병원 예약이 상당히 중요한데, 보통 한국에서는 업무시간에 병원을 가기보다는 점심시간이나 출근 이전, 퇴근 이후에 병원을 가는 경우가 많다. 한국은 병원에 가기가 쉽지만, 미국은 의사와 한 번 만나려면 2~4주 전에는 예약을 해야 한다. 예약이 밀리게 되면 한참 후에나 의사를 볼 수 있기 때문인데, 보통 병원 예약이 있으면 팀원들에게 이야기하고 일과 시간에 다녀와도 충분히 이해한다. 의사와 스케쥴을 잡기가 힘들고, 의사들 역시 일과 시간에만 일을 하기에 그런 것 같다. 그렇게 1~2시간을 비우고 나면 개인적으로 업무 할당량을 채우기 위해서 집에 가서 일을 더 하거나 한다.

회사마다 규정이 조금씩 다를 수는 있겠지만, 내가 있는 팀의 장점 중 하나는 WFH^{Work From Home}이 자유롭다는 것이다. 우리 팀 초기 멤버 중 한명은 뉴저지 북쪽의 조금 먼 곳에서 가족과 함께 사는데,

하루 왕복 3시간 이상 출퇴근 시간이 걸리기 때문에 팀을 구성할 때부터 매주 수요일은 'WFH의 날'로 정해 놓았다. 매주 수요일은 인터넷이 되는 곳이면 어디서든지 내가 원하는 장소에서 일을 할 수 있다. 수요일에 오피스에 가지 않아도 되니, 화요일 저녁은 뭔가 미니 금요일 같은 느낌이 들긴 한다.

혹자는 집에서 일하면 편해서 일을 더 안 하거나 느슨해지지 않냐고 궁금해하는데, 처음에는 나도 집에서 일하는 것에 대해서 적응이 되지 않았지만, 어느 정도 적응되고 나니 집에서 일할 때 초집중 모드로 들어갈 때가 있다. 오피스의 이런저런 방해 없이 일에만 집중할 수도 있고, 한 번씩 일이 잘 안 풀리는 때는 좋아하는 노래도 크게 틀어놓고 기분전환을 할 수도 있다. 아침에 일어나 출근을 준비하는 데에 드는 시간과 '오늘 뭐 입지'하는 고민을 적게 하게 된다. 집에서 일할 때는 편한 티셔츠에 운동복을 입고(어차피 미팅 들어가도 밑에는 안보이므로) 회의에 들어가기도 한다.

WFH하는 이유는 다양한데, 아래는 직접 경험한 WFH 이메일 내용이다.

a) 몸이 아파 WFH 하겠습니다. 이메일이랑 메시지는 체크할께요.
   I'm not feeling well this morning. I will work from home today. I will check emails and messages.
b) 오늘 아들의 연주회에 참여할 예정이라 WFH 하겠습니다.
   WFH today to attend son's school concert.
c) 오늘 집에 큰 패키지를 직접 사인해야 해서 WFH 할 예정입니다.

I will be working from home today to be able to sign and receive some larger deliveries coming in today.

d) 개인적인 일을 좀 처리해야 해서, WFH 할게요.
I have to take care of some personal work. I will be working from home.

▶ 매일 하는 스탠드업

하루 10~20분씩 매일 진행하는 스탠드업 미팅 Standup Meeting이 있다. 시애틀 본사 팀과도 같이 회의하기 때문에 시차를 고려해서 오후 2시(시애틀 오전 11시)에 시작한다. 이 미팅은 어제 무엇을 했는지, 오늘은 어떤 것을 할 것인지, 업무상 진행 사항 및 문제점은 없는지 등을 이야기하는 자리이다.

진행은 이런 식이다. 뉴욕 시각으로 오후 2시가 되면 각자 회의실에 모이고, 영상 미팅을 할 수 있는 내부 메신저로 접속한다. 매니저가 우선순위 기준으로 정렬된 스프린트 보드 Sprint Board를 미팅 화면에 띄운 후 주제를 이야기하면, 팀원들은 각자의 진행 상황을 업데이트한다.

스탠드업에 들어오는 사람들의 인원수는, 제프 베조스의 '피자 두 판의 법칙 Two Pizza Rule'을 따른다. 피자 두 판의 법칙은 팀원 수나 회의에 참여하는 수가, 피자 두 판으로 식사를 마칠 수 있는 규모 이상 되어서는 안 된다는 것이다. 보통 피자는 한 판에 8조각이고, 1인당 피자를 2~3조각씩 먹는다고 하면, 팀원이 8명 정도를 넘으면 안된다는 법칙이다. 이렇게 작은 단위로 팀을 구성하면 커뮤니케이션을 높이고 활발한 의사결정 및 창의력을 높이게 된다는 것이다. 사람 수가 적을수록 각자의 임무 responsibility를 더 확실하게 정할 수 있고, 책임 소재를 분명히 해, 더 빨리 일을 마칠 수 있다는 법칙이다. 물론 우리 팀도 이 법칙을 따르고 있다.

▶ 매주 매니저와의 1:1 미팅

미국 회사생활에서 한 가지 특이한 점은, 매니저와 매주 30분씩 1:1 미팅을 한다는 점이다. 이 미팅에서 매니저는 내가 하는 일이 즐거운지, 일은 만족하는지, 개선점은 없는지 항상 물어본다. 일주일 동안 회사 생활에서 있었던 일들이나 피드백을 주고받으면서 서로 체크업하는 시간이라고 볼 수 있다. 1:1로 만나서 이야기하기 때문에 전체 미팅에서 하지 못했던 말들, 개인적인 이야기들, 비자 진행 상황 업데이트 등을 할 수 있어서 좋은 시간인 것 같다.

▶ 휴가제도

무엇보다도 미국회사에서 일하면서 가장 좋은 점은, 회사에서 워라밸 Work and Life Balance을 많이 신경 써준다는 점이다. 매니저가 일을 할당할 때도 항상 일주일에 40시간을 일한다고 가정하고 일을 분배한다. 퇴근 이후에는 거의 메신저/이메일을 보지 않으며 (정말 급한 일이 있을 경우를 대비하여 휴대폰에 메신저는 설치해 놓았다), 6~7시 이후에 늦게까지 오피스에 남아 있으면 매니저가 얼른 집에 들어가서 쉬라고 이야기한다.

또한, 주말근무를 절대 회사 차원에서 요구하지 않는다. 워라밸을 잘 유지하여 일할 때는 일에 집중하고, 또 쉴 때는 에너지를 재충전

해야 롱런할 수 있다는 점에 다들 동의하기 때문이라 생각한다. 그리고 한국에서는 보통 길게 휴가를 내려고 하는 경우에 프로젝트에 지장이 있거나 회사 눈치를 봐야 하는 경우도 있어, 2~3주씩 휴가 내기가 힘들다. 하지만 미국에서는 미리 매니저와 이야기만 하면 괜찮고, 휴가는 '주어진 권리'이기 때문에 '당연히' 쓸 수 있는 것이라고 생각한다. 물론 프로젝트 진행 도중에 갑자기 2~3주 훌쩍 떠나는 건 안 되겠지만 미리 이야기만 하면 편하게, 내가 가진 휴가 일수 기준으로 눈치 보지 않고 쓸 수 있다.

▶ **회식문화**

또 한 가지 좋은 점은, 한국회사에서의 '회식'이라고 볼 수 있는 미국 회사의 해피아워 Happy Hour는 업무 시간에 진행된다는 점이다. 대부분의 회사에서 진행하는 이벤트는 업무 시간에 이루어진다. 해피 아워 같은 경우 보통 오후 4~5시에 진행하고, 팀 빌딩을 위한 팀 아웃팅 Team Outing 같은 경우도 금요일 오후 3~5시 이런 식으로 업무 시간에 진행된다. 그리고 회식에 대한 강요나 압박 같은 건 전혀 없는 편이고, 가정이 있거나 퇴근 시간이 오래 걸리거나, 약속이 있는 사람은 대부분 이벤트가 끝나고 빨리 집에 들어간다.

비자

2017년 5월에 석사를 졸업하여 F-1 OPT를 신청하였고, 현재 비자는 F-1 OPT 상태로 근무하고 있으며, 2017년 말에 영주권 Green Card 프로세스가 시작되었다. 원래는 F-1에서 영주권 신청을 바로 하기가 힘들다고 알고 있는데, 회사에서 내 이력서를 검토해보니 지원이 가능하다고 하여 일단 시작 Initiate 을 해 놓은 상태이다. 실리콘밸리에서 인턴으로 근무할 때는 J-1으로 있었는데, J-1의 경우 특정 스킬셋에 포함되면 본국 2년 거주 의무 Two-year Home Residency Requirement (212(e))가 걸리는 경우가 많다. 이게 걸리게 되면 H1-B나 영주권 같은 이민 비자 Immigrant VISA를 지원하기 전에 꼭 J-1 2년 규정에 대하여 귀국의무면제 통지공한 Waiver 을 받아야 한다.

J-1 귀국의무 면제 통지공한 Waiver 을 신청할 때 가장 중요한 점은 본국(한국 정부, 혹은 지원해준 기관)에서 no objection letter를 받아야 한다는 점인데, 나는 당시 실리콘밸리 인턴십을 주관했던 NIPA가 다른 부서로 바뀌어서 그때 담당자에 연락하여 현재 해외 인턴십 담당을 하시는 분께 no objection letter를 받을 수 있었다. 한국 정부측에서 관련 내용을 이미 알고 있어서 그나마 편하게 진행할 수 있었다. 그리하여 한국 대사관과 미국 정부에 필요한 서류를 내고 4개월 정도 후에 귀국의무 면제 통지공한 Waiver 을 받을 수 있었다. J-1 이후에 F-1으로 있었는데, F-1은 이주민 비자 Non Immigrant Visa 이기에 2년 규정이 걸려 있는 상태에서도 F-1 발급에는 문제가 없었다.

미국 취업을 준비하는 이들을 위한 조언

한국의 테크쪽 엔지니어의 수준은 결코 뒤처지지 않는다. 이미 상당히 훌륭한 수준이고 프로그래밍 실력이나 엔지니어링 실력을 비교하면 미국 실리콘밸리의 개발자들과 비교했을 때도 경쟁력이 있다. 하지만 한국에 있는 많은 개발자가 영어에 두려움이 있거나, 해외 이직의 기회 부족으로 실행에 옮기지 못하고 있다고 생각한다.

개발자로서 한 가지 좋은 점은, 프로그래밍 코드는 전 세계 공용 언어라는 점이다. 나도 영어가 아직도 서툴고 부족하긴 하지만, 프로  그래밍 실력은 뒤떨어지지 않는다고 생각하고, 특히 이 점이 개발자에게는 더 중요한 점이 아닌가 싶다. 개인적으로는 내가 만약 인문대 쪽이나 마케팅 분야의 전공을 하였다면(개발자가 아니었다면) 해외로 나올 생각을 하지 않았을 거라고 생각한다. 한국에서만 거의 25년을 살았기 때문에 토종 한국인이었고 해외의 문화를 이해한다고는 하지만 그 깊이는 따라갈 수 없기 때문이다.

한국에서 기회가 없었던 것도 아니었다. 산업체로 다녔던 회사에서 졸업 후 다시 돌아오면 그동안의 경력을 인정해줘서 신입이지만 대리급으로 입사하고, 학교 다니는 동안 학비에 대한 장학금 및 생활비 지급 등 회사로서는 파격적인 제안을 하기도 하였었다. 하지만 나는 도전을 선택하였고 모든 한국에서의 풀타임 경력을 뒤로하고 미국에서 인턴부터 다시 시작하였다. 인턴 하는 도중에 비자를 지원해줄 수 없다는 말을 듣고 실망하기도 했다. 그 이후 미국에서 석사를 하면서 직장을 찾을 때도 300곳 이상의 회사에 지원하였고, 떨어지기도 많이 떨어졌다. 하지만 그 실패들이 경험이 되어 결국 현재는 원하던 회사에서 일하고 있다.

인생은 속도가 아니라 방향이라는 말이 있듯이, 목표를 향해 한 걸음 한 걸음 나아가다 보면 어느새 꿈꾸던 곳에 근접해 있는 자신을 발견하리라고 믿어 의심치 않는다.

제2부
미국 이직 사례

제9장

우리는 같은 강물에 두 번 발을 담글 수 없다

윤성민 @ LG

직책 Product Manager
근무지 LG, 워싱턴 주 벨뷰
미국 입국시 비자 H1-B (취업 비자)
취업 경로 한국 마이크로소프트에서 미국 마이크로소프트 본사로 이직
학력 컴퓨터 공학, 학사(한국)

경력
LG Electronics MobileComm USA – Product Manager (2013~ 현재)
Microsoft (Redmond, WA) - Program Manager (2010 ~ 2013)
Microsoft (한국) - Program Manager (2006 ~ 2010)
삼성전자 (수원) - Software Engineer (2001 ~ 2006)

활동
저술 - 윈도우폰 프로그래밍 번역서 출판
     - 네트워킹 리눅스 TCP/IP 실무 가이드 번역서 출판

윤성민을 소개하자면…

어릴 때 과학자/공학자가 꿈이었는데 지금 어느 정도 꿈과 업이 일치된 경우라 행복하다. 컴퓨터 사이언스와 엔지니어링을 전공하고 모토로라Motorora 인턴으로 시작한 나의 IT 인생은 컴퓨터 개발에 5년, 스마트폰 개발 및 비즈니스 관련 업무로 13년을 보내고 있다. 잠시 의학에 뜻을 품어 의대에 학사 편입하기도 했지만, 결국 IT를 택했고 현재 시애틀에서 이민 정착 활동 중이다. 다방면에 관심사가 많아, 지금 당장 못해도 하고 싶은 일들과 떠오른 생각들을 메모로 남기는 메모 애호가이다.

☆ 미국 취업에 성공할 수 있었던 키 포인트

- 기록이 기억을 지배한다

    살면서 내게 가장 도움이 많이 된 습관이다. 틈이 날 때마다 해놓은 메모는 펌프에서 물을 끌어 올릴 때 사용하는 한 바가지 마중물처럼 요긴하게 사용될 때가 많았다. 어디서부터 시작해야 할지 엄두가 안 나는 일을 시작할 때, 일하다 중간에 아이디어가 막혔을 때, 나는 메모장에서 돌파구를 찾아내곤 한다.

- 현실에 안주하지 말자

    '우리는 같은 강물에 두 번 발을 담글 수 없다!'라는 말처럼, 상황은 흐르는 강물과도 같이 변한다. '변화'를 생각할 때면 삼성전자 재직 시절, 회사 복도에서 본 '서서히 끓는 물 속의 개구리'에 대한 포스터가 떠오른다. 현실에 안주하기보다는 변화를 촉구하는 예화인데, 반추해 보면 나의 삶도 5년 주기로 일에서, 개인 신상에서 자잘한 매듭을 짓고 새로운 매듭을 시작하는 변화들로 채워져 있다. 변화는 에너지를 필요로 한다. 따라서 변화를 끌어낼 에너지를 쓰지 않으면 항상 그 위치를 벗어 날 수 없다.

- 넘어지면 다시 일어나자

    넘어지는 것은 문제가 아니다. 넘어진 후 주저 앉는 게 문제라 생각한다. 툭 털고 일어날 수 있어야 한다.

한국에서의 경력

2001년 삼성전자 개발팀에 입사했다. 개발팀에서 첫 보직으로 하드웨어 직군을 배정받았을 때, 개발팀장에게 적극적으로 얘기하여 소프트웨어 직군으로 바꾼 게 현재 나를 여기까지 오게 한, 큰 갈림길에서의 선택이 아니었나 싶다. 이때 체감한 교훈은, '원하는 것이 있다면 Go Get it! 해야 한다, 행동해서 과정을 바꾸지 않으면 결과도 바뀌지 않는구나!'였다. 이후, 삼성전자 컴퓨터 사업부 개발팀/선행기술팀/기술기획팀/사업기획팀에서 일할 기회가 있었다. 개발팀에서는 주로 시스템 소프트웨어와 응용 애플리케이션을 개발했고, 선행 기술팀에서는 전자잉크electronic-Ink(후에 kindle 같은 제품에 사용된) 같이 아직 상용화하지 않았으나, 미래 응용 기술이 될 수 있는 제품의 프로토타입을 구현했다.

삼성 개발팀 재직 시, 한 달에 하나꼴로 미국/유럽 특허를 냈다. 특허만 출원한 것이 아니고 소프트웨어로 프로토타입도 만들어 특허 심사 시 데모를 보여주곤 했는데, 마이크로소프트 코리아 구술 면접 때 이러한 경험과 프리젠테이션이 고용 담당 매니저에게서 좋은 피드백을 끌어냈다고 입사 후에 들었다. 이때 든 생각은, 경력은 마지막 결과가 아니고 과정을 하나하나 쌓아 가는 과정이며, 그 과정이 계단처럼 나를 목적지로 안내한다는 것이다.

2006년, 마이크로소프트 코리아 모바일 이노베이션 랩Mobile Innovation Lab에 프로그램 매니저Program Manager로 입사하여, 윈도우 모바일의 피처feature 개발 및 윈도우 모바일 폰 개발 업무를 했다.

미국에서의 경력

2010년, 마이크로소프트 레드몬드의 프로그램 매니저로 입사하여 삼성, HTC와 함께, ATT/버라이즌^{Verizon}/T-모바일/스프린트^{Sprint} 향으로 윈도우 모바일 폰/윈도우 폰을 개발하고 출시했다. 현재는 시애틀에 있는 LG의 프로덕트 매니저로 T-모바일 LG 안드로이드 프리미엄폰의 출시를 담당하고 있다. 주 업무는 프로덕트 플래닝/개발/T-모바일 인증 단계까지 전 개발 단계를 진행하고, 마케팅팀과 함께 폰 출시 후 시장 내 모델 운용을 함께 고민하여 모델 단종할 때까지 폰 마케팅/프로모션을 계획하고 실행한다.

미국에 오게 된 동기

2009년 12월, 마이크로소프트에 재직 중이었을 때였다. 시애틀 출장을 마무리하고 한국으로 돌아가기 전 매니저에게 인사차 들렀을 때, 마이크로소프트 레드몬드로 이직할 것을 오퍼 받았다. 2009년은 기억에 미국 출장만 9번 왔던 해로 기억한다. 거의 매달 왔다. 이때는 폰 출시와 윈도우 모바일 OS 피처도 일부 맡아 피처 스펙^{feature spec}을 쓰던 때라 정신없이 바빴다. 4살, 2살 된 아이들이 보고 싶어서, 미국 출장 때마다 3~4주 예정된 출장 업무를 밤을 새워 2주 안에 끝나고 한국에 돌아가곤 했던 기억이 난다. 그러던 와중에 매니저에게서 차라리 레드몬드로 와서 일할 것을 제안받은 것이다. 이때, 미국으로 이주하는 것을 아내가 많이 반대했다. 한국에서 잘 자리잡고 살고 있었으니 그럴 만했다. 나도 큰 변화에 대한 두려움이 있었다. 어머님을 자주 못 뵙는 것 또한 마음에 걸렸다.

이탈리아의 토리노 박물관에는 앞머리는 머리카락이 풍성하고, 반면 뒤통수는 머리카락이 한 올도 없는 대머리에 커다란 날개, 발목에 작은 날개가 달린 조각상이 있다. 한 손에는 저울을, 다른 한 손에는 날카로운 칼을 들고 있어, 조금은 기괴하고 우스꽝스러운 모습임에도 선뜻 웃음 지을 수 없는 이 조각상의 모티브는 제우스의 아들 '기회의 신 카이로스'라고 한다. "나의 앞머리가 무성한 이유는 사람들이 나를 보았을 때 쉽게 붙잡을 수 있게 하기 위함이고, 뒷머리가 대머리인 이유는 내가 지나가고 나면 다시는 나를 붙잡지 못하도록 하기 위함이며, 발에 날개가 달린 이유는 그들 앞에서 최대한 빨리 사라지기 위해서이다. 나의 이름은 기회이다."

이 기회의 신 카이로스가 생각났다. 나는 일을 통해 준비가 되어 있었고, 내 앞에 기회가 온 거라 생각했다. 한국을 떠나 미국으로 이주하는 게 쉽진 않았지만, 나는 내게 다가온 기회를 잡았다.

미국 취업을 준비하는 이들을 위한 조언

2011년, 미국 시애틀 정착 활동 중 보람을 크게 느낀 순간은 막 4살, 6살이 된 아들과 딸이 책을 들고 쪼르르 달려와서, "아빠, 책 안에 집 앞 건물이 담겼어요!"라고 외치며 흥분했을 때다. 2년 전 사준 빌 게이츠 위인전을 이제야 읽고, 책 마지막 페이지에 실린 사진이 바로 집 앞 건물과 똑같은 것을 보고 한 얘기다. 실제 집 앞에 있는 마이크로소프트 빌딩 사진이 책에 실려있었다.

아이들 아빠로서, 아이들이 나보다는 더 큰 세계에서 더 좋은 것을 보며 그로 인해 더 큰 꿈을 꾸며 살길 바란다. 이런 마음은 모든 아빠의 공통이 아닐까? 난 지구에 살았지만, 아이들은 우주인이 되길 바란달까? 그런 면에서 미국은 한국보다 큰 나라다. 주^{State} 하나가 한반도보다 크니, 이름 그대로 연합 국가$^{United\ States}$라 할 수 있겠다. 책에서만 보던 것이 실제 생활에 있는 것만으로도 아이들의 몰입도는 비할 데 없이 커졌다. 미국 일상의 가장 큰 장점은, 한국에서는 책이나 인터넷으로만 간접 경험하고 직접 경험하기 어려울 수 있는 것을, 직접 경험의 세계로 아이들을 좀 더 쉽게 끌어들일 수 있다는 것이다. 반면에, 타향살이한다는 것은 집 떠나면 고생이라는 말이 문득문득 떠오르는 일상이기도 하다.

살면서 매 순간 선택을 하게 되는데, 선택의 기로는 필연적으로 가게 되는 길과 가지 못한 길을 만든다. 내가 그때 그 선택을 다르게 했다면 나는 그 가지 못했던 길 끝에서 어떤 다른 목적지에 다다르게 되었을까? 내가 매니저의 오퍼를 변화의 두려움과 가족의 반대로 선택하지 않았다면, 나는 지금 한국에서 어떤 현실 안에 살고 있었을까? 가지 않았던 길에 대한 궁금증은 있지만, 나는 2010년의 선택을 후회하진 않는다. 지금의 미국은 여러 가지 장단이 있는 나라다. 한 번쯤 살아보며 경험해 볼 만한 나라다.

제2부
미국 이직 사례

제10장

해고를 걱정하는 개발자의 미국 생존기

김세연 @ Microsoft

직책 Software Engineer
근무지 Microsoft, 워싱턴 주 레드몬드
미국 입국시 비자 F-1 (학생 비자)
취업 경로 미국 대학 졸업 후 취업
학력 Computer Science, 석사(미국)

경력
Microsoft (Redmond, CA) - Software Engineer (2015/11 ~ 현재)
Bank of America (Calabasas, CA)
            - Technology Developer & Analyst (2013/7 ~ 2015/10)
Cornerstone OnDemand (Santa Monica, CA)
            - Software Developer (2013/4 ~ 2013/6)
Laserfiche (Long Beach, CA) - Software Developer (2012/6 - 2012/9)
Matrix2B (한국) - Software Developer (2005/8 ~ 2008/6)

김세연을 소개하자면...

옆자리 동료가 갑자기 보이지 않는다. 어디 몸이 아픈가? 아니, 그는 해고당했다. 아마 마음이 매우 아프겠지. 한 달 전에도 동료 한 명이 해고되었다. 오늘 사라진 친구와 나는 며칠 전만 해도 해고에 대한 이야기를 같이했었다. 너무 무섭다고. 그리고 지금 혼자가 된 나는 더더욱 무서워졌다.

한국에서 학부와 병역 특례를 마쳤고, 딱히 특출난 점이 없던 나는 공부를 더 하고 싶었다. 공부에 열망이 있었던 것은 아니었으나 이대로 취업하면 아무 변화 없이 평생 똑같이 일하게 될 것 같아 변화를 준답시고 선택한 것이 미국 석사였다. 처음에는 석사를 하면서 박사와 취업 중에 고민할 요량이었으나 반 학기가 끝나기도 전에 마음을 정했다. '공부는 나의 길이 아니구나. 취업해 돈을 벌자.'

 취업 문을 두드린 이후로 인턴을 두 차례 경험하고, 뱅크 오브 아메리카Bank of America에서 본격적인 커리어를 시작한 뒤 3년을 채우지도 못하고 옮기게 된 다음 직장이 바로 지금 다니고 있는 마이크로소프트다. '차이기 전에 찬다'는 느낌으로 '짤리기 전에 옮기자'라는 생각이었는데 평생의 운을 다 써버린 것 같다. 나는 뛰어난 개발자도 아니고, 그렇다고 프로그래밍을 너무 좋아해서 매일 공부하며 코딩하는 삶을 살지도 못하기에 지금처럼 위태위태한 직장 생활을 하는 것이 마땅할지도 모른다.

다양한 분야에 관심이 많고 새로운 것을 경험해보는 것을 좋아하다 보니, 전공과는 상관없는 일에 늘 시간과 에너지를 쏟아왔다. 그만큼 훌륭한 프로그래머와는 거리가 멀어졌지만 조금 더 다채롭고 재미있는 사람이 될 수 있었고, 게다가 아직은 어찌어찌 미국 회사에 소프트웨어 엔지니어로 일하고 있다. 나 자신이 범재임을 누구보다 잘 알고 있으며 부족한 만큼 살아남기 위한 생존 기술을 잘 체득했던 것 같다. 영어도 부족한 내가 미국에서 얼마나 해낼 수 있는지, 직접 도전 중인 생존기는 여전히 현재진행형이다.

☆ 미국 회사에 취업하기 위한 키 포인트

- 이직할 가능성이 있는 회사들의 정보와 리크루터의 연락처는 상비약처럼 늘 모아두어야 한다.

- 주머니는 털려도 멘탈은 털리면 안 된다.

- 영어! 영어! 영어! 한국어로 치면 로버트 할리는 아니어도 최소한 사유리 정도는 되어야 한다.

 미국에 오게 된 계기

거창한 계기는 없었다. 서울 촌놈으로 다른 도시도 가본 적이 별로 없어서 기왕에 석사를 할 거면 다른 데서 하고 싶었다. 주변에서 석사과정 하면서 고생하는 걸 너무 많이 봐서 '어차피 고생하는 거 미국학교 한 번 써볼까?' 했다가 태평양을 건너게 되었다. 루비콘강은 한번 건너면 끝이라던데, 어쩌다보니 8년째 이러고 있다.

미국에서의 경력

시작은 UCLA에서 컴퓨터 공학 석사였다. 처음 미국으로 올 때에는 박사에 대해 고민도 했지만, 수업 하나를 듣자마자 어떻게든 졸업이나 해야겠다는 목표로 바뀌었다. 아무래도 영어를 못 하는 편이라 수업을 따라가기도 힘들었고 사실 공부도 열심히 하지는 못했던 것 같다. 그래서 언제 한국으로 돌아가게 될지 모른다는 생각에 여행이라도 많이 다니고 많은 걸 경험하고 가야겠다고 생각했는데 여러모로 두드리던 취업길들이 하나둘씩 열리면서 지금 7년째 미국에서 직장인으로 생활하고 있다.

처음 근무 경험은 롱비치Long Beach, CA의 한 소프트웨어 기업에서 했던 인턴이었다. 방학 중에 하는 일이었기에 기간이 길지는 않았다. 프론트엔드 웹앱을 만드는 프로젝트로 자바스크립트와 C#을 주로 쓰는 일이었다. 이쪽 일을 회사에서 해본 것은 처음이었고, 나름대로 재미있는 경험이었지만 인턴을 마친 후 정직원 채용으로 이어지진 않았다. 그래서 석사 과정 마무리를 해가면서 다시 취업 활동에 뛰어들었고 또 다른 인턴 기회를 얻게 되었다. 산타모니카Santa Monica, CA에 있는 기업이었는데 회사 위치도 너무 좋았고 분위기도 전형적인 IT 기업 느낌이어서 굉장히 좋았다. 이곳에서도 C#을 가지고 CDN을 활용하는 API 툴을 만드는 일을 했었다. 하지만 여기서도 정직원 채용으로 이어지지 않았다. 뱅크 오브 아메리카Bank of America에서 오퍼를 받고 바로 옮겨갔기 때문이었다. 원래부터 금융 분야에 관심이 많았던 터라 꼭 가보고 싶었다. (이때만 해도 3년도 되기 전에 옮기게 될 줄은 몰랐다.) 내가 속한 팀은 회사의 데이터를 관리하고 활용하는 프레임워크를 개발하는 업무였다. 하지만 소프트웨어 기업과는 문화도 다르고, 업무도 새로운 기술을 배우기 어려운 측면이 많아서 가슴에 사직서를 품고 이직을 몰래 준비했다.

여기까지는 모두 LA 근방에서 있었던 일들이고, 현재 직장인 마이크로소프트로 이직하면서 일도 새롭고 지역도 새롭게 시애틀 근처로 옮기게 되었다. 현재는 오피스 엑셀Office Excel 팀에서 C++를 사용하는 개발자로 지내고 있다.

여태까지 그냥 뽑아주는 대로, 되는 대로, 시키는 대로 운명 따라 다니면서 달려왔던 것 같다. 전문성이 뚜렷하지도 않고 계획 없이 살아온 것같이 보일 수도 있을 것 같다. 하지만 뛰어나지 않은 개발자가 살아남기 위해 발버둥치며 열심히 취업활동을 한 결과라서 스스로는 굉장히 만족하고 있다. 하지만 추천할 것도 아니라고 본다. 가장 좋은 건 당연히 훌륭한 프로그래머가 되는 것이다.

마이크로소프트에서의 경험

미국 소프트웨어 기업에서 일하면 피할 수 없는 것이 인도 사람들과 중국 사람들이다. 하지만 신기하게도 내가 있는 팀은 백인 비중이 높다. 그래서 다른 회사에 있을 때 보다 진짜 미국에 있다는 실감이 많이 났다. 어린 친구들도 많고 오래 있던 사람도 많아 신구 조화가 적절하다는 생각이 들었다. 겉보기에 느낀 나이와 실제 나이의 갭이 커서 놀라긴 했지만 어쨌든 잘 균형 잡힌 좋은 팀이다.

실수담을 한번 이야기해 보면, 내가 바꾼 코드가 프로그램에 문제를 발생 시켰다. C++의 고질적인 메모리 관리 이슈였는데, 실제 제품에 코드가 올라간 다음에도 몇 달간 아무 문제가 없었다. 그러다가 어느 시점부터 프로그램이 랜덤하게 죽는 로그가 발생하기 시작해서 알아보기 시작했고, 그렇게 도달한 지점이 나의 코드였다. 뭔가 부끄럽기도 하고, 죄송스런 마음에 시말서라도 써야 하나 고민하고 있었다. 이러다 해고라도 당하는거 아닌가 걱정을 하면서 매니저와 관련된 사람들에게 사과로 일단 시작을 했다. 그랬더니 오히려 말해주기를, '걱정할 필요 없다. 코드리뷰를 한 사람들도 그걸 잡아내지 못했기 때문에 너만의 책임이 아니다. 빨리 이슈를 해결한 것이 더 중요하다.' 라는 대인배의 모습을 보여주었다. 그렇게 아무 일 없이 넘어갔다.

물론 클라우드와 같은 팀에서 비슷한 문제를 냈다면 얘기가 달랐겠지만 그렇더라도 실수에 대해 굉장히 관대했고 함께 책임을 가져가는 모습에 크게 감동했다. 이게 미국 문화라고 얘기할 순 없지만 난 좋은 팀에 있는 게 확실하다. 하지만, 종합적인 퍼포먼스 기준으로 해고하는 것은 가차 없다. 실수와 평가는 구분된다.

인터넷에 미국 회사에서의 경험담들이 돌아다닌다. 절대 간과하지 말아야 할 것은 그 모든 것이 일부분일 뿐이고 사례별로 다를 수 있다는 것을 잊지 말아야 한다. 마이크로소프트처럼 큰 회사의 경우 더더욱 팀마다 성격이 완전히 다르고, 작은 회사도 역시 회사마다 새로운 나라를 경험하는 듯 다르다. 나의 경험이 여러 회사의 문화를 대변할 수는 없지만, 현재 팀에서의 근무 경험은 굉장히 만족스럽다.

취업 준비

다행히 미국에서 석사라는 자원이 있었기에 취업이라는 앞마당으로의 연계가 수월한 편이었다. 큰 꿈을 품은 것과는 대비되게 직업학교에 다니는 느낌, 학과 공부보다는 취업을 위한 활동이 더욱 주가 되었다. 이력서를 정말 멈추지 않고 날렸다. 취업은 어차피 1승 싸움이기에 '어디 하나만 걸려라'는 생각이었지만 생각보다 그 1승은 쉽게 거둘 수 없었고, 남들보다 늘 뒤처져 있었다.

처음 석사를 시작했을 때, 학교에 취업 설명회가 열렸고 수많은 기업이 와서 부스를 열었다. 지원하려는 학생들의 줄도 구름같이 길었고 처음 보는 광경에 당황했지만 이내 정신을 차리고 이력서를 뿌려 댔다. 그때는 뭘 해야 하는지 아무것도 몰랐기 때문에 어리바리한 모습으로 버벅대며 인터뷰를 진행했고, 대부분 가차 없이 퇴짜를 받았다. 그렇게 첫 쿼터가 지나면서 요령을 조금 터득했고, 그다음에는 더 많은 이력서를 뿌렸다. 학교에서 제공하는 취업 플랫폼을 통해 정말 아무 회사나 막 지원하기 시작했고 그러다 보니 드물게 인터뷰 기회를 가질 수 있었다. 썩 좋은 방법은 아니었지만, 계속되는 실패를 양분 삼은 경험들이 쌓여가면서 좀 더 많은 인터뷰 기회를 가질 수 있었다. 그러던 중 크리티컬 럭키 샷이 뜬금없

이 나와서 처음으로 인턴의 기회를 가질 수 있었다. 모호한 표현이지만, 그랬다. 운이 좋았다.

석사를 마칠 때쯤 다시 취준생 모드가 되어 있었다. 졸업 전에 정직원 자리를 구해야 했다. 이때만 해도 이미 이력서는 업데이트되어 버전 2.0에 이르렀고 취업 과정 전체가 익숙했기 때문에 여러 회사와 연봉 협상을 할 수 있겠거니 하는 김칫국을 마시고 있었다. 하지만 크나큰 오산, 취업 과정은 누구에게도 녹록지 않다는 걸 다시 체험했다. 이전보다 인터뷰 기회는 좀 더 있었으나 여전히 전화 인터뷰라는 첫 관문도 혹독했다. 혹여 온사이트 인터뷰까지 진행이 되어도 내공 가득한 수많은 면접관을 이겨내기에는 나의 실력은 너무도 부족했다. 이번에도 결국 돌파 방법은 '묻지마 지원'이었다. 모든 취업 설명회와 링크드인 같은 다양한 플랫폼을 활용하여 멈추지 않고 지원했다. 그러던 중, 뱅크 오브 아메리카와의 인터뷰에서 그해의 운을 다 소진하며 오퍼를 받을 수 있었다.

금융권에 가보는 것이 목표 중 하나였다고는 해도, '이제 그 목표를 이뤘다. 끝!' 이렇게 인생이 끝나기에는 조금 아쉬울 것 같았다. 그 아쉬움은 소프트웨어 기업이 아닌 곳에서 개발자로 있을 때의 느낌이었다. 기회가 될 때 이직을 해보자는 생각이 들어서 준비에 돌입했다. 이직 준비는 처음 취직 준비할 때보다 상대적으로 스트레스가 덜했다. 왜냐하면 이미 H1-B 취업비자를 손에 넣어 신분 문제가 조금 수월했고, 월급을 꼬박꼬박 받고 있었기에 당장 먹고 살 걱정이 없었다. 짬짬이 개인 시간을 활용해서 천천히 장기적으로 준비할 수 있었다. 또한 링크드인이나 개인 이메일을 통해서 리크루터들에게 종종 연락이 왔고, 능동적으로 구직활동을 하지 않고 수동적으로 할 수 있었다. 내게 연락을 먼저 해 온 회사 중에 괜찮다 싶은 회사들만 이력서를 보내주었다. 마이크로소프트도 그중 하나였다. 이런 대기업은 다양한 창구와 여러 방법을 활용해서 인터뷰를 진행하기 때문에 다양한 리크루팅 기회가 많다. 내가 지원했을 때는 온라인 코딩 시험 방식이었고 그 시험에서 괜찮다고 생각한 사람들을 모아서 대규모로 온사이트 인터뷰를 진행하는 방식이었다. 그래서 상대적으로 경쟁이 덜했던 것 같고, 그러다 보니 운 좋게도 이직을 할 수 있었다.

이처럼 많은 인터뷰 패배 끝에 몇 개의 승리를 따낼 수 있었다. 앞서 말했듯 처음 취업이 제일 어려웠고 점차 나아짐을 느꼈다. 많은 패배만큼 준비 기간이 길어질 수밖에 없지만, 너무 조급해하지 않으면 기회는 많이 찾아온다고 생각한다.

미국 취업 시 중요한 것

취업의 순간마다 운이 좋았다고 했는데, 실제로 그랬다. 물론 공부도 많이 하고, 수백 개의 기업에 지원하기도 했지만, 노력을 아무리 해도 패배의 쓴잔은 계속되었다. 탈락이 일상이었지만, 굉장히 드문 승리의 순간에는 기대하지 못한 행운이 나의 부족함을 메꿔줬다. 예를 들면, 인터뷰 질문에 어제 풀어본 문제가 그대로 나오거나 경쟁이 심하지 않은 상황이 간혹 펼쳐지는 것 말이다. 물론 운만으로 헤쳐 나갈 순 없겠지만, 그 언제 올지 모르는 찰나의 행운을 위해 쉬지 않고 계속 지원한 것이 나의 무식한 노하우였다. 그리고 이 노하우를 수행하기 위해 중요한 것이 세 가지였다. 취업 정보, 영어, 그리고 멘탈 관리다.

▶ 취업 정보

취업 정보는 사실 인터넷에 가득가득하다. 어디에서나 쉽게 얻을 수 있고 개발자의 경우는 늘 구인공고가 대기 중이다. 물론 그렇다고 취업하기가 쉬운 것은 아니지만 기회가 광범위하다 보니 어디서부터 해야 할지 시작이 어렵다. 하지만 회사마다 리크루터들이 있고, 혹은 리크루팅 에이전시들이 나보다 활발하게 활동하고 있다. 링크드인에 프로필을 올려놓으면 몇 개 검색어를 통해 나를 찾은 뒤 메시지를 보내기도 하고, 이전에 지원했던 회사의 리크루터가 회사 내 데이터베이스 검색을 통해 연락하기도 한다. 리크루터들은 그야말로 취업의 프로들이다. 그들 자신도 회사를 자주 옮기기도 하고, 지원자들을 적극적으로 돕는다. 그들은 적이 아니고 나의 취업을 돕는 사람들이기 때문에 언제든지 나에게 연락할 수 있도록 열어주는 게 중요하다. 연락이 오면 답변을 하는 것이 좋고, 한 번이라도 메시지를 주고받은 리크루터가 있다면 개인적으로 데이터베이스를 만들어서 관리하는 것이 좋다. 언젠가 새로운 기회를 찾아 나설 때, 그들이 든든한 리소스가 되어 줄 것이다.

▶ 영어

리크루터들은 나를 도와주지만, 영어는 그렇지 않았다. 영어는 늘 내 반대편에 서서 나를 더 바보처럼 만들고 삶을 어렵게 만들었다. 전화 영어가 특히 그러했는데, 한번은 구글과의 전화 인터뷰에서 거의 30분을 문제가 무엇인지 이해하는데 소진했었다. 미국 본토 발음이 아닌 제3국의 영어 억양과 발음들은 모든 문제의 난이도를 올리는 데 기여했다. 그뿐만 아니라 그들 또한 나의 엉터리 발음과 문법을 이해하는 것을 어려워했다. 내가 멍청해 보이는 데는 10분도 걸리지 않았다. "개발만 잘하면 된다던데?"라고 많이들 되묻지만, 개인적인 경험으로는 영어가 굉장히 중요했다. 내가 프로그래밍을 잘하는 지 어떻게 보여줄 것인가? 말 한마디 없이 가능할까? 분명 최소한의 요구치는 존재하고, 그 요구치가 사람마다 회사마다 다를 뿐이다. 영어 때문에 자신감 잃을 필요는 없지만, 영어가 나의 가는 길 발밑의 레고 조각이 되지 않도록 연습을 많이 해야 한다.

▶ 멘탈

마지막으로 중요한 것은 멘탈이다. 본인이 시간과 에너지가 허락하는 한 몇 개든지 회사에 지원할 수 있다. 다만 몇 가지 멘붕을 일으키는 흔한 예들이 있다. 이력서를 넣고도 며칠이 지나도록 답이 없는 상황이 벌어지거나, 혹은 전화 인터뷰 후에 아무 대답

없는 면접관, 그리고 온사이트 인터뷰 도중 날 뽑을 생각이 전혀 없어 보이는 게 분명해 보이는 면접관… 이런 비슷한 경험들이 쌓일수록 인터뷰 내공은 분명 늘어가겠지만 계속되는 거절감은 사람을 지치게 만들고 멘탈은 점차 파스스 분쇄되어 간다.

이 과정들은 소개팅이나 선을 볼 때와 비슷하다. 날 싫어하는 면접관 앞에서 어떻게 할 것인가? 소개팅 나가서 나를 마음에 들어하지 않는 사람을 만났을 때, 주선자를 생각하며 끝까지 매너 있는 모습

을 보여야 할지도 모른다. 목이 빠지게 기다리는 애프터 신청이 오지 않더라도 어디에 화를 낼 수도 없다. 이러한 마음의 상처는 취업 과정에서도 자명하다. 누구나 그렇겠지만 이 기간에 겪는 거절감으로 왜 취직하려 하는지 자괴감마저 들것이다. 중요한 것은 스트레스 관리, 멘탈 관리다. 행복하자, 아프지 말고. 마음이 아파도 아픈 거다. 자신을 아끼고 격려하며 정신적 고립에서 빠져나가는 것이 취업 과정에서 가장 중요한 일이었다.

당신이 훌륭한 개발자라면 이 모든 게 쓸데없는 이야기일지도 모른다. 하지만 나같이 그저 그런 해고를 걱정하는 흔한 개발자라면 분명 공감할 것이다. 그리고 어렵지만 할 수 있다는 실마리를 보여주고 싶다.

취업 후 힘들었던 점

영어를 못하는 이민자로서의 삶과 흡사 유목민 같은 잦은 이사는 아주 진절머리가 난다. 여기에서 나는 외국인, 키도 작고 영어도 어눌한 한국 사람에 불과하다. 문화의 갭은 이해가 가능하나 언어의 미진함은 해결도 어렵고 모든 일에 부딪히게 된다. 그동안 한 번도 해본 적 없는 각종 보험이나 통신, 집 월세 계약 등 아주 사소한 일도 힘들고, 혹은 아플 때 병원에서 아픔을 표현하는 일도 스트레스로 다가온다. 개인적으로는 모든 일에 있어서 가능한 한 전화를 피하고 이메일이나 메시지를 선호한다. 스피킹-리스닝보다는 리딩-라이팅으로 해결 보려는 몸부림이다. 그마저도 순탄치 않은 것은 당연하다. 거기에 취업을 할 때마다 미국인보다 훨씬 긴 서류 작업과 매번 관리해야 할 비자 및 신분 작업도 짜증을 불러일으키는 일이다.

그리고 이사도 아주 고질병이다. 처음 와서 얼마나 짐이 있겠나 싶겠지만 점점 늘어나는 짐은 갈수록 가관이다. 처음 7년 동안 집 주소가 7번 바뀌었는데, 다른 사람들이 이게 평균이니까 불평하지 말라고 한다. 지금 처음으로 1년 넘게 같은 주소를 쓰고 있어서 모처럼 기쁘다. 이 모든 것이 내가 아직 싱글이기에 남들의 반의반도 안 된다는 것에 안도한다. '좀 더 지나면 익숙해지지 않을까?'라는 멍청한 기대를 여전히 하고 있다. 월세도 엄청 비싸고, 대중교통도 불편해서 생활하기가 쉽지 않다. 한국도 어렵지만, 미국은 체감상 더 어렵다고 느꼈다. 역시, 세계 어느 곳이나 주거문제는 해당 국가의 풀기 힘든 난제인 것 같다.

 **마이크로소프트의 업무 환경**

"야, 미국도 야근이 있냐?" 한국에 있는 친구가 카톡으로 묻는다. 이 친구 지금 야근하면서 짜증이 좀 나는가 보다. 그럼 나는 대답한다. "응, 있어." 친구는 실망해서 다시 묻는다. "야근 수당은 잘 주겠지?" 그럼 나는 그 기대를 다시 무시하고 말한다. "아니, 안 줘. 아니, 못 줘." 포기한 친구는 이렇게 대화를 끊는다. "아, 그래도 부럽네."

왜 한국에 있는 사람들은 미국의 업무환경을 부러워할까? 탄력적인 근무 환경? 낮은 업무강도? 어디서부터 풀어가야 할지 모르겠지만, 단언컨대 정답은 '경우에 따라 다르다'이다. 대부분 꿈꾸는 미국 IT 기업의 근무환경은 이럴지도 모른다.

|

 김 씨는 아침 11시에 출근하려다 차에 기름이 부족한 걸 기억하고는, '에이, 오늘은 집에서 일하자!'라며 마음을 바꾼 뒤 짧게 이메일을 한 통 보내고 집에서 머리를 긁으며 컴퓨터 앞에 앉아서 어제 하던 일을 계속 진행한다. 오늘따라 집중이 잘 돼서 밥도 잊은 채 4시까지 쉬지 않고 달려서 일정보다 좀 더 빠르게 마쳤다.
'벌써 4시네, 운동이나 다녀와야지'라고 집 근처 헬스장으로 향한다.

|

'우와, 집중해서 일만 잘하면 시간과 장소 아무 상관 없구나! 그래 저런 곳에서 일하고 싶다!'라고 수많은 블로그의 글을 보며 부러워한다. 하지만 현실은 현실이다. 같은 기업 안에서도 팀마다 엄청 다르고, 다른 회사면 마치 다른 나라인 것처럼 다르다. 마감 일정에 쫓기면 밥 먹듯 야근은 당연하고 반면 일이 없어도 스스로 찾고 만들어서 자기 존재의 필요성을 강조하기도 한다.

미국의 근무환경은 미국 사람들의 문화라는 큰 기반 위에 지어진 회사마다 별도의 문화센터인 것처럼 구성되어 있다. 이 책에서 주로 다루는 것은 소위 세계 최강 IT 기업들이기 때문에 그중에서도 두드러지는 존재감을 가질 수밖에 없다. 우리가 구글을 신의 직장이라고 주로 언급하는 이유도 그 때문이다. 그렇기 때문에 간단하게 업무환경을 오해 없이 전달하기란 불가능하다. 이 책이 '어떻게 왔는가'를 다룬다면 '미국 IT 회사 문화는 어떤가'에 대해서도 책 한 권은 쉽게 나올 정도로 모두 할 말들이 입에 간질간질할 것이다. 내가 그 간지러움을 못 참고 조금 특별하게 말할 수 있는 부분은 아무래도 금융권인 뱅크 오브 아메리카에서 있었던 경험과 마이크로소프트에서의 차이를 말 할 수 있는 점이 조금은 흥미를 돋울 수도 있을 것 같다.

마이크로소프트는 미국 다른 IT 기업들로부터 '워라밸'이 최강으로 평가받는다. 아마존이 업무량이 많기로 유명하다면 그 반대급부를 차지하는 기업이다(물론 팀마다 다르고 평균을 의미한다). 지금은 오픈 오피스 형태로 바꾸어 가고 있지만, 그전까지 마이크로소프트의 상징적인 업무 환경은 1인 혹은 2인이 방을 따로 쓰는 것이다. 그만큼 사생활 간섭이 전혀 없고 자신의 개성을 방에 마음껏 표현할 수 있다. 어떤 사람은 러닝머신 앞에 컴퓨터를 놓기도 하고, 어떤 사람은 소파를 갖다 놓기도 한다. 스타워즈 아이템으로 도배를 하거나 마블 히어로들이 널려 있기도 하다.

내가 현재 있는 팀은 엑셀이다. 마이크로소프트의 가장 오래된 프로그램 중 하나여서 그런지 좀 미국 전통적인 가정에 들어와 있는 느낌이 든다. 하지만 최근에는 엑셀의 나이보다 더 어린 직원들도 많이 들어와서 신구 조화가 잘 되고 있다. '나이'는 정말 숫자에 불과한 곳이기 때문에 나이나 연차와 상관없이 자기 의견을 마음껏 피력할 수 있고 친구 혹은 가까운 친척처럼 서로를 편하게 대한다. 자기 직속 매니저에게도 상하 관계가 아닌 함께 가는 동행의 느낌으로 업무를 진행한다. 다만, '가는 데는 순서 없다'라는 말처럼 회사에 입사 순서는 연차대로여도, 냉정하게 실적

위주로 해고하기도 한다.

미국 취업을 준비하는 이들을 위한 조언

미국이 결코 정답은 아니다. 세계 굴지의 회사에 취업했다고 아름다운 미래만 가득한 것이 아니고 각자의 상황 속에서 어려움이 존재하기 때문에 이겨내야 할 장벽들이 많이 있다. 미디어에 소개된 화려할 것 같은 생활 뒤에는 백조의 발처럼 부지런한 움직임이 당연히 따라온다.

더 이상 미국은 자유와 기회의 나라가 아니다. 사회 계층 간의 이동은 그 어느 때보다 둔화하였고 이민자에게 각종 제약은 점점 더 심해지고 있다. 생각지도 못했던 인종차별을 당할 수도 있고, 당신이 10분 전에 있었던 곳에서 총기사고가 발생할지도 모른다.

그럼에도 나는 미국에 온 것을 후회하지 않는다. 정말 많은 것을 배우고 있고, 비좁던 시야가 크게 열린 기회가 되었다. 당신이 있어야 할 곳이 한국일 수도 있다. 하지만 한국에 머무는 그 이유가 해외 진출의 막연한 두려움은 아니었으면 좋겠다. 이 글이 미국에서의 당신 모습을 간접 체험하게 하는 상상을 주길 바라고 그 경험이 용기가 되길 소망한다.

제2부
미국 이직 사례

제11장

커리어 체인지

박미라 @ Netflix

직책 Program Manager
근무지 Netflix, 캘리포니아 주 로스 개토스
미국 입국시 비자 L-1 (주재원 비자)
취업 경로 한국 마이크로소프트에서 미국 마이크로소프트로 이직
학력 MBA (미국)

경력
Netflix (Los Gatos, CA) - Program Manager (2017/11 ~ 현재)
Microsoft (Redmond, WA)
         - Senior Program Manager (2012/2 ~ 2017/10)
Microsoft (Redmond, WA)
         - Software Development Engineer in Test (2006/11 ~ 2012/2)
Microsoft (한국)
         - Software Development Engineer in Test (2003/7 - 2006/11)

박미라를 소개하자면…

미국에서 공부했지만, 한국에서 직장 생활을 시작하게 되었고, 미국에서 다시 일하고 있다. 미국에서 다시 MBA 공부도 하고 보람 있는 직장 생활을 하고 있었지만, 또 다른 도전을 위해 최근에 다시 회사를 옮겼다. 더 나은 기회를 위해 애썼고, 차츰 원하는 커리어에 다가가고 있다.

> ☆ **미국 취업에 성공하기 위한 키 포인트**
>
> - 한국에서 외국계 회사에 근무하면 본사 지원이 좀 더 수월하다.
>
> - 테크 회사에는 개발 경력 이외에도 다양한 전공과 배경을 필요로 하는 직종이 존재한다.
>
> - 회사가 마음에 들어도 더 좋은 기회를 항상 찾는다.

한국에서의 경력

닷컴 버블 시절에 미국에서 컴퓨터 사이언스를 공부하면서 졸업 후 현지에서 취직하려는 부푼 꿈을 안고 있었다. 하지만, 대학 시절 동안 IMF로 인해서 공부와 생활은 너무나 힘들어졌고, 닷컴 버블이 터져 많은 테크 회사가 문을 닫게 되었다. 게다가 졸업을 앞둔 시기에 9/11 테러가 발생해 테러의 두려움으로 외국인 고용을 거의 하지 않는 상태였다. 그래서 졸업 후에 한국에서 취직할 수밖에 없었다. 하지만 언젠가 다시 미국으로 가고 싶을 수도 있다고 생각해서 한국 기업이 아닌 미국 기업에 취직하게 되었다. 그렇게 취직한 곳이 마이크로소프트였고, 당시에 마이크로소프트에 취직한 것은 나에게 큰 행운이었다.

미국 취업 준비

한국 마이크로소프트의 개발부서는 본사 소속이어서 어느 정도는 미국 기업의 색깔을 가졌지만, 모든 직원이 한국인이어서 한국 기업에 일하는 것처럼 느껴졌다. 한국 마이크로소프트에서 테스트 엔지니어로 일을 하면서 미국 본사 팀이랑 가깝게 일하고 출장을 다니면서 본사에서 일해보고 싶은 마음이 강하게 들었다. 그래서 인터뷰를 4~5개월 정도 준비하고 미국 본사 팀에 자리가 생겼을 때 지원하여 본사로 오게 되었다.

테스트 엔지니어로 지원했기 때문에 인터뷰 준비는 코딩 알고리즘, 제품 디자인, 테스트 자동화 도구 등을 공부하였다. 인터뷰 때 기본적인 알고리즘 문제를 주기도 하지만, 어떤 팀은 현재 팀이 풀어야 하는 문제를 주고 면접자가 그 문제를 풀도록 한다. 이런 경우 문제의 문맥을 몰라도 다양한 아이디어나 구현 방법을 제시해 볼 수 있다. 그리고 미국 회사들이 많이 질문하는 상황 대처력 situational 질문을 준비했다. 상황 대처력 질문은 가상의 시나리오를 주고 어떻게 대응할지를 물어본다. 이런 질문은 나의 기술적인 부분보다는 내가 회사와 팀 문화에 맞는 사람인지를 판단한다.

또한, 면접관에게 물어볼 질문을 준비한다. 질문은 내가 이 회사에 대한 지식이 있고 열정이 있다는 것을 보여주면 좋다. 예를 들어, 최근에 회사가 가려는 방향이나 전략에 대한 공부를 하고, 그에 관련된 얘기를 나눠볼 수 있다. 그리고 지원한 팀에 내가 가치와 공헌을 할 수 있는지 장점을 어필하면서 마무리해볼 수 있다. 물론 이런 인터뷰 과정은 회사나 팀마다 다를 수 있기 때문에, 글래스도어 glassdoor 같은 사이트에서 회사 인터뷰 과정에 대해 공부하고 거기에 맞게 준비해 볼 수 있다.

커리어 체인지

마이크로소프트에서 엔지니어로 일하면서 엔지니어의 커리어에는 열정이 없다는 것을 알게 되었다. 나는 사람들과 토론하면서 아이디어를 얻고 전략을 수립하고 실행에 필요한 요구사항을 조율하면서 성취감을 느낀다. 그래서 프로그램 관리와 비즈니스 전략에 관심을 가지게 되었다. 하지만 관심 있는 일에 경험이 부족했기 때문에 커리어를 바꾸기 위해서 MBA를 가기로 했다. 그래서 MBA 대학원 프로그램에 들어가게 되었고, 일을 병행하면서 저녁과 주말은 학업에 모든 에너지를 쏟아부었다. 미국에서는 기업에 따라서 일을 병행하면서 공부를 한다고 하면 학비를 보조해 주기도 한다. 보통은 회사 성과가 어느 정도 괜찮고 학교 수업 성적이 일정 수준이 되어야 보조해 준다.

대학원을 마치고 인터뷰를 준비해서 마이크로소프트에서 프로그램 매니저로 일하게 되었다. 나는 비즈니스 경험이 적었기 때문에 MBA를 공부한 것이 커리어를 바꾸는 데 도움이 되었다.

회사의 문화cultural fit에 맞는 사람을 선호하기 때문에 직장을 구할 때 인맥이 매우 중요하다. 그래서 회사에 다니면서도 관심있는 팀이나 다른 회사직원과 네트워크를 쌓으면 도움이 된다. 그리고 미국에서는 매니저보다 내 나이가 더 많을 수도 있고 30대에도 분야를 바꿔서 새로운 일을 시작하는 경우도 자주 본다. 그래서 내가 하고 싶고 잘하는 일을 나이가 들어서 시작해도 그 분야에서 성과를 낼 수 있다면 나이는 크게 중요하지 않다.

나는 프로그램 매니저Program Manager로서 클라우드 및 데이터 비주얼 도구 등 다양한 제품을 해외에 출시할 수 있도록 제품을 국제화하고 현지화하는 일을 담당하였다. 프로그램 매니저는 같은 타이틀이라도 역할 범위가 굉장히 넓다. 개발부서라면 제품 기능을 기획하거나 관리하는 일을 포함할 수 있고, 비즈니스 부서면 영업 전략을 수립하는 일이나 고객 파트너십을 담당하는 등 팀에 따라서 다양한 역할을 한다. 회사에 따라서 제품 기능을 기획하는 경우 프로덕트 매니저Product Manager라는 타이틀을 사용하기도 한다. 엔지니어가 아니여도 테크 기업에서 일할 수 있는 기회가 많다고 생각한다. 제품을 해외로 출시하는 세계화 부서는 언어학이나 국제학, 또는 비즈니스를 공부한 직원들도 있다. 미국에서는 경력직의 경우 학위보다 직장 경력을 중요하게 생각하는 경우가 많다. 그래서 지원한 팀의 핵심 분야와 관련이 적은 학위를 가졌더라도 경력이 뒷받침되면 이력서가 매력적으로 보일 수 있다.

직장에서 승진하기

회사에서 좋은 평가를 받으려면, 같이 일하는 매니저뿐 아니라 동료들로부터 좋은 피드백을 받는 것이 중요하다. 마이크로소프트처럼 같은 팀 동료끼리 피드백을 주는 시스템을 갖춘 회사들은, 익명으로 혹은 이름을 공개해서 같이 일한 동료에게 피드백을 준다. 미국의 다른 테크 기업들도 비슷한 시스템을 갖춘 것으로 알고 있다. 매니저인 경우는 팀의 부하 직원들로부터 피드백을 받는데, 매니저의 상사가 그 피드백을 보고 매니저로서의 역량을 평가한다.

회사마다 레벨은 다르지만, 보통 주니어 레벨에서 시니어 레벨로 가는 것은 큰 의미가 있다. 시니어 레벨로 가면 맡은 분야의 전문가라고 인정을 받는 것과 비슷하다. 그래서 어떻게 하면 시니어로 승진할 수 있는지 매니저와 상담을 했다. 상담을 할 때 그냥 시니어가 되고 싶다고 말하기보다는 내가 시니어가 되면 어떻게 더 회사에 기여할 수 있는지를 제시하고 어떤 점을 더 향상해야 하는지 조언을 구한다. 매니저는 시니어가 되려면 내 생각과 주장을 더 자연스럽게 나누고, 더 높은 사람이 소위 태클을 걸어도 내 의견을 피력할 수 있어야 한다고 했다. 그리고 맡은 일만 하는 것이 아니라 새로운 아이디어와 의사표현을 하고 영향력 있는 일을 찾아서 주도하는 것이 중요하다는 것을 강조하였다.

시애틀에서 실리콘밸리로

시애틀 마이크로소프트에서 일하면서 많은 경험을 쌓고 배웠지만, 새로운 회사의 전략, 문화, 비즈니스 모델, 제품 등을 접하고 일하고 싶은 갈증이 많이 있었다. 그리고 주로 개발자나 전문기술 제품을 다루었기 때문에, 일반인들에게 친숙한 제품을 다루어보고 싶었다. 그런 와중에 개인적인 이유로 실리콘밸리로 이사하게 되면서 이직 준비를 하게 되었다.

이직을 포기하기 전에 백 군데 정도는 이력서를 지원해 보라는 어떤 블로거의 말을 귀담아들었다. 그런 마음가짐으로 이직 준비를 시작하면 지원한 곳에서 연락이 없어도 괜찮을 거라고 생각하지만, 막상 또 연락이 없으면 초조해진다. 지원하려는 곳에서 원하는 경력과 기술을 강조하고 부각되도록 이력서를 다듬다 보면 새로운 포지션에 지원할 때마다 적어도 3시간은 소요되었다. 동시에 여러 포지션에 지원하려면 정보를 잘 관리해야 하기 때문에, 회사 이름, 포지션, 연락처, 전화 인터뷰, 현장 인터뷰, 결과 등을 정리한 파일을 만들어서 관리하였다.

내가 들어가고 싶어 하는 회사에서 전화 인터뷰 요청이 오면 프레젠테이션 슬라이드를 만들어서 공유했다. 이력서는 글로만 빼곡히 채워져 정보를 담기 어려울 수 있기에 슬라이드에 다양한 비주얼을 추가하고 경력을 좀 더 쉽게 이해할 수 있도록 했다. 그리고 지원하는 회사에 대해 조사한 내용과, 어떻게 그 팀에 기여할지도 추가하였다. 이런 슬라이드가 큰 도움이 된 곳은 트위터였다. 트위터 팀에서 풀고자 하는 문제에 대해서 어떻게 문제 해결에 접근할지 아이디어를 제시하였다.

마이크로소프트에서 넷플릭스로

미국에서 인터뷰를 볼 때 내가 그 분야에 대해서 열정이 있고 꾸준히 자기 계발을 한다는 것을 보여주는 것은 중요하다. 나는 10년 이상 소프트웨어를 세계화하는 일을 담당했다. 그리고 이 분야의 지식을 한국 테크 기업에서 일하는 분들과 공유하고자 '소프트웨어 세계화'라는 책을 썼다. 1년 반의 시간이 걸려 세상에 나온 이 책의 내용 중에는 여러 회사의 접근 방식도 있는데, 넷플릭스가 어떻게 해외시장에서 급성장했는지를 조사하면서 넷플릭스에 크게 관심을 가지게 되었다.

넷플릭스는 기업 문화가 매우 중요한 회사이다. 넷플릭스 문화는 회사 홈페이지에 자세히 설명되어 있다. 몇 가지 예를 들면, 자유와 책임감, 주체적인 생각과 결정을 중요시하고 불필요한 프로세스나 규칙이 없다. 그리고 자기 분야에 열정적인 사람을 원한다. 그래서 인터뷰를 할 때 회사 문화에 대해 깊이 이해하고 있어야 하고 인터뷰 답변도 그 문화를 반영하는 게 중요하다. 예를 들어, 이전 회사에서 좋았던 점을 물어봤을 때 프로세스가 많아서 좋았다고 답변하면 프로세스가 적은 넷플릭스 문화와 맞지 않을 수도 있는 것이다. 넷플릭스에서 인터뷰를 할 때 나는 넷플릭스 회사와 제품, 그리고 소프트웨어 세계화에 열정이 있다는 것을 보여주었다. 먼저 회사가 어떻게 세계화를 하고 있는지 블로그 등 공개된 정보를 찾아서 공부하였고, 소프트웨어 세계화는 나의 저서와 그 분야에서 다양한 경력을 쌓은 것에 대해서 얘기했다.

넷플릭스의 회사 문화

몇 군데 인터뷰를 보면서 넷플릭스가 실리콘밸리의 다른 기업과 인터뷰 절차나 오퍼를 제시하는 방법 그리고 연봉 협상 등 많은 부분에서 차별화되는 것을 느꼈다. 내가 경험한 다른 기업은 인터뷰 지원자가 특정 포지션이나 레벨에 지원했을 때 그 자리에 맞는 연봉을 책정해서 오퍼를 제시하고 거기서 협상을 시작한다. 하지만 넷플릭스는 '구직자가 비슷한 기업에서 받을 수 있는 가장 높은 오퍼 금액 top of their personal market'을 제시한다. 자세한 내용은 회사 홈페이지를 참조할 수 있다. 이런 절차를 통해서 회사에 대한 긍정적인 느낌을 받았고 꼭 도전해보고 싶은 마음이 생겼다. 그래서 넷플릭스 오퍼를 받았을 때 넷플릭스에 가기로 결정했다.

넷플릭스에서 일을 시작하면서 기업 문화가 회사 경영과 직원들의 업무수행 방식에도 깊게 반영되어 있다는 것을 보게 되었다. 투명하게 정보를 나누고, 딱딱한 사고가 아닌 유연성을 적용하여 일을 효율적으로 빠르게 진행한다. 많은 자유와 책임감이 주어지기 때문에 주니어 레벨보다는 시니어 레벨의 경력자를 많이 고용한다.

넷플릭스에서는 매니저는 부하 직원의 성과를 평가할 때 소위 'Keeper Test'라는 방법을 적용한다. 부하 직원이 만약 회사를 그만 둔다고 할 때 매니저가 그 직원을 회사에 남아 있게 하려고 얼마나 노력을 할 것인가이다. 만약에 매니저 입장에서 부하 직원이 떠난다고 할 때 강하게 붙잡고 싶은 마음이 든다면, 그 직원은 팀에 공헌하는 사람이라고 보는 것이다.

넷플릭스의 '자유와 책임감' 문화는 많은 분야에서 볼 수 있는데 휴가 제한이 없고 미리 상사에게 휴가 허가를 받아야 하는 제도가 없다. 또, 출장을 가거나 팀 이벤트를 하는 등 회사 경비를 써야 할 때 제도는 'act in Netlix's best interest'이다. 회사에 이익이 되도록 행동하라는 것이다. 이처럼 많은 자유가 주어지지만, 회사를 위해서 올바른 판단을 하고 책임감 있게 행동하는 것도 똑같이 강조한다.

넷플릭스에서 일하면서 느낀 점은 회사가 만들어내는 기술, 제품, 가치를 믿고, 열정이 있을 때 일을 즐길 수 있게 된다는 점이다. 나는 영화와 다양한 콘텐츠에 투자하는 것이 가치 있다고 생각한다. 사람들이 즐길 수 있는 좋은 영화와 다양한 콘텐츠를 만드는 넷플릭스의 가치를 믿고 거기에 동참하는 것 자체가 감사하다. 아직 시작한 지 얼마 되지 않았기 때문에 많이 배우고 적응해 나가는 시기이다. 앞으로 도전이 있을 수도 있겠지만, 그런 시간을 통해서 성장해 나가길 기대한다.

제2부
미국 이직 사례

제12장

비개발자 토종 한국인의 미국 취업기

엄고운 @ Adobe

직책 Senior Product Manager
근무지 Adobe, 캘리포니아 주 샌프란시스코
미국 입국시 비자 F-1 (학생비자)
취업 경로 미국 대학 졸업후 취업
학력 MBA (미국)

경력
Adobe (San Francisco, CA) - Senior Product Manager (2014/6 ~ 현재)
Samsung Global Strategy Group (한국)
　　　　　　- Project Manager (2009/10 ~ 2013/5)
Samsung Electronics (한국) - Product Manager (2008/11 ~ 2009/10)
Samsung Electronics (한국) - Assistant Manager (2005/1 ~ 2008/11)
Samsung Electronics (한국) - Engineer (2004/1 ~ 2005/1)

엄고운을 소개하자면…

어릴 때부터 질문과 호기심이 많았던 나는, 성인이 된 지금도 다양한 현상들의 이면에 숨은 원인에 관심이 많다. 전자공학을 전공하고 휴대폰 소프트웨어 개발자로 커리어를 시작해 MBA를 거쳐 프로덕트 매니저로 일하고 있다. 제품 사용자들의 불편한 점을 이해하고 해결 방법을 찾는 과정을 좋아한다. 활자 중독이라고 느낄 만큼 책이나 글 읽는 것을 좋아하고, 여가 대부분을 글 읽기에 보낸다. 그 외에 영화 감상, 하이킹, 요가 등을 좋아한다. 관심 있는 독서 분야는 사회심리학, 추리 소설, 정치 등이다. 요즘 노력하는 부분은 업무적으로나 개인적으로나 우선순위를 명확히 하는 것 - 중요한 일에 더 시간과 에너지를 쏟기 위해 시간 관리를 잘하는 것이다.

한국에서의 경력

한국에서 전자공학을 전공하고, 삼성전자 휴대폰 사업부의 소프트웨어 개발자로 사회생활을 시작했다. 입사 첫해부터 유럽향 제품 개발팀 소속으로, 제품 출시 일정에 쫓기며 기약 없이 몇 달씩 해외 출장을 다니기도 하였다. 그러던 와중에, 우연찮은 계기로 기술 기획 업무를 맡게 되었고 그 이후로 상품기획, 제품 및 마케팅 전략 등의 업무를 담당하였다. 삼성전자만 10년 가까이 다녔지만, 역마살이 있었는지 자의 반 타의 반으로 2~3년마다 소속 부서가 바뀐 덕택에, 다양한 업무를 경험할 수 있어서 지루할 틈이 없었다.

> ☆ **미국 취업 성공을 위한 키 포인트**
>
> - 미국에 취업한 외국인들과의 네트워킹을 통해 미국 취업 과정 및 필요한 스킬에 대해 파악할 수 있었고, 이를 토대로 내가 가진 경력과 강점을 활용할 수 있는 직무에 지원했다.
>
> - 신체 건강하고, 새로운 환경에 적응하려고 노력할 의지가 있고, 본인의 의견을 영어로 전달이 가능한 수준의 영어 실력을 갖추었다면 충분히 도전할 만하다고 생각한다.
>
> - 나만의 경력을 만들라.
>   MBA와 같은 미국에서의 학위 과정을 하는 경우, 정규 인턴십 및 산업계와 연계한 수업 과정을 잘 공략하라. 직장인이라면 어떻게든 현재 직무에서 본인이 원하는 직무에 가까운 일을 할 수 있는 기회를 찾아라.

미국으로 오게 된 계기

삼성에서 마지막으로 근무했던 부서는 '글로벌 전략실'이라는, MBA를 졸업한 외국인들을 채용하여 사내 전략 프로젝트를 수행하는 곳이었다. 이 부서는 90년대 초반, 해외 인재 유치를 위한 목적으로 설립된 부서로, 내가 재직하던 중에는 한국인 10여 명, 외국인의 숫자가 80명을 넘는 큰 조직으로 성장해 있었다. 3년 넘게 글로벌 전략실에 근무하면서, 외국인들과 일하는 것에도 익숙해지고, 앞으로의 커리어에 대한 고민이 깊어질 무렵, 친구 따라 강남 간다고, 외국인 동료들이 "MBA를 할 생각이 없니? 외국에서 일해 보는 건 어때? 너라면 잘 할 수 있을 거야"라고 옆구리를 찔러준 덕에, MBA 유학을 통한 해외 취업이라는 목표를 세우게 되었다.

MBA 진학을 준비하면서, 혁신적인 기술과 제품을 만들어내는 회사들과 사람들이 몰린 미국 서부 베이지역에서 일하고 싶다는 커리어 목표를 굳히게 되었다. 동료들의 조언과 각 대학원 홈페이지, 유학 관련 도서 등을 토대로 베이 지역에 위치한 버클리 하스^{Haas} 경영대학원에 지원하기로 마음먹었고, 약 10개월에 걸친 준비 후 고대하던 합격 소식을 받았다.

미국 취업 과정

미국의 여러 경영대학원 중 하스를 선택한 이유는, 지리적으로 테크회사들이 몰린 샌프란시스코 및 사우스 베이^{산호세, 마운틴 뷰, 팔로알토 등}와 가까워서 각 회사를 방문하기 쉽고, 동문 네트워크가 두텁기 때문이었다. 또, 미리 학창 시절부터 이곳에 정착해 살면서 동네에 익숙해지고 친구들을 만들면 나중에 졸업 후에도 수월할 거라고 생각했다. 그 외에도, 농부에 위치한 학교들보다 한국과 가깝고, 추운 겨울이나 무더운 여름이 없이 사계절 내내 날씨가 쾌적한 캘리포니아에 위치한 점도 매력적이었다. 졸업한 지 3년이 지난 지금, 특히 지난 미국 대선을 통해 미국 내 인종적, 정치적 갈등이 두드러지게 나타나면서, 새삼 다양성이 존중받고 이민자들이 많은 베이 에어리어에 사는 점에 감사하게 되었다. 다만 미국인과 외국인 모두에게 인기가 많은 지역이다 보니, 생활비와 세금이 높다는 단점이 있다.

MBA 1학년 첫 학기가 시작하자마자, 아마존, 마이크로소프트, 구글 등 테크 대기업들이 학교로 인턴십 리크루팅을 왔다. MBA 인턴십은 졸업 후 풀타임 오퍼로 이어지는 중요한 관문이어서, 학기가 시작되자마자 각종 네트워킹, 이력서 작성, 인터뷰 준비 등으로 정신없이 바빴던 기억이 난다. MBA에서는 본인의 진로와 관련된 주제의 클럽에서 다양한 경험을 쌓고 정보를 얻을 수 있어서, 학생들 대부분이 한두 개 이상의 클럽에 소속되어 있다. 나는 하스 테크 클럽 소속이었는데, 클럽의 2학년생들 중 어도비Adobe에서 인턴을 한 사람들이 많아서 어도비에 대한 이야기를 자세하게 들을 수 있었다.

어도비는 산호세에 본사를 둔 이 동네의 터줏대감 같은 소프트웨어 기업인데, 하스 졸업생들을 많이 채용하는 회사 중 하나이다. 어도비는 포토샵, 일러스트레이터 등 크리에이티브 소프트웨어를 판매하는 회사인데, 2010년도에 기존의 CD 형태로 팔던 소프트웨어를 클라우드 기반의 월정액 모델로 바꾸었다. 과감한 사업 모델 변경에 월스트리트 및 업계에서 미심쩍은 눈길을 보냈으나, 예상을 웃도는 성공을 거두면서 비즈니스 케이스로도 구성될 만큼 회자되는 사례가 되었다. 오래된 기업임에도 혁신적인 변화를 꾀하고 이를 성공시킨 점, 직원들의 회사 만족도를 중시하는 분위기, 탑다운이 아닌 수평적인 의사결정 구조 등 동문들한테서 들은 어도비의 기업 문화가 무척 매력적으로 느껴졌고, 어도비는 가고 싶은 회사 중 하나가 되었다.

공대 학력에 삼성전자 이력이 있어서였는지, 수월하게 어도비의 인턴십 서류심사를 통과하였고, 면접에서도 삼성에서의 업무 경력과 관련하여 면접관과 코드가 잘 맞는 이야기를 나눈 덕에 인턴십 오퍼를 받게 되었다. 그렇게 2014년 여름부터 어도비에서 프로덕트 매니저Product Manager 인턴으로 근무하게 되었는데, 직접 경험해 본 어도비는 선배들한테 듣던 대로 좋은 문화를 가지고 임직원들을 대하며, 사용자 위주의 제품 개발을 중시하는 회사였다.

무엇보다도, 직속 상사가 백인임에도 일본에서 주재원 생활을 해서 그랬는지 동양 문화에 대해 이해가 높았던 점이 크게 도움이 됐다. 한국인들은 예의와 겸손함이 중시되는 문화권에서 자라다 보니, 자칫 서양인들의 눈에는 자신감이 결여된 걸로 보일 수 있는데, 그 매니저는 그런 문화적 차이를 잘 이해하고 있어서 오해하지 않고 나

를 있는 그대로 봐 주었다. 이런 부분이 아니어도, 나에게 "OO가 매니저라니, 너는 정말 운이 좋구나. 팀에 온 걸 축하해"라는 환영 인사를 해주는 사람이 여럿일 정도로 매니저는 사내 평판이 좋은 사람이었고, 일개 인턴인 내게도 깊이 있는 커리어 방향을 조언해 주는 등 여러모로 존경할 만한 사람이었다. 그뿐만 아니라 팀원들도 다들 비슷한 시기에 팀에 합류하게 되어 다 같이 여행도 가고, 미국회사답지 않게 회식이나 해피아워도 자주 하면서 친해지게 되어

서 인턴십을 마치고 풀타임 오퍼를 받았을 때 모두가 함께 축하해주었다. 이때 친해진 팀원들은, 그간 다른 부서나 타 회사로 옮겨가는 등 변화가 많지만 아직까지 서로 연락하고 지내고 있다.

해당 분야에서의 선도적 위치, 훌륭한 기업 문화, 다양성 및 임직원들의 삶의 질을 중시하는 분위기 등 어도비라는 회사 자체가 가진 장점 외에도, 외국인인 나는 취업이 된다고 해도 비자 등 신분 문제를 해결해야 하므로 나를 인정해주는 상사를 만나는 것이 중요하다고 생각해서 졸업 후 어도비에 정식 직원으로 합류하게 되었다. 현재는 어도비의 샌프란시스코 사무실에서 어도비 XD라는 제품을 개발하는 시니어 프로덕트 매니저Senior Product Manager로 근무하고 있다.

어도비의 기업 문화를 한마디로 정의하자면, '사용자 중심의 제품 개발'이다. 어떤 제품을 만들더라도, 그 중심에는 사용자의 니즈가 있다. 좋은 제품을 만들기 위해서는 사용자가 불편하게 여기는 점을 깊이 있게 이해하는 것이 필수이기 때문에, 고객 인터뷰, 사용자 커뮤니티와의 잦은 교류 등이 중요시된다. 이런 사용자 중심의 제품 개발 철학은 단순히 포토샵, 일러스트레이터와 같은 기존의 제품을 개선하고 혁신하는 원동력이 될 뿐 아니라, 새로운 사업기회를 발굴하고 기존에 없던 제품을 개발하는 데에 밑받침이 된다.

제일 힘들었던 점

누구나 마찬가지이겠지만, 안정적인 직장을 그만두고 낯선 곳에서 앞이 보장되지 않는 길을 간다는 불안감이 가장 힘들었던 것 같다. MBA에 합격하고 나서, 한국의 MBA 동문을 만나 조언을 구할 때도, "개발자가 아닌 토종 한국인이 미국에 취직하려면 굉장히 많은 노력을 해야 한다", "쉽지 않을 거다", "영어가 원어민에 가깝게 유창해야 한다"라는 이야기를 많이 들어서 더 막막하게 느꼈던 것 같다. 하지만 미국에 오고 나서 각종 네트워킹, 동문 모임, 한국인 모임 등을 통해 비슷한 처지의 외국인들이 미국 직장에서 자기 몫을 해내며 커리어를 쌓아가는 모습들을 보면서 이런 불안감이 사라졌다. 또, 일단 회사에 다니기 시작하고 미국에서 일하는 것의 실체를 경험하게 되면서 막연한 두려움들이 많이 사라졌고, 업무적으로 작은 성과를 내거나, 상사나 동료들의 인정을 받게 되는 일이 하나둘씩 생기면서 조금씩 자신감도 생기게 되었다. 물론 지금도 앞날에 대한 두려움, 커리어에 대한 부담감 등이 없지는 않지만, 한걸음 내딛을수록 그전에는 보이지 않던 길이 조금씩 더 보이는 느낌이다.

희망 회사 찾기

요즘은 글래스도어와 같은 온라인서비스를 통해 지원하고자 하는 회사의 문화나 근무 환경, 복지 등에 대해서 자세히 알아볼 수 있다. 또 테크크런치와 같은 매체를 통해서 업계 소식도 파악할 수 있다. 그 외에 본인이 관심이 있는 분야를 다루는 팟캐스트도 좋은 리소스이다. 하지만 어떤 회사에 지원하고자 할 때, 회사에 대해 알아볼 수 있는 가장 좋은 방법은 그 회사에 다니는 사람에게 물어보는 것이다. 요즘은 링크드인을 통해서 본인이 관심있는 회사나 직종에 일하는 사람들을 손쉽게 검색할 수 있다. 본인이 직접 아는 사람이 없다면 주변의 친구나 동문, 동료들에게 'ㅇㅇ회사에 다니는 사람을 안다면 소개해줄 수 있나'고 물어볼 수도 있다. 10명한테 물어보면 1~2명 이상은 어떻게든 연결해 줄 수 있는 사람이 있을 것이다. 그 방법이 여의치 않다면, 해당 직군에 관련된 밋업meetup 그룹을 활용하는 것도 방법이다. 나는 'Women in product www.womenpm.org'라는 여성 PM들의 온라인 모임에 가입했는데, 종종 구직을 위한 조언이나 정보를 문의하는 글들이 올라오고 친절하게 시간을 내서 답해주는 사람들이 한두 명은 꼭 있다. 나도 일면식도 없지만 하스 동문, 버클리 동문, 심지어 모르는 사람도 링크드인에서 연락이 오는 경우가 있는데 시간이 되면 내가 아는 한도에서 도움을 주려고 노력한다.

일단 아는 사람이나 지인의 아는 사람과 연결이 된다면, 그 사람을 최대한 활용해서 궁금한 점을 물어보면 된다. 만남에 앞서, 적어도 내가 그 회사나 특정 직무에 관심이 있다면, 그 회사의 제품이 뭐가 있는지, 그 직무가 기본적으로 무엇을 하는지에 대해서는 사전 조사를 하고 가는 것이 좋다. 설령 내가 만난 사람이 내가 지원하는 부서에서 근무하는 사람이 아니더라도, 희망 회사의 임직원과 이야기할 기회가 있다면 만나보는 것을 추천한다. 회사의 문화라던가, 일하는 방식, 그 사람이 느끼는 회사의 향후 비전 등에 대해서도 물어볼 수 있고, 그 사람이 내가 가고 싶어 하는 부서에 일하는 사람을 알아서 소개해줄 수도 있다. 내 경우에도, 지인의 소개로 우리 회사에 관심 있는 지원자를 만났는데 좋은 인상을 받아서 도와주고 싶은 마음에, 그 지원자가 관심 있어하는 다른 부서의 동료에게 연결해 준 적이 여러 번 있다. 반면, 지인 소개로 만난 지원자가 그저 공통의 지인이 있다는 이유만으로 나의 호의를 기대하거나, 제대로 된 준비도 없이 찔러나 보는 형식으로 우리 회사에 지원하는 경우는 성의있게 도와주고 싶은 마음이 들지 않았다. 또, 동문이라는 약한 연결 고리 외에는 모르는 사람들이 '너희 회사의 이 직무에 추천해달라'고 무턱대고 부탁해 오는 경우도 곤란하기는 마찬가지이다. 추천 자체가 검증된 사람을 채용하기 위해 임직원들이 예전에 같이 일했거나 잘 아는 사람들을 추천하는 시스템인데, 모르는 사람을 위해 나의 평판을 걸고 추천해주기는 어려우니, '시간을 내줘서 고맙고 혹시 더 조언을 해 줄 만한 내용이나, 나에게 맞는 자리가 나면 연락해 줄 수 있겠느냐'는 정도로 인사를 하고, 그 사람과 지속적으로 연락을 하는 편이 낫다고 생각한다.

인터뷰 준비

인터뷰는 보통 30분~1시간의 제한된 시간 안에 케이스 및 인성 관련 Behavioral 질문들에 대답해야 하므로, 미리 훈련하고 가는 것이 중요하다. 경력과 관련된 질문이나 인성 관련 Behavioral 질문들에는 아무리 내가 가진 매력적인 이야깃거리가 많더라도 사전 준비나 연습 없이, 인터뷰 자리에서 단번에 매끄럽게 풀어나가기는 쉽지 않다. 그러므로 예상 질문들에 대한 본인만의 스토리를 만들고, 친구나 동기, 혹은 현직에 있는 사람과 연습을 할 것을 추천한다. 지금 생각하면 무슨 배짱이었는지 모르겠지만, 미국에서의 첫 면접인 인턴십 면접을, '내가 그래도 업력이 10년인데'라는 안일한 생각으로 나갔다가 대답은 꼬이고 말은 버벅대고 정신도 혼미해지는 쓴맛을 본 적이 있다. 오죽하면 나의 중언부언을 듣고 앉아있어야 하는 인터뷰이에게 미안한 마음이 들 정도였다. 그 이후에는 정신을 차리고, 동기·선배 및 학교의 커리어 코치와 연습을 해서 어느 정도 인터뷰 준비를 하였다.

이와는 별도로, 케이스 질문들은 반짝 당일치기하거나, 인터뷰 연습을 몇 번 한다고 해서 잘하기가 쉽지 않다. 테크기업들은 질문에 대해 맞는 답을 하는 것보다, 생각하는 방식이 스마트한 사람을 선호한다. 내가 받은 질문 중에는 '예산의 제한이 없다면 어떤 제품을 만들 것인가?', '센서 기술을 활용한 새로운 제품을 개발한다면 뭘 만들겠나?'와 같이 막연하고 정해진 답이 없는 주제들도 있다. 평소 관심 있는 분야에 대해서 고민을 하고, 기술발전의 트렌드에 관심을 갖고, 본인의 업무에 대해 전략적으로 생각하는 노력을 기울인다면 이런 주제가 던져졌을 때 이야기를 풀어나가기가 한결 수월할 것이다. '이 분야의 고수들이 생각하는 방법'에 대해 실마리를 얻고 싶다면, 테크업계의 전략에 대한 블로그 https://stratechery.com 라던가 a16z 같은 유명 테크 VC의 팟캐스트 https://a16z.com/podcasts 나 뉴스레터 https://www.ben-evans.com/newsletter 등을 추천한다.

인터뷰 과정

1차 인터뷰를 통과하면, 보통 본사를 직접 방문하여 온사이트 인터뷰를 하게 된다. 대게 인터뷰 하나당 45분~1시간씩, 4~5개의 인터뷰를 하루에 보게 되는데 하이어링 매니저 및 같이 일하게 될 부서 사람들과 인터뷰하게 된다. 인터뷰이의 입장에서 생각해본다면, 저들은 내가 과연 같이 일하기 좋은 사람인지, 내 몫을 해낼 사람인지, 우리 부서에 맞는 사람인지를 궁금해할 것이니 질문에 대한 대답을 잘하는 것은 물론, 내가 같이 일하기에 편하고 즐거운 동료라는 점을 자연스럽게 드러내는 것도 중요하다. 예를 들어, 온종일 인터뷰를 할 경우, 인터뷰이 중 한 명과 같이 점심을 먹게 되는데 이 또한 인터뷰의 연장선이라는 생각으로 임해야 한다.

또, 인터뷰는 상대방이 나를 평가하는 자리이지만, 내가 상대방과 회사를 평가하는 자리기도 하다. 회사나 부서에 대해 궁금한 질문들을 준비해서 물어볼 것을 추천한다. 스마트한 질문을 던지는 것도, 인터뷰에 대해 답을 잘하는 것만큼이나 중요하다. 반대로 "공짜 밥을 주나요?", "퇴근은 몇 시에요?" 같은 질문을 한다면 좋은 인상을 주기가 어려울 것이다. 내가 인터뷰어로 지원자들을 만났던 경우를 보면, 하나마나한 질문보다는 "어도비의 문화에 대해서 좋은 이야기를 많이 들었다. 당신이 좋아하는 어도비만의 고유한 문화는 뭐냐", "네가 생각하기에 어도비가 좀 더 잘 해야 할 부분은 뭐라고 생각하냐"와 같이, 한번 더 고민하고 생각하게 만드는 질문을 하는 지원자가 좋게 보였다.

미국 취업을 준비하는 이들을 위한 조언

내가 해외 취업을 원한다는 이야기를 했을 때, 주변의 조언들은 지나치게 현실적이었다. "개발자가 아닌, 경영 직군의 한국인이 미국에서 일하려면 영어는 모국어 수준이어야 해", "인종차별의 장벽이 높아서 한국인이 성공하기가 쉽지 않아", "미국의 의료비나 생활비는 한국보다 높아서 오히려 한국에서 사는 것만 못할 거야."

미국 이직에 대해 긍정적인 방향으로 생각하게 해준 건 외국인 동료들 및 그들과 일한 경험이었다. 삼성의 글로벌 전략실에서 함께 일한 동료들은 국적과 경력이 매우 다양했는데, 그들이 종종 "너는 MBA를 할 생각이 없니? 너는 가면 잘할 것 같아"라는 이야기를 하곤 했었다. 내가 "말로 먹고사는 직업인 기획이나 마케팅 영역에서 외국인인 내가 어떻게 자리를 잡겠어? 누가 나를 뽑아주겠어?"라며 시도도 안 해보고 포기하려고 했을 때, "네가 가진 장점도 있는데 왜 자꾸 단점만 생각하며 안될 거라고 생각해? 미국에서 일하는 외국인들이 얼마나 많은데. 그들이 다 영어가 완벽한 것도 아니야"라며 긍정적인 면을 보라고 이야기해 준 동료들 덕분에 시도라도 해보자는 마음을 먹게 되었다. 무엇보다도, 유수의 경영대학원을 졸업하고 모국을 떠나 말 한마디 안 통하는 한국에 와서 일하는 외국인 동료들의 모습이 자극이 되었다. 또, 그들과 나란히 일하면서 배운 점도 많았고, 그들에게 동료로서 인정받은 기억들도 자신감을 갖게 되는 계기가 되었다. 혹시라도 나와 비슷한 이유로 현실적인 조언만 듣고, 시도하기도 전에 지레짐작으로 포기하려는 독자들이 있다면 본인이 가진 장점도 객관적으로 평가해 판단해 보았으면 좋겠다. 물론 부양해야 할 가족이 있거나, 본인 때문에 배우자까지 직장을 그만두고 해외로 나와야 하는 경우에는 신중하게 결정하는 게 당연하다. 하지만, 신체 건강하고 새로운 환경에 적응하려는 의지가 있고, 본인의 의견을 영어로 전달이 가능한 수준의 영어 실력을 가졌다면 충분히 도전할 만하다고 생각한다. 영어가 모국어처럼 유창하거나, 문법, 발음이 완벽할 필요도 없다. 특히나, 본인이 가진 학위나 경력이 개발자, UX 디자이너 등 미국에서도 채용 수요가 높은 경우라면 이직 및 미국직장 취업이 생각보다 할 만할 수 있다.

그렇다면 본인이 일하고 싶은 분야에 적합한 경력이 없는 사람들은 어떻게 해야 하나? 설령 미국인이라고 해도, 특정 직무에 필요한 기술이나 경력이 없으면 취직이 쉽지 않다. 이는 뒤집어서 생각하면, 직무에 맞는 경력만 있으면 외국인이고 영어가 모국어 수준이 아니더라도 도전해 볼 수 있다는 소리이다. 실제로 많은 한국 개발자가 미국 학위가 없고 영어가 완벽하지 않음에도, 한국에서의 개발자 경력을 살려 미국으로 바로 취직하는 경우를 많이 보곤 한다. 하지만 코딩과 기술로 승부하는 개발자가 아닌, 경영 직군의 사람들은

어떤 전략을 세워야 할까? 우선 MBA 같은 미국에서의 학위 과정을 하고 있다면 정규 인턴십 및 산업계와 연계한 수업 과정을 잘 공략하여 '나만의 경력'을 만들 것을 추천한다. 아무런 유관 경력이 없이 그저 'PM이 되고 싶다'고만 말하는 지원자와, 'PM 직군에 관심이 있어서, 학교에서 실제 회사들과 일하며 제품을 개발하는 한 학기 수업을 들었다. 이러저러한 점을 배웠고 이러저러한 결과를 냈으며, 그 과정에서 PM이 내가 하고싶은 일이라는 점을 확신하게 되었

다'라고 하는 지원자가 있다면 당연히 후자에게 더 높은 점수를 줄 수밖에 없다. 만약 학생이 아니고 직장인이라면 어떻게든 현재 직무에서 본인이 원하는 직무에 가까운 일을 할 수 있는 기회를 찾아야 한다. 예를 들어, PM으로 전직하려는 마케터라면 '유저 리서치 프로젝트를 진행하면서 PM팀과 가깝게 일했고. 고객의 불편사항을 토대로 새로운 기능 개선을 제안하였다, 이 과정을 통해 PM 업무에 매력을 느끼게 되었다'고 할 수 있다면 도움이 될 것이다.

"너는 미국에 계속 남을 거니?"

미국인들에게 자주 받는 질문 중 하나가 '너는 미국에 계속 남을 거니, 한국으로 돌아갈 거니'이다. 다른 단골 질문들로는 '한국 음식은 어디서 먹니?', '한국 화장품이 그렇게 좋다며?'가 있다. 그리고 놀랍게도 '북한에서 왔니? 남한에서 왔니?'도 가끔 듣는다. 어쨌든, 먼 앞날까지는 모르겠지만, 지금은 '앞으로 5~10년은 미국에 있을 거야'라고 대답한다. 외국 생활이 맞는지 안 맞는지는 막상 살아보기 전에는 알기 힘들다. 비슷한 상황이어도 개인의 성향에 따라 만족도가 다르듯이, 해외 생활도 마찬가지이다. 지금 생각해 보면, 처음에 해외 취업을 하고 싶다고 생각한 이유는 다소 막연했던 것 같다. 자유로운 근무 분위기, 일과 삶의 조화 등 미국에서의 생활을 미화해서 동경했던 부분도 있다. 지금 실제로 겪는 미국 직장생활은 좀 더 입체적이다. 정해진 출퇴근 시간이 딱히 없어서 근무 분위기는 자유롭지만, 성과를 내야 한다는 압박이 한국보다 세고, 업무 강도도 한국보다 높다고 느낄 때도 많다. 성과를 못 내면 가차 없이 해고하기도 한다. 유럽의 팀과 협업하려면 아침 7시부터 회의를 하고, 인도의 팀과 일하려면 밤 9시에도 컨퍼런스 콜에 참석해야 한다.

이 모든 직장 생활의 어려움 외에, 한국의 가족 및 친구들과 멀리 떨어져서 자주 못 보는 것에서부터 좋아하는 한국음식을 자주 못 먹는 것 같은 부분도 이민 생활의 만족도를 떨어뜨리는 부분이다. 특히 이 부분은 개인차가 크기 때문에, 본인의 성향을 잘 파악해서 결정하는 게 중요하다고 본다. 나는 행복한 인생을 살기 위해서 일과 개인 생활 양쪽 모두에서 만족도를 높이는 게 중요하다고 생각한다. 일이 인생의 전부는 아니지만 깨어있는 시간 대부분을 일하는 데 쓰는데, 직장 생활이 만족스럽지 못하다면 행복하기는 어렵지 않겠는가. 한국에서의 직장생활을 통해 배운 점도 많고 만족스러운 경험도 많이 했지만, 구조적인 한계로 채워지지 않는 갈증이 컸었다. 또, 역할모델의 부재도 만성적 스트레스의 원인이었다. 한국 직장에서는 진급하지 못하면 조직을 떠나거나 도태된다. 회사의 임원들을 보면 개인 생활이라곤 거의 없다. 이건 미국도 비슷하긴 하다. 특히 여성 임원들을 보면 더더욱 갑갑해졌다. 나처럼 공채 출신으로

해외학위 없이 임원이 되는 여성들의 숫자가 극히 적었고, 그나마 임원이 된 여성분들을 보면 모든 걸 뒤로하고 일에만 매진한 분들이 많았다. 아니면 창업주 일가의 딸이거나…. 나의 소박한 목표는 내 몫을 해낸다는 인정을 받으면서 40대, 50대가 되어도 커리어를 유지하고, 업무 외적으로는 좋아하는 일을 할 시간적, 금전적 여유를 갖는 것인데, 내 주변에서는 이런 삶을 사시는 분들, 특히 여성분들을 찾기가 힘들었다.

미국도 천국은 아니지만, 미국에 온 이후 직장생활의 만족도가 예전보다 높아졌고 덕분에 삶 전반에 대한 만족도도 올라갔다. 바쁘고 성과에 대한 부담이 높을지언정, 내가 내 커리어를 주도한다는 느낌, 장소와 시간에 구애받지 않고 자율적으로 업무를 할 수 있다는 점, 비슷한 업무를 하지만 한국에서보다 월등히 높은 연봉, 지금의 직장이 아니더라도 다른 좋은 회사가 많다는 점, 성차별 및 성추행 등에 대해 훨씬 엄격한 사회 분위기 및 회사 정책, 수많은 여성 및 이민자 역할 모델들, 무조건 위로만 올라가야 하는 것이 아닌 수평적인 커리어 전환도 가능하다는 옵션 등 내가 중요하게 생각하는 부분에서 장점이 많다. 또 성격상 많은 친구를 필요로 하지 않는 데다가, 미국의 학교나 회사에서 만나게 된 친한 친구들이 주변에 여럿 있어서 외롭다는 생각이 안 드는 것도 행운이라고 생각한다.

개인적으로 가장 아쉬운 점은 한국의 가족과 자주 못 보고 지내는 일과 한국 음식을 자주 못 먹는 일이다. 지금은 일년에 한두 번 한국 방문을 하고, 가족들과 화상통화 및 카카오톡을 자주 하는 걸로 아쉬움을 달래고 있다. 하나뿐인 동생도 캐나다에서 있어서 한국에 홀로 남으신 부모님 때문에 마음이 많이 쓰였었다. 이때 친하게 지내던 미국인 동료가 해준 조언이 도움이 됐다. 본인 부모님은 내 부모님보다도 훨씬 연로하셔서, 본인도 한국행이 쉽지 않았으나, 그나마 중대한 질병을 앓고 계신 게 아니어서 결정할 수 있었다고 했다. 나는 부모님께서 아직 정정하시니 내가 하고 싶은 걸 하고, 나중 일은 닥치면 고민하라고 이야기해주어서 그나마 마음의 짐을 벗을 수 있었다. 어서 빨리 대륙 간 여행용 차세대 초음속 여객기가 상용화되어서 한국까지의 비행시간이 혁신적으로 단축되면 좋겠다.

제2부
미국 이직 사례

제13장

행복을 찾아가는 과정

이준섭 @ Nexon America

직책 Senior Manager
근무지 Nexon America, 캘리포니아 주 로스앤젤레스
미국 입국시 비자 E-2 Employee
취업 경로 한국에서 구직활동 후 미국 법인으로 취업
학력 Computer Science, 석사(한국)

경력
Nexon America (El Segundo, CA) – Senior Manager (2017/6 ~ 현재)
SpaceX (Hawthorne, CA)
    - Database Administrator, Enterprise Data Architecture
   (2016/4 ~ 2017/6)
Experian (El Segundo, CA)
    - Lead Database Administrator (2015/2 ~ 2016/4)
Forever 21 (Los Angeles, CA) - Manager (2013/2 ~ 2015/2)
Nexon America (Los Angeles, CA)
    - Lead Database Administrator (2008/3 ~ 2013/2)
엔코아(www.en-core.com) (한국)
    - Database Consultant and Instructor (2005/10 ~ 2008/3)
Samsung SDS (한국) - Advanced Engineer (2003/3 ~ 2005/10)
BIT computer (한국) – Oracle database instructor (2001/3 ~ 2003/3)

이준섭을 소개하자면...

학부, 대학원을 거치며 공부해왔던 데이터와 데이터베이스 관련 분야를 지금까지 계속해 올 수 있었던 것은 스스로의 노력도 중요했겠지만, 부족한 점이 있음에도 믿고 지원해준 동료, 상사들이 있었기 때문이라고 생각한다. 항상 감사드린다.

해외 취업에 도전하고, 타국에서 생활하고, 다양한 분야에서 경력을 쌓아오고, 과연 그때그때의 목표가 무엇이었을까 생각해본다. 회사? 연봉? 일? 동료? 직장과 개인 생활의 균형? 깨끗한 환

경? 만약 위 모든 사항이 충족되면? 스스로 내린 결론은 그래서 '행복'하고 싶다는 것이다. 사람마다 목표하는 것은 틀리다. 그리고 정답도 없다. 이직도, 이민도 모두 행복을 찾아가는 과정이라고 생각한다. 그 여정이 즐거울 수 있도록 오늘도 준비하고, 오늘도 행복하고자 한다. 요즘은 목공일, 간단한 집안일들 그리고 요리도 재미있음을 알아가고 있다.

☆ 미국 취업에 성공할 수 있었던 키 포인트

- **준비, 준비, 준비**
  불현듯 생기는 기회가 생기거나, 스스로 새로운 도전을 시작하고자 할 때, 필요한 사항에 대하여 준비가 안 되어 있다면 기회는 지나가 버리고 만다.

- **자신감**
  스스로에 대한 자만감이 아닌 객관적인 자신감이 필요하다. 자신 있는 부분이 있다면, 해당 분야에 대해는 스티브 잡스처럼 자신감을 가져보자. 그리고 최고와 같이 행동하자.

- **호흡을 길게 가져가자.**
  도전은 항상 실패를 동반할 수 있다. 준비 기간이 길 수도 있다. 그러나 지름길은 없다.

한국에서의 경력

전기·전자·컴퓨터공학부를 졸업한 이후, 대학원에서는 데이터베이스 연구실에서 공부했다. 주로 데이터마이닝 이론 및 데이터베이스 내부구조에 관심을 가지고 공부하였다. 대학원 재학 중 선 솔라리스와 오라클로 구성된 학부 시스템 관리 및 운영을 담당하였으며, 비트컴퓨터에서 오라클 강사로 활동하였다. 대학원 졸업 이후, 삼성SDS 금융IE실에서 개발자 및 DBA로 일하였으며, 프로젝트 관련 회계 및 제반 지원 업무도 수행했다. SDS 퇴사 이후에는 엔코아 컨설팅에서 오라클과 MSSQL에 대한 컨설팅 및 대용량 데이터베이스 과정 강사를 했다.

미국에서의 경력

넥슨 북미법인에서 데이터베이스 관리자^{DBA}로서, 로그인/빌링 데이터베이스와 메이플스토리, 컴벳암스, 던전파이터 등 게임 데이터베이스 관련 업무를 하였다. 그때 넥슨 북미 법인은 스타트업 같은 환경이었기 때문에, 데이터(베이스) 관련 설계, 개발, 운영, 성능개선, 리포팅과 분석 등 전반적인 업무를 담당했다. 그 이후, 포에버21^{Forever21}에서 데이터베이스팀을 담당하여 POS 시스템에 사용되는 데이터베이스의 개선 및 고성능 장애복구 시스템 개발을 하였고,

이-커머스^{E-Commerce}, 웨어하우스^{Warehouse}, DW/BI 데이터베이스와 시스템 개발 및 운영을 담당하였다. 익스페리언^{Experian}에서는 북미 서부 오피스

에서 데이터베이스 팀을 담당하여 마케팅 시스템의 데이터베이스 시스템 아키텍처 수립 및 그에 수반되는 개발 및 성능개선, 운영을 하였다. 스페이스X SpaceX에서는 데이터베이스 아키텍처와 성능개선 및 운영을 하였다. 현재는 다시 넥슨 북미 법인에서 데이터&비즈니스 인텔리전스 Data & Business Intelligence를 담당하고 있으며, 분석 고도화 및 머신러닝 관련 연구개발에 집중하고 있다.

미국으로 오게 된 계기

군대 제대 후, 뉴욕에서 1년 정도 어학연수를 했었다. 그때 보고 듣고 느낀 것들이 미국으로 오게 되는 첫 번째 밑바탕이 되었다. 두 번째는 마이크로소프트 테크-애드 Microsoft Tech-Ad에 참석해 각 세션을 참관한 결과 기술적으로 충분히 잘 할 수 있다는 자신감이 생겼으며, 두 가지가 합쳐져 미국으로 오는 계기가 되었다.

한국 회사와 미국 회사 차이점

미국에서 한국계 회사인 넥슨 아메리카, 포에버21과 미국계 회사인 엑스페리언과 스페이스 X 등을 경험한 후 느낀 점들을 공유한다.

▶ 원격 커뮤니케이션
한국은 당일 생활권이며, 오프라인 회의를 쉽게 구성할 수 있다. 그러나 북미만 하더라도 동부, 중부, 서부 표준시가 존재하며, 각 오피스들도 다양한 주와 다른 국가들에 위치하고 있다. 따라서 회사들은 비용이 들더라도 원격으로 커뮤니케이션을 진행하는 데 문제가 없도록 관련 시스템을 잘 구축해 놓고 있다. 회의에 얼굴을 비추는 것이 아니라 회의를 의미 있게 하는 것을 더 중요하게 생각한다. 이러한 환경 및 시스템은 일하는 장소 및 업무시간에 대한 제약을 완화해 주게 된다. 일반적으로는 정상적으로 출근하여 업무를 진행하는 것은 당연한 규칙이지만, 만약 그렇지 못한 상황에서도 업무를 진행하는 데 불편함은 없다. 마지막으로 각각의 업무는 여러 가지 업무 툴로 공유되고 상위 관리자의 특별한 간섭 및 빈번한 미팅 없이도 정의된 스케줄 및 목표에 따라 진행되며 평가된다.

▶ 음주 문화

한국 직장 생활에서 음주문화는 빠질 수 없는 부분인데, 미국에서는 어떨까? 이것도 회사별 문화가 있지만, 기본적으로는 강요하거나 강권하지는 않으며, 회식보다는 개인이나 가정의 스케줄이 우선시된다. 직장상사가 주최하는 자리보다는 친한 사람들과 개별적인 맥주 한두 잔 정도의 회식 자리는 많으며, 원한다면 자주 참여할 수 있다. 한 회사에서는, 신규 입사자는 갈바트론^{Galvatron}이라는 술을 먹는 것이 부서의 전통인 곳도 있었다. 멕시코 기념일인 싱코 데 마요^{Cinco de Mayo} 같은 날에는 테킬라를 한 잔씩 돌려먹기도 했다.

▶ 30% : 70%

스스로 일해야 하는 회사와 정해진 일만을 요구하는 회사. 한 회사는 찾아낸 문제에 대하여 적극적으로 해결해 나갈 수 있도록 많은 자유도를 주

었다. 물론 비용이 많이 들거나 리소스가 여러 부서에서 필요할 경우는 상위 관리자와의 협의가 필요하며, 프로젝트로 발생할 수 있는 ROI에 대하여 비용 및 수행 기간을 포함해 정확한 데이터를 제공해야 프로젝트를 시작할 수 있었다. 그러나 필요 리소스가 개인에 한정된 경우에는 상위 관리자의 승인만으로도 회사에서 정의한 일과 내가 스스로 정의한 일을 30%:70% 범위로도 진행 할 수 있었다. 프로젝트의 결과물은 정도에 따라 CTO 레벨에서 업적에 대한 평가 및 전체 공유되기도 하였다. 반대로 정의된 일을 100%만 해야 하는 회사도 있었는데, 할당된 업무에만 집중할 수 있는 환경을 제공함으로써 프로젝트 스케줄을 엄수할 수 있다는 장점이 있다. 그러나 할당된 업무가 반복적이면 쉽게 싫증을 느낄 수 있는 상황이 오기도 한다. 개개인의 번아웃 burn out 을 미리 방지하는 측면에서도 아래에서 이야기할 주별 1:1 미팅을 중요하게 여긴다.

▶ 1:1 미팅

1:1 미팅은 일반적으로 주별로 진행되는데, 시시콜콜한 가족 이야기부터 프로젝트의 이슈 사항에 대해 말하는 시간이다. 상위 관리자의 일방적인 지시사항 또는 의견을 듣는 시간이 아니라, 상위 관리자에게 자기 생각을 터놓고 이야기 함으로써 서로 간에 이해의 폭을 넓히는 자리가 된다. 상위 관리자는 가능하면 발언을 최소화하며 해당 직원에게 발언 시간의 대부분을 할당한다. 필요에 따라 상위 관리자는 건의 및 이슈 사항에 대해 당사자 또는 타 부서 등과 해당 내용을 논의하여, 해당 결과와 이유에 대해 피드백을 준다. 즉, 문제가 깊어지기 전에 지속해서 상위 관리자와 서로 간에 피드백을 주고받음으로써 개개인의 이슈를 미리 해결할 수 있도록 한다.

한국계 회사와 미국 회사

한국계 회사와 미국 회사. 한국에도 M 햄버거 체인이 있고 미국에도 같은 체인이 있다. 햄버거라는 본질은 똑같지만, 각 문화에 맞춰 조금씩 서비스의 차이가 있다. 회사도 그렇다. 한국 문화에 바탕을 둔 회사는 아무래도 한국 문화와 미국 문화가 공존하겠지만, 반대로 외국인이 많지 않은 미국 회사에서는 한국 문화를 이해시키기도 쉽지 않다. 그러나 기본적인 프로토콜이 지켜지는 회사라면, 글로벌한 이 시대에는 한국계 또는 미국계 회사 차이는 크지 않을 것이다.

한국계냐 미국계냐 비교보다 더 중요한 것은 독립성이라고 생각한다. 독립성에는 HQ와 법인 사이의 독립성, 의사결정 구조에서의 독립성 등 여러 가지를 이야기할 수 있다. 예로, HQ에서 모든 결정이 이루어지고 각 법인이 따르는지, HQ에서 가이드 라인을 제시하면 그 외는 자율적으로 각 법인에서 이루어지는지 등이다. 독립성이 없다면 상위 부서의 지리적 위치, 문화적 베이스에 따라 영향을 받게 된다. 이는 비단 한국계와 미국계와의 비교뿐만 아니라 북미와 남미, 유럽과 북미, 북미와 아시아 등 다양한 경로에서 그렇다.

미국 취업을 준비하는 이들을 위한 조언

미국에서 개인이나 직장 생활이 쉽지 않고 모든 환경이 여유롭지 않은 건 맞다. 매번 새로운 것을 맞닥뜨려야 하고 배워야 한다. 얻는 것이 있다면 잃는 것도 있다는 말처럼 가볍게 생각했던 사소한 것들로 많은 부분을 포기해야 할 때도 있다. 예를 들어, 회사에서 동료들과 농담을 하며 이해의 폭을 넓힐 수 있다. 만약 동료가 "너 전원일기의 응삼이랑 닮은 것 같다"라고 이야기하면, 다른 동료들과 맞네 틀리네 하며 한참 웃으며 이야기를 나눌 수 있을 것이다. 응삼이가 누군지 몰라도 전원일기의 분위기를 생각하면서 말이다. 예전에 옆에 앉았던 미국인 CTO가 "너 옛날에 보던 만화 캐릭터랑 비슷한데 기억 안 나?"하고 이야기를 시작했다. 다른 동료들은 함께 웃으며 그 이야기를 했지만, 나는 그 캐릭터가 무엇인지 전혀 알 수가 없었다. 당연하지 않은 것들을 당연한 것으로 배워가야 하는 것은 항상 쉬운 일이 아니다. 그리고 가족들과 친구들이 그리워지는 건 당연지사 아닐까 싶다. 삶에 어떻게 만족하느냐 어떤 것이 내 삶을 풍족하게 해 줄 것이냐는 한국이나 미국이나 공통적인 질문이 아닐까 생각이 든다.

그럼에도 미국 생활에 만족한다. 일 외 회식 등 부가적인 일이 줄어 아이들이 커가는 모습을 가까이서 볼 수 있고 가족과 함께 할 수 있는 시간이 많아져 삶이 풍요로워짐을 느낀다. 회사에서는 항상 일치하는 것은 아니지만 노력에 따른 책임과 역할이 함께 커가는 것을 경험했으며 능력만 쌓아간다면 좋아하는 일을 찾아갈 수 있음에 만족한다. 한국이나 미국이나 보장되는 삶이란 없다. 하고 싶은 일을 찾아, 하루하루 여러 가지 시행착오 속에서 최선을 다하고, 그 하루하루가 모인다면 다음 하루는 최소한 보장받을 수 있지 않을까? 어떤 분들과 이야기하다 보면 곧 준비를 시작할 것이라는 얘기를 많이 듣는다. 완벽히 준비된 상태에서 시작할 수 있다면 좋겠지만, 완벽한 준비는 없다. 부족하지만 지금 당장 시작해 보는 것은 어떨까?

제2부
미국 이직 사례

제14장

비자, 회사가 걱정할 문제다

허제웅 @ Salesforce

직책 Lead Member of Technical Staff
근무지 Salesforce, 캘리포니아 주 샌프란시스코
미국 입국시 비자 H1-B (취업비자)
취업 경로 한국에서 구직활동 후 취업
학력 Computer Science, Robotics 학사(미국)

경력.
Salesforce (San Francisco, CA) - Lead Technical Staff (2016/3 ~ 현재)
ROBLOX (San Mateo, CA)
    - Senior Software Engineer (2014/5 ~ 2016/3)
Onson Soft Ltd. (한국) - Senior Software Engineer (2011/5 ~ 2014/4)
Vistaprint (Boston, MA) - Software Engineer (2009/2 ~ 2011/2)
Carnegie Mellon University (Pittsburgh, PA)
   - Research Assistant (2006/5 ~ 2008/12)
Vistaprint (Boston, MA) - Software Engineer Intern (2008/6 ~ 2008/8)
LG Electronics (한국) - Engineer Intern (2007/6 ~ 2007/7)

허제웅을 소개하자면...

미국 카네기멜론 대학에서 컴퓨터 사이언스 전공으로 학부를 졸업한 후 보스턴 지역에서 소프트웨어 엔지니어로 첫 직장을 잡은 것으로 개발자의 삶을 살기 시작했다. 사내 툴 개발로 시작, 웹 개발, 게임 개발을 거쳐 2016년 세일즈포스에 입사하였으며 2년간 보안 관련 플랫폼 팀에서 개발 업무를 하다가 현재는 세일즈 클라우드 아인슈타인 Sales Cloud Einstein 팀에서 리드 엔지니어로 일하고 있다.

☆ 미국 취업에 성공하기 위한 키 포인트

- 비자 문제로 걱정하여 도전을 망설이지 마라. 비자 문제는 회사가 걱정할 문제이다. 먼저 회사가 원하는 인재가 되고 그것을 면접을 통해 증명한 후 비자 문제는 그 후에 걱정하면 된다. 미국 입국이 불허될 정도의 큰 범죄를 저지른 경우가 아닌 이상 회사가 정말 원하는 인재는 어떻게 해서든 데리고 오려고 하는 곳이 미국 테크회사 들이고, 필요하면 몇 달 길게는 1년 이상도 기다려 줄 수 있고 그동안 원격으로도 일할 수 있도록 도와주는 곳이 미국의 테크회사들이다.

- 링크드인, 하이어드, 몬스터닷컴 등의 사이트에서 프로필의 현재 위치설정을 이용하여 면접 기회를 늘릴 수 있다. 나는 서울에서 미국 취직을 준비할 때 링크드인 프로필 지역 설정을 일부러 서울이 아닌 샌프란시스코 베이 에어리어로 해두었다. 이는 리크루터들이 쓰는 후보를 찾는 검색에서 위치로 인해 걸러지는 것을 막을 수 있고 실제로 그곳에 위치하지 않더라도 이메일 등으로 연락이 왔을 때 당시 한국에 있다는 상황 설명을 하고 이주할 용의가 충분히 있다고 설명하면 바로 면접이 원격으로 진행되는 경우가 많았다.

- 미국 면접의 핵심은 똑똑한 사람을 뽑는 것이 아니라 나와 일하고 싶은 동료를 찾는 것이다. 물론 기대 이상의 기술적인 능력은 보여줘야 하는 것이 필수이지만, 면접 중 잘 모르는 부분에 대한 설명, 그리고 문제 풀이 중 막혔을 때 상대방의 조언이나 문제에 대한 힌트를 받아들이는 자세 등도 면접에 매우 크게 영향을 끼친다. 예를 들어, 면접관이 오답을 알려주는 경우도 종종 있는데 어떻게 그것을 바로 잡느냐에 따라서도 면접의 결과가 달라질 수 있다.

미국으로 오게 된 계기

2009년 미국에서 학부 졸업 후 3학년 때 인턴 했던 곳에서 풀타임 오퍼를 받아 미국 보스턴에 위치한 비스타프린트Vistaprint에서 소프트웨어 엔지니어Software Engineer로 약 2년간 근무하였다. 이 첫 직장에 있으면서 취업 비자H1-B도 받고 영주권도 스폰서 받아 진행하고 있었는데 병역미필로 더이상 여권갱신이 불가능하게 되었다. 그래서 2011년 첫 직장생활을 마치고 한국으로 귀국해서, 게임 개발업체 (주) 온스온 소프트에서 산업기능요원으로 근무했다. 귀국 후에도 미국에 돌아가고 싶은 마음이 간절하였고 산업기능요원 복무가 끝나는 해에 맞춰 미국 취업준비를 하였다.

미국 취업 과정

산업기능요원 복무가 끝나기 4달 전, 2013년 12월경 이력서를 업데이트하고 코딩면접을 준비하기 시작했다. 3개월 정도 준비한 후 2014년 2월부터 링크드인을 통해 지원을 시작했다. 첫 1~2주간은 응답이 없었다. 당시에 프로필 위치가 서울로 되어 있었는데 혹시나 해서 샌프란시스코 베이로 변경했더니 바로 다음 날 8개의 이메일이 와 있었다. 그 이메일 대부분이 현재 나의 정확한 위치가 어디이며 왜 연락처가 한국 번호로 되어있냐고 묻는 질문이었다. 그래서 한국에서 병역의무 대체복무 중이며 끝나는 대로 미국으로 날아가 취업할 계획이라고 답장을 보냈더니 원격으로 면접을 진행하자고 팔란티르Palantir, 로블록스Roblox, 재즐Zazzle, 이렇게 세 회사가 답을 보내왔다.

인터뷰 준비

〈코딩 인터뷰 완전분석Cracking the Coding Interview〉 책 구매를 시작으로 예전에 학교에서 배웠던 알고리즘들을 되짚어보며 코딩면접을 준비했다. 실리콘밸리에서 이 책의 저자 게일 락만Gayle Laakmann을 직접 만날 기회가 있었는데 그때 공부했던 책을 들고 가서 사인받으면서 "당신 책 덕분에 내 인생이 바뀌었다"고 감사 인사를 했던 순간이 기억에 남는다. 인터뷰 중, 이전에 했던 프로젝트들에 대한 질문은 개발하면서 가장 어려웠던 부분, 어떻게 해결했는지, 그것을 통해서 무엇을 배웠는지, 그리고 무엇이 가장 뿌듯했고 왜 그랬는지 등에 대해 차트로 정리해 준비했다. 예상 질문들을 찾아 답변들과 함께 직접 타이핑하고 어느 정도 머릿속에 저장해서 버벅거리지 않을 정도로 외워두었다.

인터뷰

세 곳 모두 시작은 스카이프 화상통화로, 내가 찾는 포지션 및 언제부터 일할 수 있는지와 비자 상황 등에 관해 얘기하는 면접으로 진행되었고 이후에 콜랍에딧collabedit, 구글 닥google doc 등을 이용해 원격으로 문제를 코드로 푸는 면접으로 이어졌다. 팔란티르와 재즐은

모두 최종 면접은 직접 미국으로 날아와 봐야 한다고 했지만 로블록스는 최종면접까지 스카이프로 진행해도 좋다는 이야기를 듣고 로블록스를 위주로 진행되었고 총 8라운드에 걸친 면접 끝에 오퍼를 받을 수 있었다. 팔란티르는 두 번째 전화 면접 Phone Screen에서 탈락했고 재즐은 로블록스 오퍼 수락 이후에 연락해 진행을 멈추었다.

총 3곳을 동시에 진행했기에 회사들끼리 서로 후보를 안 뺏기려 최대한 지연 없이 빨리 진행되었다. 가고 싶은 회사가 딱 한 군데여도 여러 회사를 동시에 지원해 진행하는 것도 방법이다. 최종 오퍼를 여럿 받는다면 연봉 협상에서도 우위에 있을 수 있다. 8 라운드 모두 원격으로 인터뷰했던 로블록스는 다음 순서로 진행했었다.

General Talk with Hiring Manager

Coding interviews with Junior Engineers X 2회

HR Interview

System Design & Architecture interviews with Senior Engineers X 2회

Interview with VP of Engineering

Interview with CEO

로블록스의 마지막 면접은 CEO와 통화였는데 무슨 얘기를 할지 어떤 질문을 할지 예상되지 않아 매우 떨렸지만 막상 면접 시 딱히 어려운 질문은 없었다. 면접 과정에서 CEO가 모든 후보와 통화를 한 번씩은 거치고 최종 결정이 난다는 것이 인상 깊었다. 인터뷰를 진행하면서 가장 힘들었던 부분은 아무래도 시차 때문에 면접이 새벽이나 늦은 밤인 데다가 야근도 잦았던 부분이었다. 11시 반까지 야근하고 퇴근 후 새벽 1시에 면접을 봐야 했던 날은 지금 생각해도 아찔하다.

로블록스에서 세일즈포스로

2015년 12월경 세일즈포스의 리크루터로부터 이메일 한 통을 받았다. 세일즈포스에서의 풀스택 엔지니어 포지션에 내가 적합해 보인다며 잠시 통화가 가능하냐는 이메일이였고, 프론트엔드 일에 흥미가 떨어져 백엔드에만 집중하고 싶어졌던 나는 15분 통화 후 백엔드 자바 엔지니어^{Backend Java Engineer} 포지션으로 면접을 진행하기로 하였다. 이후 고용 담당자^{Hiring Manager}와의 전화 면접, 팀의 엔지니어 한 명과 원격 프로그래밍 면접을 진행, 온사이트 면접으로 이어졌다. 온사이트 면접은 랩탑 하나만 놔둔 회의실에서 혼자 2시간 동안 주어진 문제를 풀어야 하는 프로그래밍 테스트로 시작을 하였다. 프로그래밍 테스트 이후 같이 일하게 될 팀원들과 점심을 먹고 오후에 화이트보드 코딩 세션 하나, 시스템 디자인 세션 하나, 마지막으로 오전에 봤던 프로그래밍 테스트 결과물을 리뷰했던 엔지니어와의 세션으로 하루가 끝이 났다. 온사이트 면접 이후에 합격 및

탈락의 여부가 결정되는 것이 보통 일반적이라 더는 없을 줄 알았던 면접이 두 번 더 남았다는 HR의 이메일을 받고 좌절 아닌 좌절을 했던 기억이 있다. 이후 팀의 아키텍트, 그리고 임원 한 명과 30분씩 통화 후 드디어 오퍼를 받았고 두 달간의 백그라운드 체크 및 H1-B 트렌스퍼 기간을 거친 후 2016년 3월부터 세일즈포스에서 일을 시작하게 되었다.

세일즈포스는 어떤 곳?

세일즈포스는 2018년 포춘Fortune 지가 선정한 가장 일하기 좋은 회사Best Companies to Work for에서 1위로 뽑힐 만큼 사내 복지 및 문화가 좋기로 유명하다. 회사 내의 OOMOpportunity Open Market이라고 불리는 프로그램이 있는데, 1년에 3번 다른 팀으로 옮길 수 있는 제도이다. 이 때문에 3~4달에 한 번씩 팀원이 바뀌는 경우가 종종 있는데 근속연수가 낮기로 유명한 실리콘밸리에서 유능한 엔지니어가 회사를 떠나지 않고 새로운 도전의 기회를 얻어 회사에 남게 하는 게 한 팀에 전문가를 오래 가두는 것보다 회사에 이익이라고 생각한 것에서 출발한 프로그램이다. 새로운 것을 시도해보고 싶은 엔지니어들 뿐만 아니라 팀을 관리하는 매니저들도 OOM이 가능하다. 짧으면 1년, 보통 2~3년에 한 번씩 팀을 옮기는 경우가 많다.

나도 새로운 기술 및 분야를 접해보고 싶어 최근 OOM을 통하여 팀을 옮겼는데 새 팀으로 옮기는 것을 진심으로 축하해주며 다시 또 OOM을 통해 만나자는 기존 팀 동료들을 보며 회사도 직원들도 모두 만족하는, 건강한 문화라는 것을 느꼈다.

실리콘밸리의 많은 테크회사가 시도하고 있는 회의 없는 날$^{No\ Meeting\ Day}$이 세일즈포스에는 매주 목요일이다(고객들과 소통해야 하는 포지션 등은 제외). 이는 일주일에 적어도 하루는 회의 및 다른 방해 없이 온전히 엔지니어 본인 일에만 집중할 수 있도록 목요일에는 정말 긴급한 상황 아닌 이상 회의를 잡지 않기로 모두가 약속한 문화이다. 회의가 없기에 출퇴근이 2~3시간 이상 소요되는 엔지니어들은 집에서 일하는 경우가 많다.

그뿐만 아니라 세일즈포스 지사가 없는 도시에 살고 있어 100% 집에서 일하는 원격근무 엔지니어들도 꽤 많은데 이는 미국 내에서뿐만 아니라 세계 어디에 있던 회사에 필요한 인재라면 그를 채용하기 위해선 100% 원격근무도 허용해야 한다는 회사의 믿음에서 비롯된 것으로 볼 수 있다.

외부적으로는 회사의 1%의 수익, 1%의 시간 그리고 1%의 제품을 사회의 환원한다는 1-1-1 모델을 만들어 직원들의 자발적 기부, 봉사활동 등을 독려하고 있다. CEO인 마크 베니오프 본인도 매년 다양한 방법으로 사회에 환원하고 있는데 이는 직원들이 세일즈포스를 다닌다는 것에 큰 자부심을 느끼게 해준다.

같이 일하고 싶은 동료가 되자

면접을 진행할 때 유념할 것은 똑똑한 사람을 뽑는 것이 아니라 '같이 일하고 싶은 동료'를 찾는다는 것이다.

신입 엔지니어 면접을 직접 보면서 겪은 에피소드가 있다. 탑 스쿨 졸업을 앞둔 기술적인 실력이 뛰어난 학생이었다. 나와의 세션을 마치고 다음으로 들어올 면접관이 5분 정도 늦었었다. 하루가 항상 회의로 꽉 차 있던 아키텍트Architect였기에 3~5분 정도 늦는 건 예상했던 부분이었다. 다음 면접관이 들어오면서 지원자에게 늦어서 미안하다며 화장실이나 물 마시고 싶으면 잠시 다녀오라고 했었는데 지원자가 하는 말이 그쪽이 5분 늦어서 문제 풀 시간 없으니 그냥 바로 문제나 달라는 대답이었다.

아무리 당당하게 질문하고 대답할 수 있는 미국의 면접 자리라지만 조금은 충격이었고, 아니나다를까 면접이 끝난 후 모두가 모인 평가 자리에서 다들 하나같이 공통적으로 하는 얘기가 '똑똑한 친구같아 보이나 같이 일하고 싶은 인재는 아님'이었고 탈락으로 결론지었던 적이 있었다.

비자 문제

미국 이직에 가장 큰 걸림돌은 신분 문제다. 그러나, 경험상 비자 문제는 차후에 걱정해도 될 것 같다. 미국 회사가 정말 나를 원하면 어떤 식으로든 신분^{비자}을 해결해주기 때문이다.

예를 들면, 로블록스에서 같이 일했던 동료 중 두 명은 원격으로 일을 시작했는데 한 명은 인도에서 1년, 한 명은 러시아에서 7개월 근무 후, H1-B비자가 시작되는 10월에 미국 본토로 이주했다. 미국 학교 졸업 후 OPT로 일을 시작했다가 H1-B로 넘어오는 직원 중 H1-B 추첨 때문에 문제가 생기는 경우도 꽤 많은데 캐나다, 인도 등의 지사에서 1년 근무 후 다시 본토로 L 비자를 통해서 불러들이기도 한다. 드물지만 H1-B 추첨 탈락 후 OPT에서 바로 영주권을 스폰서해줘서 받은 경우도 직접 본 적이 있다. 비이민 비자지만 이민 의도가 포함되어있는 H1-B와 달리 OPT는 이민의도가 없는 비자로 분류되어 바로 영주권을 신청하면 거절될 소지가 있다고 하니 변호사와 상의해야 한다.

제2부
미국 이직 사례

제15장

중요한 개인적 가치들을 중심으로 하는 미국 취업 도전기

이유빈 @ Amazon

직책 Senior Program Manager
근무지 Amazon, 워싱턴 주 시애틀
미국 입국시 비자 L-1A (Intra-Company, 주재원 비자)
취업 경로 한국 지사에서 미국 본사로 이직
학력 MBA (프랑스)

경력
Amazon (Seattle, WA) - Senior Program Manager (2017/7 ~ 현재)
Amazon (한국, 싱가포르) - Team Leader (2015/1 ~ 2017/6)
eBay (한국) - Senior Manager (2011/5 ~ 2014/12)
Deloitte Consulting - Senior Consultant (2010/4 ~ 2011/5)
Samsung Electronics (한국)
                 - Sales Operations Manager (2006/1 ~ 2008/10)
Samsung Electronics (한국) - R&D Engineer (2003/8 ~ 2005/12)

이유빈을 소개하자면…

대학교에서 전자공학을 전공한 후 사회생활도 엔지니어로서 시작했지만, 보다 적성에 맞는 방향으로 진로를 변경하기로 하고 MBA를 취득했다. 대학원 졸업 이후에는 계속 인터넷을 비롯한 IT 업계에서 사업 개발 및 해외 사업 확장과 관련된 일을 하고 있다. 아마존을 비롯한 인터넷 업계는 아무래도 기술과 비즈니스가 만나고, 또 끊임없이 혁신해야 살아남을 수 있는 곳이기 때문에 내가 그동안 걸어온 길, 그리고 가치관과 일치한다고 생각해 선택하였고 앞으로도 이 분야의 일을 계속할 계획이다.

☆ 미국 취업을 준비하기에 앞서 나 자신을 생각해보자

- 미국에서 취업하고 싶은 이유가 무엇인지를 스스로 이해하는 게 가장 중요하다. 물론 그 이유를 찾기 위해 도전해 보고 싶은 경우도 있겠지만, 사전에 충분한 조사 및 고민을 통해 나 스스로 뚜렷한 이유를 찾은 후에 그 목적을 달성하려는 방법에 매진하는 것이 여러모로 더 효율적이고 또 더 만족스러운 결과로 이어질 듯하다.

- 자신이 중요하게 생각하는 가치들을 중심으로 방향성을 가지고 도전하라. 아마존이라는 같은 기업 내에서 3개 국가(한국, 싱가포르, 미국)에서 일해 보니 각각 옵션의 장단점이 굉장히 다르게 다가온다. 일반화하기에 다소 힘든 부분도 있겠으나, 국내에서 수직적인 성공을 원하느냐, 아니면 미국에서 좀 더 수평적으로 다양한 커리어를 쌓느냐, 또 본인 자신의 커리어를 더 중요시하느냐, 아니면 가족의 행복을 더 앞에 두느냐 등의 다양한 의사결정 포인트들이 있다. 자신이 중요하게 생각하는 가치들을 중심으로 방향성을 잡고 난 후에 여러 선례 등을 참고하여 도전한다면 좋은 결과가 있을 것이다.

일 외적으로는 주로 창의성을 발휘할 수 있는 취미들을 많이 가지려고 노력하고 있다. 그 예로 지난 15년간 나름 전문적으로 사진을 찍어오면서 사진 책을 발간한 경험이 있고, 또 오래된 레코드를 수집하여 그 음원들을 활용하여 비트를 만드는 작업도 해오고 있다. (래퍼의 꿈이 있는데 비트가 필요한 분은 연락하기 바람!) 어릴 때부터 음악이든 영화든 사진이든 소비자의 관점에서 즐겨오다가 일종의 생산자로서 취미를 굳히게 된 것인데, 사람마다 다르겠지만 내게는 이러한 창작 활동이 큰 에너지원이 된다. 그 외, 일과 취미를 제외한 모든 시간은 가족을 위해 온전히 쓰고 있다.

미국에 오게 된 계기

아마존 한국 지사에서 2년 반 동안 일하는 동안 미국으로 왔을 당시 속해 있던 팀과 긴밀하게 일을 할 수밖에 없었다. 사업 초기에 나를 포함한 모든 팀원이 아마존의 플랫폼이나 정책에 대한 지식이 없었기에 이에 대한 교육을 비롯해서 문제 해결 및 판매 촉진을 위한 각종 지원을 해준 팀이다. 함께 일 하면서 서로에 대한 신뢰를 쌓아놓은 상태였고 2017년 초에 팀 내 공백이 생겼을 때 미국으로 건너와 같이 일하자는 제안을 받았다. 한국 지사에서 일하면서 사업이 아주 크지는 않다 보니 아마존 내에서 좀 더 다양한 경험을 위해서 언젠가 미국으로 가야겠다는 생각을 하고 있었는데, 마침 좋은 기회가 생겨 거절할 수가 없었다.

취업 과정

나와 같이 일하던 팀이 먼저 제안을 해서 인터뷰를 진행하게 되었던 터라, 그 이후 과정이 상당히 신속했다. 연락을 처음 받고 나서 가족과 의논 후 약 1주 후에 관심이 있다고 회신을 하였고, 그 이후 1~2주간 3명과 인터뷰를 진행했다. 고용 담당자Hiring Manager를 비롯하여 다른 면접관들이 나와 2년 가까이 멀리서나마 함께 일했던 동료들이어서 편안한 분위기에서 진행하였다. 일반적인 리더십 프린시플Leadership Principle 기반 질문들 외에 실제로 일을 같이한다는 걸 전제로 한 상황극도 있었고, 미국 생활에 대한 질의응답도 했다.

아마존의 인터뷰 방식을 좀 더 설명하자면, 아마존은 철저하게 리더십 프린시플Leadership Principle에 기반하여 진행된다. 이것은 개발자이든 PM이든 세일즈 역할이든 동일하게 적용되며, 좀 더 기술적 지식이 필요한 포지션이면 검증하기 위한 질문들이 추가된다. 아마존 고유의 리더십 프린시플은 사실 인터뷰뿐만 아니라 일상적인 업무에서, 그리고 중요한 의사 결정이 필요할 시 항상 고려되는 일종의 아마존의 철학이자 DNA라고 할 수 있다. 수년간 축적된 경험을 바탕으로 리더십 프린시플에 부합하는 인재상이 실제 가장 좋은 성과를 낸다는 믿음이 있기 때문에, 인터뷰부터 이 부분을 꼼꼼히 살펴본다. 각 리더십 프린시플이 의미하는 바를 잘 이해하고, 이를 내가 이미 갖추고 있거나 지속적으로 개선하고 있다는 것을 증명하기 위한 기존 사례들을 잘 정리해 놓으면 자연스레 인터뷰에 대한 준비가 될 것이다.

또 한 가지 특징은, 다른 회사에 비해 인터뷰 및 오퍼까지의 과정이 상당히 신속히 진행된다는 것이다. 한두 번의 스크리닝 인터뷰를 거친 후 본 인터뷰 라운드로 초대되면, 보통 하루에 5~6명과의 연속적인 인터뷰를 하고 수일 내로 결과를 통보받게 되는데, 이는 당락 여부와 상관없이 이렇게 하는 것이 일종의 고객이라고 할 수 있는 후보자들에게 좀 더 좋은 경험을 준다고 믿기 때문이다.

어쨌든 나의 경우, 첫 제안부터 최종 결정까지 1달 정도 걸렸다. 일단 정든 한국 지사 팀에 바로 통보하고, 비자 취득을 위한 서류를 준비함과 동시에 각종 재산 처리나 자녀 교육 등 일반적인 고민 및 의사결정을 하는 데 시간을 많이 보냈다. 미국으로 와서도 같은 조직 내에서 일하는 것이어서 업무 인수인계는 상대적으로 수월했다. 또, 회사 측에서 여러 가지 이전internal transfer 관련 지원을 해주어서 정해진 스케줄에 맞춰 별다른 지연 없이 일을 완료하고 미국에 오게 되었다. 와서 바로 업무를 시작했고, 집 마련 등을 위한 한 달간의 시간을 보낸 후 가족들도 합류하여 두 달째부터는 꽤 안정적으로 정착하게 되었다.

인시아드 MBA

인시아드INSEAD MBA는 파이낸셜 타임즈Financial Times 기준 2016/2017 2년간 전 세계 MBA 1위를 자지한 프랑스 내 명문 비즈니스 스쿨이다. 프랑스에 있지만 미니 UN이라고 불릴 정도로 전 세계 학생들이 재학 중이고, 수업 역시 모두 영어로 진행된다. 내가 이곳을 선택한 이유는 여러 가지가 있다. 일단 다른 유럽 내 MBA와 마찬가지로 1년 프로그램이기 때문에 ROI가 훨씬 좋다. 개인적으로 유럽에서 자란 경험이 있기 때문에 지리적 선호도 작용했다. 무엇보다 전 세계 학생들이 모이는 곳이다 보니 동문 네트워크가 막강하여 향후 커리어에도 도움이 된다는 판단을 했기 때문이었다. 몇 년 전에 유행했던 블루오션 전략을 탄생시킨 학교이기도 하다.

현재 업무

시애틀에 있는 아마존 본사에서 시니어 프로그램 매니저로서 다양한 업무들을 하고 있다. 옮길 당시 맡았던 일은 글로벌 셀링 사업 산하 CDM^{Country Development Manager} 역할로, 크게 보면 써드 파티 셀러^{Third Party Seller}들이 아마존 플랫폼을 통해 물건을 판매할 수 있도록 지원하는 마켓플레이스^{Marketplace} 조직에 속해 있다. 그중에서도 해외 셀러들이 국경을 넘어 판매할 수 있도록 지원하는 글로벌 셀링 조직에서 1년간 업무를 진행하였다. CDM은 말 그대로 중국, 한국, 영국, 인도 등 특정 국가의 아마존 팀들을 지원하는 데 목적을 두고 있고, 이 팀들이 해당 국가 내 셀러들을 발굴하여 미국 고객들을 대상으로 원활한 사업을 전개할 수 있도록 돕는 역할을 한다.

최근에는 이전부터 개인적으로 관심이 있었던 알렉사^{인공지능 비서} 스마트홈 조직으로 이동하여 해외 사업 확장과 관련한 업무를 맡고 있다. 소비자들이 알렉사를 미국 외 지역에서도 사용 가능하도록 하려면,

해당 국가 언어를 인식하고 말할 수 있도록 인공지능을 '훈련'시켜야 함은 물론이고, 알렉사라는 거대한 생태계를 함께 구성하는 하드웨어 업체들이나 여러 가지 기술들을 개발하여 소비자들이 쓸 수 있게 해 주는 개발자들도 지원해야 한다. 궁극적으로는 한국을 비롯한 전 세계 가정에 알렉사를 도입시켜 사람들이 집 안에서 보다 안전하고, 편리하고, 즐거운 생활을 할 수 있도록 돕는 것이 목표이다. 우리가 십수 년 간 상상해 오던, 목소리만으로 집 안의 모든 것들을 제어하고, 더 나아가 우리가 모르던 부분들까지 인공지능이 알아서 챙겨 주는 미래의 생활상이 목전에 와 있다.

미국 취업을 준비하는 이들을 위한 조언

나처럼 글로벌 기업의 한국 지사에서 본사로 이직하는 경우도 있을 것이고, 해외 유학 후 바로 본사로 취직하는 경우도 있을 것이고, 국내 기업에서 근무 중 해외 기회를 알게 되어 도전한 경우도 있을 것이다. 본인의 상황과 조건에 맞는 이직 방식에 대해 스스로 잘 이해를 하는 것이 중요하다. 유사한 길을 먼저 걸어간 분들의 사례를 벤치마킹하면 많이 도움이 될 듯하다.

그러나 가장 중요한 것은 '왜 내가 미국으로 이직을 하고 싶은가'이다. 그것이 나의 커리어에 어떠한 도움이 되는지, 가족들에게 어떤 의미가 있는지, 그리고 한국에 있을 때와 비교했을 때 어떤 기회비용들을 지불할 용의가 있는지, 오고 난 이후에는 어떤 그림들을 그려 나갈 것인지 등에 대한 충분한 고민을 한 후 도전한다면 그만큼 더 좋은 결과가 있으리라고 본다.

이미 이직을 한 입장에서 얘기하다 보니 조언이 다소 이론적으로만 들릴 수도 있겠다는 생각이 든다. 하지만 15년 가까이 여러 업계 및 국가에서 일해 본 경험으로 보면, 새로운 목표를 세운 후 그것을 실현할 수 있게 해 주는 동력은 결국 의지와 실행력, 그리고 그것을 흔들리지 않게 잡아 주는 긍정적 마인드라고 생각한다. 이 책을 통해 공유되는 여러 생생한 조언들이 이런 희망들을 현실화하는 데 조금이라도 도움이 됐으면 하는 바람이다.

제2부
미국 이직 사례

제16장

길 바깥은 위험했고
그 길이 어디로
이어지는지 몰랐다

이정원 @ Autoliv

직책 Core Electrical Engineer
근무지 Autoliv, 미시간 주 사우스필드
미국 입국시 비자 F-1 (학생 비자)
취업 경로 유학 후 취업
학력 전자 공학, 석사 (미국)

경력
Autoliv (Southfield, MI) - Core Electrical Engineer (2017 ~ 현재)
Check Corporation (Troy, MI) - R&D Engineer (2015 ~ 2017)
Hyundai MOBIS (한국) - Principal Engineer (2010 ~ 2014)
Bosch (Plymouth, MI) - Senior Electrical Engineer (2005 ~ 2010)
Sumitomo Electric (Farmington, MI)
            - Senior Electrical Engineer (2000 ~ 2005)
Renault Samsung Motors (한국) - Senior Engineer (1995 ~ 1998)
Samsung SDI (한국) - Electrical Engineer (1990 ~ 1995)

이정원을 소개하자면...

> **"**
> 길 바깥은 위험했고 그 길이 어디로 이어지는지 몰랐지만
> 나는 아무튼 그 길을 따라갔다.
> 많은 사람이 그것을 오해하고 생각을 바꾸지 않았으나
> 나는 곧장 그리로 갔고
> 그 안은 활짝 열려 있었다.
> **"**

밥 딜런의 노래 가사에 나오는 내용이다. 나는 항상 지금과 다르게 살려고 노력하는 중이다. 어느 정도 모험심을 가지고 감당할 만한 리스크를 즐겨왔고 앞으로 그러할 것이다. 특히 여러 지역을 여행하면서 다양한 사람들을 만나는 것을 좋아한다. 미국뿐 아니라 일본에서도 파견 근무를 하였고, 독일에서도 일했다. 일로 가는 여행뿐만 아니라 순수한 여행도 자주 즐기는 편이다. 건강한 정신과 육체를 위해서 주기적인 적당한 노동과 휴식이 필요하며, 이 두 가지는 상호 간 불가분의 관계이다. 밤낮없이 열심히 공부나 일만 하는 것이 미덕이던 시대는 지났다.

나는 모아놓은 재산이나 주어진 시간은 턱없이 부족했지만, 세상의 문을 하나씩 열고 다음 단계로 나가니 좀 더 다른 세계가 펼쳐졌다. 항상 주어진 자리에서 최선을 다하되, 마음속 내면의 소리를 놓치지 않아야 한다. 나를 의식하지 않는 순간 진정한 나와 만날 수 있기 때문이다.

☆ 지금이 어떤 전환점이라 느껴진다면…

인생의 전환점은 예기치 않게 갑자기 찾아온다. 이 시기에 어떤 결정을 하고 어떻게 대응하느냐에 따라 개인의 미래가 좌우된다. 이때 커다란 흐름을 자연스럽게 잘 타야 한다. 파도타기와 흡사해서 정면으로 뚫고 나가려면 엄청난 에너지가 필요하지만, 방향을 바꾸어 흐름을 타면 큰 힘을 들이지 않고서도 계속 앞으로 나아갈 수가 있다. 막다른 골목에서 무조건 정면 돌파하기보다는 조금 후퇴하여 우회하는 것도 중요한 전략의 하나이다. 이런 사항들을 실천하려면 누군가의 적절한 코치가 무엇보다 중요하다. 이 책의 공동 저자들이 독자들의 각 상황에 맞는 멘토가 되었으면 한다.

이런저런 활동

미국에서는 보편적인 그러나 한국에서는 좀처럼 하기 힘든 취미 활동 중 하나는 직장 동료들과 함께 아이스하키를 즐기는 것이다. 팀원들과 함께하는 취미생활은 미국의 조직문화에서는 회식보다도 훨씬 더 중요하다. 나의 이전 직장에서는 하키실력이 직급에 비례한다는 농담을 주고받을 정도였다. 점심시간에 회사 근처 하키장에 가면 저렴한 비용으로 하키 장비를 착용한 프리스케이팅이 가능하다. 하키 스케이트는 골프와 함께 나이 들어가면서도 계속 즐길 수 있는 운동의 하나이다.

미시간 교민 개발자 모임에서 주기적으로 실시하는 세미나에 참석하고 있다. 모임 안에는 기술분과별로 스터디 그룹이 있으며, 최근에는 무인차 관련 스터디가 활성화되고 있다. 계속해서 각 분야의 권위자들과 교류하고 있으며, 한국의 관련 기업들과도 지속해서 소통하고 있다.

회사 지원

대학원 재학 시에는 학교 취업 사이트나 교내 취업박람회를 이용하여 행사 참여 기업에 지원했다. 하지만 교내 취업 시스템은 재학생들 위주로 구성되어 있으며, 학교 주관의 리쿠르팅 행사에 참여한 기업들은 신입사원 위주의 채용을 진행한다는 것을 깨달았다. 유학

이전 8년 이상의 지속적인 직장생활 경력이 있었기에 방학 기간에는 인턴을 하지 않고 휴식을 취하면서 여행을 다녔다. 구직 시 인턴 경험은 직장 경력이 없는 경우는 상당히 중요하지만, 경력이 충분하다면 굳이 인턴 생활에 시간을 투자할 필요는 없다. 졸업시즌이 다가옴에 따라 서둘러서 일반 취업사이트에 이력서를 올리기 시작했다. 온라인상에 올린 이력서를 보고, 경력사원을 찾는 리쿠르터로부터 연락이 오기 시작하여 전화 인터뷰 과정을 시작했다. 경력 개발직은 해당 부서에서 당장 필요로 하여 즉시 채용하는 경우가 대부분이므로 현지 면접과 입사까지의 소요기간은 별로 길지 않았다.

인터뷰 과정

리쿠르터로부터 예상 질문 등 핵심정보를 확보한 다음, 고용주가 원하는 쪽의 기술 분야나 툴을 집중적으로 학습해야 한다. 경력 개발직의 경우는 인터뷰 과정에서 근무하게 될 부서 핵심개발자의 의견이 가장 큰 영향을 미친다. 면접관들의 의견 조율 시 관리자와 핵심개발자의 취향이나 의견이 다를 수도 있다. 이런 경우 한쪽으로 타깃을 잡아 한 명에게라도 맘에 들게 되는 것이 유리하다. 이민자의 경우 핵심개발자 쪽에 타깃을 맞추는 것을 추천한다.

경력 개발직 인터뷰의 경우 기술면접에만 반나절 정도가 소요되며, 다른 경력직의 경우에도 많은 시간이 추가된다. 실무 인터뷰의 경우 담당 부서 핵심개발자와 함께 칠판이나 종이 등을 이용한 기술면접을 실시하는 것이 일반적이다. 인터뷰 이후 실무부서 직원들과 식사를 함께 하기도 하는데, 이 또한 인터뷰 과정에 포함되므로 신중을 기해야 한다. 특히 영업, 경영, 금융, 서비스 분야는 식사 시간이 더 중요할 수도 있다.

보쉬Bosch에서 인터뷰할 때는 면접관이 A4 용지를 산더미처럼 들고 들어와 상당히 긴장했던 경험이 있다. 보쉬는 차량용 임베디드 분야에서는 업계 최고의 기술을 가진 기업이다. 기술면접관은 예상대로 자신들이 그동안 겪었던 실무적 문제들을 제시하고 해결 방법을 물어본다. 미국에서의 기술면접은 정답을 모르더라도 계속 질문을 던져 힌트를 얻어내야 한다. 나는 한 문제를 끝까지 맞추지 못했는데, 다음날 2차 관리자 면접에서 일하게 될 그룹의 부서장이 같은 질문을 반복하였다. 전날 인터뷰가 끝난 이후, 검색으로 얻은 지식을 생각나는 대로 서술했다. 정답은 아니었지만 면접관은 정답으로 간주하고 결국 합격 결정을 내렸다. 사실 부서장 면접관 자신이 이 어려운 문제를 완전히 이해하지는 못한 상태였다. 결국 질문 목적은 지원자가 성의를 가지고 정답을 답하지 못한 문제에 대해 귀가한 이후 고민해 보았는지를 판단하는 것이었다. 인사부서보다는 실무부서의 판단이 매우 중요하다.

미시간 지역

미시간 지역은 미국 10대 교민사회를 형성하고 있으며, 3만 명 정도의 교민들이 앤 아버Ann Arbor를 중심으로 미시간 전역에 거주하고 있다. 미시간 디트로이트 메트로에는 1,000명 이상의 한국계 이민자 출신 개발자들이 일하고 있다. 이들 중 절반 이상이 자동차 관련 분야에 종사하고 있으며, 크게 완성차와 차량용 부품으로 나누어진다. 전공은 기계공학이 주를 이루며, 금속, 항공, 전기·전자, 통신, 재료, 화학 등이 그 뒤를 따른다. 최근 무인차를 위시한 인공지능 기술이 부각되면서 IT분야 출신의 개발자들도 속속 합류하고 있다. 차량 디자인 분야에서 또한 한국 출신 디자이너들이 두각을 나타내고 있다.

IMF 시절에는 기아차 및 삼성차가 파산하면서 많은 개발자가 미국으로 건너왔다. 이때는 특히 기아차 연구소 공학해석팀 전원이 미국으로 이주하기도 했다. 2008년 미국 미시간 경제위기 때에는 많은 개발자가 미시간을 떠나기도 했지만, 최근 저유가 정책으로 호경기를 맞아 실력 있는 개발자들이 다시 모여들고 있다. 미시간 지역의 장점 중 하나는 전반적인 개발자의 수명이 상대적으로 길다는 점이다. 차량용 임베디드 분야는 우주항공 임베디드 분야와 함께 50대 개발자들의 천국이라고도 할 수도 있다.

미시간 교민 개발자 모임은 40년째 계속 이어지고 있으며, 정기적인 친목 행사 및 세미나를 실시하고 있다. 홈페이지는 www.kpai.org 이다. 현대자동차의 역대 CEO들 역시 미시간 지역의 개발자 출신이 다수를 차지한다.

미국의 직장 문화

개인의 개성이나 프라이버시를 중시하는 미국 직장문화지만 직원들의 조직에 대한 적합성 자체는 상당히 중요시한다. 조직 적합성이란 조직 자체 및 조직원들과 공감을 나누고 가치를 공유하는 능력이다.

한국에서 흔히 강조하는 조직에 대한 충성도나 상사의 명령에 대한 절대적인 복종과는 다른 차원의 적합성이다. 미국인들이 중요시하는 적합성의 핵심은 동료들이 이 직원과 함께 일하는 것이 즐거워야 한다는 것이다. 동양계 이민자들이 쉽게 범하는 오류 중 하나는 오로지 일 자체와 개인의 성과에만 집중하는 것이다. 이런 상황은 오히려 주변의 동료들에게 피해를 줄 수 있으므로 점차로 기피 대상이 된다. 위계질서가 약한 조직에서는 팀워크 자체는 관리자의 능력보다는 구성원들의 조직 적합성에 좌우되는 것이다.

미국인들은 어려서부터 받아온 교육에 의해 토론문화에 상당히 익숙해 있다. 회의 석상에서 요점만 이야기하지 않고 곁가지로 빠지거나 심지어 잡담 같은 토론에 많은 시간을 할애하기도 한다. 한국이라면 자신의 업무 관련 발언만 하고 상급자의 질문에 대답하면서 차례대로 발표 순서가 돌아가는 것이 일반적이다. 하지만 미국인들은 형식이나 직급에 구애받지 않고 이른바 난상 토론을 벌이는 경우가 많다. 계속 다른 참여자들의 발언을 경청하고 적절한 시기에 피드백을 주어야 한다. 선배들이 대화를 나누는 도중에 끼어드는 상황을 결례로 여기는 한국의 회의문화와 아주 달라서, 이민자들이 초기에는 적응하기가 힘들다. 어느 정도 미국의 직장 생활에 익숙해지면 언어 장벽보다는 사고방식 차이에 의한 문화 장벽이 더 크다는 것을 느끼게 된다.

미국 개발자 문화의 핵심은 학벌이나 학위보다는 기술 자체를 더 중시한다는 점이다. 미국에서 일을 시작하면서 놀랐던 것이, 미국 기업의 핵심 개발자들이 의외로 학벌은 대단하지 않았다는 점이었다. 미국 대학 이공계 박사 과정 학생 대부분이 외국인 학생인 것이 바로 이런 이유에서라는 것을 깨달았다. 예를 들어, 우주항공용 임베디드 개발 업무에 요구되는 수준의 원천기술을 가진 개발자를 확보하려면 학벌 자체보다는 최소한 15년 이상의 실무 경력이 필요하다. 동일 수준의 학력과 실무경력을 가진 개발자의 능력 자체는 한국과 미국이 대등하다고 가정했을 때, 미국의 경쟁력은 바로 여기에 있는 것이다. 실무경력이 짧은 고학력 개발자들이 모인 조직과 학벌보다는 많은 실무경력을 가진 개발 조직을 비교했을 때 어떤 조직이 더 높은 성과가 나올까 하는 문제를 생각해 보아야 한다. 개발하고자 하는 아이템에 따라 어떤 식으로 개발 조직을 구성해야 할지 전자와 후자 중에서 선택해야 한다. 전자에 맞는 아이템은 진입장벽이 낮고 후발주자의 빠른 추격이 위협되는 분야이고, 후자의 경우 진입장벽이 높고 개발 기간이 오래 걸리는 아이템일 것이다.

독자들이 한국의 조직을 떠나 미국에 직장을 구하는 경우라면 후자의 경우를 선택할 것을 권한다. 많은 경우가 전자 스타일의 조직에서 적응하지 못했거나 적합성이 떨어진다고 느낀 경우일 것이기 때문이다. 평생을 개발직으로 남고 또 개발자로 은퇴할 수 있고, 본인의 적성에 맞지 않는다면 굳이 관리자의 길을 가지 않아도 된다. 개발자로서 아직 할 일이 많은 상황에서 긴 시간을 배워온 지식을 사장시키지 않아도 된다. 예측 가능한 사회에서, 새로운 기술을 하나씩 차근차근 습득해 가면서, 본인이 원하는 일을 할 수 있다. 보여지는 인생보다는 자신을 위한 길을 찾고, 스스로 만족한 삶을 지속할 수 있을 것이다.

미국 취업을 준비하는 이들을 위한 조언

이 내용을 보고 있는 독자들은 대부분 한때는 외국에 나가서 성공하고자 하는 꿈을 가졌던, 그리고 지금도 그 꿈을 포기하지 않은 사람들일 것이다. 중요한 것은 일단 막연한 외국 생활에 대한 동경 단계를 떠나 다음 단계로 한 발짝 다가서야 한다는 것이다. 꿈에는 두 종류가 있다. 바로 현실 직면의 꿈과 현실도피의 꿈이다. 기로의 상황에 처한 독자들에게 현실에서의 도피가 아닌 직면으로 향하는데 나의 이야기가 조금이나마 도움이 되었으면 한다.

꿈에 대해 도전하겠다는 결심은 갑자기 찾아온다. 청년기에는 물론 중년기에도 그런 경우는 예고 없이 다가온다. 많은 경우 갑작스러운 변화가 요구되는 전환점이 뜻하지 않게 찾아온다. 나의 사연은 IMF로 근무하던 조직이 구조조정 위기에 몰렸던 경우다. 당시에는 직원들 간에 자연스럽게, 해외 유학이나 이주에 대한 정보 교환이 이루어졌으며, 당시 함께 길을 나선 분 중에는 부서장급도 있었다.

불행을 회피하지 않고 견뎌내는 것도 삶의 방법이지만, 삶의 무게를 받아들이기를 거부하는 것도 개인의 선택이다. 새로운 풍경과 사람들을 만나면, 그동안 억누르고 지냈던 많은 감정이 쏟아져 나올 것이다. 현실의 삶을 살아낸다는 것은 결국 전통적으로 살도록 강요당하는 것이다. 내게 주어진 상황을 회피할 것인가, 아니면 책임질 것인가를 결정해야 한다. 더 이상 피해 다니지 않을 거라고 결심하는 순간이, 진정한 의미의 성년이 되는 순간일 것이다.

청년기의 꿈, 고통으로부터의 도피 시기를 훌쩍 뛰어넘어, 퇴직 이후의 새로운 인생을 시작하려는 경우는 또 어떠한가. 이미 오래전 포화상태에 이른 자영업에 뛰어드는 명퇴자들의 비율은 지속해서 늘어나고 있다. 실제로 명퇴 이후 창업한 요식업의 절반 이상이 일년 이내에 폐업한다는 통계도 있다. 특히 개발자 출신이라면, 그리고 이러한 자영업의 무덤을 피할 수 있는 선택의 여지가 있다면 그중 하나가 바로 해외 취업일 것이다.

50대에도 계속 개발자의 길을 가고 싶은 분들, 관리업무나 경직된 조직문화가 적성에 맞지 않는 분들, 장래 임원 진급에 자신이 없는 분들에게 이 책이 인생의 새로운 길잡이가 되었으면 한다.

제2부
미국 이직 사례

제17장

가보지 않으면 모른다

이병준 @ Amazon

직책 Senior Software Development Engineer
근무지 Amazon, 워싱턴 주 시애틀
미국 입국시 비자 H1-B (취업 비자)
취업 경로 한국에서 직접 취업
학력 Computer Engineeering, 박사 (한국)

경력
Amazon (Seattle, WA)
      - Senior Software Development Engineer (2017/10 ~ 현재)
NHN Entertainment (한국)
      - Principal Software Engineer (2014/12 ~ 2015/8)
ETRI (한국) - Senior Engineer (2001/12 ~ 2014/11)
Tao Networks (한국) - Team Manager (2000/1 ~ 2000/12)

이병준을 소개한다면...

직장인의 팔자는 전 세계 어디를 가나 비슷비슷하다는 사실을 미국에 와서야 실감하고 있는 46살의 개발자이다. '이렇게 살다 죽을 수는 없다'가 생활신조다. 하지만 그에 미치지 못하는 능력을 가지고 있는 관계로, '아무래도 이렇게 살다 죽을 것 같다'는 사실을 받아들이려 애쓰고 있다. 코세라 인증서 Coursera Certificate, 싸구려 사진기 수집이 취미다. 〈코딩 인터뷰 완전분석(인사이트)〉, 〈불확실성과 화해하는 프로젝트 추정과 계획(인사이트)〉, 〈CSS3: 세상에 없던 가장 꼼꼼한 매뉴얼(인사이트)〉, 〈Effective Java 2nd edition(인사이트)〉 등 14권의 번역서를 내기도 했다. 블로그 buggymind.com도 운영하고 있다.

> ☆ 미국 취업을 원하는 이들을 위한 키 포인트
>
> - 갈까 말까 주저될 때는 가라. – 가 보지 않으면 모른다.
>
> - 벼락치기로 해결되는 일은 없다. – 준비하지 않으면 지나가는 것이 기회.
>
> - 나이와 경력이 주는 리스크에 대해서 이해하자. – 풍부한 경력은 큰 책임으로 되돌아온다.

현재 업무

아마존 알렉사 뉴스Alexa News 팀에서 시니어 소프트웨어 디벨로프먼트 엔지니어Senior Software Development Engineer로 일하고 있다. 뉴스 콘텐츠 플랫폼을 설계하고 개발하는 것이 나의 업무다. 이 팀에 오기까지 글로벌 네비게이션Global Navigation (2015~2017), 알렉사 쇼핑Alexa Shopping(2017~2018) 등을 거쳤다.

시니어 개발자라는 직함을 달고 있는 탓에 보통 팀 간 업무 배분을 기술적 측면에서 검토하는 일을 하는 한편, 팀에서 생산하는 소프트웨어의 설계와 그 구현 방안을 결정하는 책임을 맡고 있다.

미국에 오게 된 계기

국제적인 큰 회사에서 개발을 배워보고 싶다는 어렴풋한 희망은 있었는데, 2011년까지는 박사학위를 끝내야 하는 문제 때문에 큰 회사 몇 군데에서 리크루팅 메일을 받았어도 시험조차 볼 생각을 안 했다. 또, 개발자로서는 나이를 너무 먹은 것 같아서 도전할 생각을 못 했었다. 공기업에서 너무 오래 일한 탓에 사기업 경험이 너무 없다는 것도 도전을 망설이게 하는 큰 요인 중의 하나였다.

그러다가, 이렇게 살아서는 도무지 죽을 때까지 아무 것도 바뀌는 것이 없겠다는 생각에 겁이 더럭 났다. 그때가 30대 후반이었는데, 정년 퇴직할 때까지 끊임없이 자식들 교육비와 부모님 병원비 걱정을 해야만 하는 평범한 직장인으로 늙을지 모른다는 생각에 밤잠을 설치는 일이 많아졌다. 죽을 때가 가까웠을 때, '그때 만일 다른 삶을 살아 보기로 선택했다면 어땠을까' 궁금해하며 괴로워하고 싶지 않다는 생각이 머리에서 떠나지를 않았다.

그래서 결국 내린 결론이, 어떤 식으로든 큰 도전을 한 번 해 봐야겠다는 것이었다. 하지만 그 뒤로 4년 동안 그 결심을 실행하지는 못했다. 굉장히 재미있는 과제를 하게 됐기 때문이었다. 그러다 4년이 지나 그 두 과제가 전부 내 뜻과는 다른 결말을 맺는 것을 보고, 결국 퇴사를 결심했다. 처음에는 생각해둔 아이템이 하나 있어서 몇 날 정도 창업에 관한 고민을 했었지만, 그 시기에 NHN 엔터테인먼트 NHN ENTERTAINMENT로부터 리크루팅 제안을 받는 바람에 창업

건은 관뒀다. 연구소 밖의 세상이 어떤지도 전혀 모르는 개발자가 바로 창업에 뛰어드는 것은 아무래도 무리라는 생각도 들었고, 그래서 일단 '진짜 개발자'가 되는 일부터 먼저 해보기로 했다.

결말부터 이야기하면 그 시도는 완전 실패였다. 수석 개발자라는 직함을 감당하기에는 실무 경험이 너무 없었다. 책으로 읽어서 아는 것이 대부분이었기 때문이었다. 입사 후 딱 3개월이 지난 뒤부터, '아, 아무래도 이 생활은 오래 못 버티겠구나'하는 것이 몸으로 느껴졌다. 원래 그 정도 직함을 달게 되면 어떤 식으로든 주니어 개발자들에게 전해줄 것이 있어야 하는데, 열정이나 도전의식, 네트워크 관련 지식 말고는 딱히 보여주거나 들려줄 만한 것이 없었다. 당시 주된 업무가 내 전문 분야와 별로 관련이 없어서 더 그랬던 것 같다.

어쨌든 그렇게 갑갑한 몇 달을 보낸 뒤에, 아마존으로부터 리크루팅 메일을 받았다. 처음에는 이 사람들이 미쳤나 뭐 이런 심정이었고, 해 봤자 되겠나 싶어 아무 답장도 안 하고 있었다. 그런데 문득 2013년도쯤에 번역했던 책 〈코딩 인터뷰 완전 분석(인사이트)〉이 생각났다. 참고서도 이미 있겠다, 제대로 준비하면 한 번 해볼 만은 하겠다 싶었다. 영어 문제가 걸리긴 했는데, 학회에 논문 발표하러 미국에 갔을 때, 밤새도록 발표 스크립트를 외웠던 경험을 떠올리니 용기가 났다. 뭐 준비하고 또 준비하면 그깟 면접이야 한 번 못 보겠나 싶었다. 제대로만 된다면, 개발자로서의 인생을 완전히 리부트할 수 있겠다는 계산이 더해지니, 마음을 정하기는 더욱 쉬워졌다. 그래서 미국에 오게 됐다. 무척이나 추상적이고 피상적인 목표에, 우연이 좀 더해진 결과였다고 할 수 있지 않을까?

미국 취업 준비

본격적인 취업 준비는 사실 아마존으로부터 리크루팅 메일을 받았을 때부터 시작했는데, 따져보면 실질적인 준비는 그보다 사실 훨씬 전부터 시작되었던 것 같다. ETRI에서 근무했던 마지막 몇 년간, 다음과 같은 일들을 했다.

- 코세라 알고리즘 Coursera Algorithm 강의 수강
- 컴퓨터 사이언스 렉쳐 노트 Computer Science Lecture Note 스터디
- <코딩 인터뷰 완전 분석 Cracking the coding interview> 번역

대학 때 게을리했던 부분을 제대로 한 번 다시 공부해보려는 게 목적이었는데, 결국 그게 취업 준비에 가장 결정적인 도움이 되었다. 코세라 강의와 렉쳐 노트는 알고리즘과 자료구조, 파이썬을 배우는 데 큰 도움이 되었고, 번역 출간한 책은 면접의 기술적 측면을 익히는 데 많은 도움이 되었다. 그 덕에, 리크루팅 메일을 받은 뒤부터 실제 면접을 보기까지 한 달가량은 온전히 면접 연습문제를 푸는 데만 할애할 수 있었다.

그 시기에 가장 힘들었던 것들은

- 쏟아지는 잠을 쫓는 것
- 다 때려치우고, 편안한 인생으로 돌아가고 싶은 욕구와 싸우는 것

두 가지였다. 퇴근하고 책상 앞에 앉아 책을 펴들면 보통 밤 10시였기 때문에 졸음을 참는 게 사실 제일 힘들었다.

낙방하면 어쩌나 하는 고민 때문에 힘들었던 적도 잠깐 있었는데, 안되면 다니던 회사에서 버틸 때까지 버티다가 연구소로 돌아가자는 결론을 내리고 (뭐 그것도 어렵긴 매한가지만) 그냥 마음을 편히 가졌다. 너무 마음을 편하게 갖다 보니 결국 보려고 마음먹었던 책은 면접 전에 다 끝내지 못했다. 그랬어도 면접 자체는 잘 끝냈다. 운이 좋아도 한참 좋았던 것 같다.

인터뷰

면접은 한국에서 채용 행사가 있어서 한국에서 이루어졌다. 면접을 보고 한두 시간쯤 있다가 전화로 합격 통보를 받았다. 채용 행사가 미국이 아닌 한국에서 행해지는 경우, 미국 본사 면접에 비해 결정 및 통보가 비교적 신속하게 이루어진다. 거기에는 여러 가지 이유가 있는데, 아무래도 면접관으로 참가하는 사람들이 자기 하루를 전부 면접 및 평가에 온전히 쏟아부을 수 있다는 점이 가장 크게 작용한 것 같다. 면접을 봐야만 하는 사람들이 굉장히 많으니 결정을 신속 정확하게 내려야 한다는 것도 한몫을 하는 것 같다.

인터뷰 준비

위의 내용 외에 준비했던 것을 구체적으로 몇 가지 더 얘기하자면,
- 구글 코드 잼 Google CodeJam 행사 실제 문제 풀이
- 코딩게임 https://www.codingame.com

등도 활용했다. 면접 때 하는 일이 문제를 푸는 거니까 아무래도 많은 문제를 풀어보는 게 제일 좋다. 코딩 게임은 게임을 통해 알고리즘을 공부할 수 있게 해줘서 머리를 식히는 데도 좋았다. 하지만 코드 잼은 용기보다는 좌절을 더 많이 안겨주었다. 매년 열리는 코드 잼 행사에는 보통 세 가지 코딩 문제가 출제되는데, 아무리 애를 써도 보통 한 문제밖에 풀 수가 없었기 때문이었다. 그래서 '나는 절대 구글에는 가면 안 되겠구나'하고 생각했다. 뭐 사실 뽑아 줄 리도 없지만 말이다.

연습문제를 풀 때는 컴퓨터 대신 연습장을 이용했다. 면접장에서는 보통 화이트보드만 사용하게 되니까. 면접관에게 풀이 방법을 설명하는 동시에 코딩하는 훈련도 하긴 했는데, 영어로 떠들면서 문제를 풀어야 한다는 점이 고통스러워서 그렇게 자주 하지는 못했다.

책에 나오는 풀이 방법과 다른 방법을 생각해보는 훈련도 가끔 했다. 답으로 연결되는 일은 드물었지만, 왜 어떤 알고리즘이 사용되어야 하는지 이해하는 데는 큰 도움이 되었다.

인터뷰 진행 과정과 결과

▶ 1. 사전 인터뷰

사전에 약식 코딩 인터뷰가 있었는데, 주어진 문제를 시간 내에 풀어 답안을 온라인으로 제출하는 식이었다. 본사에서 하는 사전 전화 인터뷰와는 다르다. 통상적인 전화 인터뷰는, 전화로 진행된다는 것만 빼고는 일반 온사이트 인터뷰와 별반 차이가 없다. 답안이 만족스러우면 면접 행사장으로 오라는 통보를 받는다.

▶ 2. 온사이트 인터뷰

내가 응시할 당시 한국에서 열린 면접 행사는 호텔 두 개 층을 빌려 진행되었다. 화이트보드를 사용할 수 없는 환경이었기 때문에, 면접관과 응시자는 면접장에 설치된 2대 노트북의 화면을 공유하여 면접을 진행했다. 면접시간은 총 네 시간으로, 시간당 한 명의 면접관과 대략 2~3개가량의 알고리즘/코딩 문제를 풀어야 했다.

풀어야 하는 문제의 수는 대체로 가변적인데, 쉬운 문제를 빨리 풀면 좀 더 난이도가 있는 다음 문제로 신속하게 넘어간다. 그러니 많이 풀면 유리하다고 생각할 수도 있는데, 사실은 다양한 경우의 수를 다 따져보느라 시간을 좀 쓰더라도, 완전한 솔루션을 제시할 수 있으면 오히려 유리할 때도 많다. 그러니 면접관이 무엇을 원하는지 잘 살피는 것도 중요하다.

마지막 면접까지 마치면 해당 면접관이 밖으로 안내를 해준다. 나중에 입사하고 안 것이지만, 여기까지의 절차는 본사에서 열리는 온사이트 인터뷰와 비교해도 큰 차이가 없었다. 같이 점심을 먹지 않는다는 것 정도가 차이라고 볼 수 있겠다.

▶ 3. 결과

미국 현지 온사이트 면접의 경우 결과를 통보받는데 길면 일주일 가량 걸리는 것을 감안하면, 두 시간 만에 결과 통보를 받았다는 것이 굉장히 인상적이었다. 앞서 잠시 밝힌 바 있지만, 모든 면접관이 다른 오버헤드 없이 온전히 면접과 평가에만 집중했던 탓일 것이다. 면접 행사에서만 볼 수 있는 일이다.

면접관이 된 후에 생각해본 면접

나중에 미국에서 온사이트 인터뷰 면접관으로 참가해보고 알게 된 것이지만, 면접 결과는 모든 면접관의 면접 결과 노트를 다 함께 읽고 토론해서 결정한다. 데이터 포인트$^{data\ point}$, 즉 면접 결과에 영향을 주는 요소에는 여러 가지가 있는데, 개발자의 경우에는 코딩 능력, 주어진 문제의 해결책에 접근하는 방식, 의사소통 능력 등을 주로 본다. 응시자의 성향이 아마존 직원이 추구해야 할 12가지 원칙에 부합하는지도 같이 따진다. 결격 사유가 비결격사유를 현저히 압도하면 탈락이고, 애매하면 좀 더 긴 시간의 논의를 거쳐 인터뷰를 추가로 더 할 것인지 말지를 결정하기도 하고, 아니면 내년에 다시 불러보자는 결론을 내리기도 한다. 같이 응시했던 사람 가운데 한 명은 한 시간가량의 추가 면접을 더 본 다음에 합격 통보를 받았다고 했다. 자주 있는 일은 아니지만, 이런 일이 생기면 괜히 더 긴장하기보다는, 내게 놓치기 싫은 좋은 면이 있는 것이구나 하고 생각하고 기쁘게 면접장으로 들어가는 것이 좋다.

미국 취업을 준비하는 이들을 위한 조언

딱 한 가지만 명심하면 될 것 같다. '진짜 어려운 일들은 입사 후에 벌어진다'

▶ 1. 커뮤니케이션 오버헤드

선임 개발자에게 가장 어려운 일은, 커뮤니케이션 오버헤드를 어떻게 극복하느냐 하는 것이다. 선임 개발자로 채용되면 정말 많은 회의에 참석해야 한다. 가지각색의 억양을 가진 전 세계 인종이 영어로 전투하는 광경을 떠올려보면, 아마 그 부담이 몸으로 좀 느껴질 것이다. 내가 입사하고 처음 몇 달 간은 정말 한 문장도 제대로 알아들을 수가 없었다.

대부분의 아마존 개발팀은 오전에 소위 스크럼 스탠드-업 미팅이란 걸 한다. 어제는 무슨 일이 있었고 오늘은 어떤 문제에 집중할지 보고하는 자리인데, 이 자리에서 주고받는 이야기를 알아들을 수 없으면 팀에서 무슨 일이 벌어지고 있는지 쉽게 파악할 수 없다. 따라서 나는 팀 내부 동향을 스탠드-업 미팅만으로는 알 수 없었다.

대부분의 아마존 개발팀은 파트너 팀들의 요청을 처리하기 위해 오피스 아워office hour라는 걸 둔다. 그 회의에는 보통 선임 개발자와 매니저가 참석하고, 다른 팀의 개발자가 와서 이런저런 질문을 한다. 이 자리에서 나오는 질문을 제대로 이해할 수 없으면 파트너가 뭘 원하는지 파악하기가 난감하다. 당연히 나는 굉장히 난감했다. 대부분의 아마존 개발팀들은 여러 부서가 함께 사용해야 하는 플랫폼을 개발하기 위해 이런저런 팀간 회의를 한다. 이 회의에서 주고 받는 이야기를 알아들을 수 없으면, 대체 뭘 함께 개발해야 하는지 파악하기가 어렵다. 그래서 이때에는 아마존 개발자로서의 경력이 삽시간에 끝나버릴 수도 있다는 생각에 잠을 제대로 못 잤다.

몇 달간 해결책을 고민했다. 영어 문제는 단기간에 해결될 수 있는 문제가 아니기 때문에, 생각할 수 있는 해결책이라는 것은 매일 생기는 문제를 적어도 하루나 이틀 뒤에는 따라잡을 수 있도록 해 주는 어떤 것이어야 했다. 그래서 생각해 낸 것이 모든 회의를 녹음한다는 것이었다. 녹음을 해 두면 적어도 밤에 집에 와서 여러 번 다시 들어보고, 이해 못 했던 부분을 파악할 수 있지 않겠느냐는 이유에서였다. 그럴듯 했다. 그래서 당장에 보이스 레코더를 구입하고, (아마존에서 번 돈을 아마존에 쓰는 패턴은 이때부터 시작되었다) 실행에 옮겼다. 첨엔 좀 비참했는데, 한두 달 지나니까 견딜 만 했다. 모니터도 두 대를 사서 집에 설치하고는, 밤만 되면 소스코드를 읽고 또 읽었다. 잘 아는 주제에 대해서는 대충이라도 알아들을 수 있으니, 잘 아는 주제를 많이 만들어 보자는 심산이었다. 첨엔 눈이 빠질 것 같아서 죽을 지경이었는데, 한 석 달쯤 그렇게 하니까 이것도 견딜 만 했다.

이런 문제를 방지하는 가장 근본적인 해결책은 두 가지인데, 하나는 영어 공부를 열심히 하는 것이고, 다른 하나는 선임 개발자로 채용되지 않는 것이다. 따라서 10년 이상의 경력을 가진 개발자들은 다소 주의하는 것이 좋겠다. 리쿠르터가 여러분을 시니어 인터뷰 트랙에 넣을지 말지 고민할 것이기 때문이다. 그러니 돈을 좀 덜 받아도 좋다면 리쿠르터에게 미리 말하고 인생을 좀 편하게(?) 살도록 하자. 특히 나처럼 '진짜 개발자'였던 적이 별로 없는 사람은, 그래야만 '아는 척해야 한다'는 부담감에서 벗어날 수 있을 것이다.

▶ 2. 모든 부서가 혁신적이지는 않다

미국 대기업의 모든 부서가 혁신적인 개발을 하는 것은 아니다. 그런 환상을 가지고 있다면 다시 생각해야 한다. 대기업일수록, 개발자들이 열광하는 신기술을 더디게 받아들인다. 리스크를 줄이기 위해서다. 그런 기술에 목마른 개발자는, 각광받는 부서에 지원하시되 엄청난 오퍼레이션^{operation} 부담을 감수하고 AWS 같은 곳으로 가야 한다. 새롭고 멋있는 기술일수록 안정적 운영을 위한 공수가 많이 들어가는 법이다.

그러니 대기업 취업을 고민하고 있다면, 기술의 우아함, 고결함, 아름다움보다는 그 원칙에 집중하겠다는 마음가짐을 가지고 입사하는 것이 좋다. 중요한 것은 어떤 플랫폼 기술을 사용하느냐 하는 것이 아니라, 어떤 플랫폼에도 적용될 수 있는 공통의 자세나 원칙을 배우는 것이라고 생각하는 것이 좋다. 사용자가 느끼는 혁신은 플랫폼 기술의 혁신과 대체로 아무 상관이 없다는 것을 상기하는 것이 좋다. 그렇지 않으면 대기업에서 여러분이 원하는 어떤 것을 찾기는 쉽지 않을 것이다.

▶ 3. 느슨해 보이지만 느슨하면 곤란하다

미국의 기업 근무 환경은 한국과 비교하면 느슨하다고 알려져 있다. 출퇴근 시간이 자유롭고, 휴가 사용에 있어서 너그럽다는 것 등이 좋은 예이다. 하지만 유념할 것은 업무 평가에 있어서만큼은 철저하고, 그 결과가 만족스럽지 않을 경우 바로 직원을 해고하기도 한다는 점이다. 물론 잘 나가는 회사는 예외이다. 누구를 내 보내면 또 누구를 뽑아야 하는데, 요즘은 그게 쉽지 않기 때문이다. 사람이 워낙 부족하다.

대부분의 미국 대기업에는 근무 성과 개선 제도가 있다. 이 제도의 요지는, 성과가 좋지 않은 직원을 집중 관리해서 개선시키자는 것인데, 실제로는 근무 성과 개선 프로그램에 들어가는 직원 가운데 70~80%가량이 석 달에서 넉 달 이후 결국 해고되는 수순을 밟는다. 이런 프로그램에 들어가지 않도록 조심하는 것이 좋다. 자유롭게 일하되 정해진 납기일은 정확히 지키도록 하는 것이 좋다. 팀의 중요한 구성원 중 한 명으로 여겨지도록, 본인의 이미지와 결과물을 잘 관리해 나가는 것이 좋다. 그렇지 않으면 언제 그 프로그램의 대상자가 될지 모르는 일이다.

▶ **4. 개발자의 인생은 어디서나 엇비슷**

기회의 땅에서 일한다고 개발자의 인생이 갑자기 풍요로워지지는 않는다. 미국 서부의 물가·집값은 굉장히 비싸다. 연봉을 얼마나 받느냐에 따라 다르겠지만, 월세를 내고 사이닝 보너스 signing bonus를 빼면 아마 한국에서 받던 연봉 수준과 그렇게 차이를 느끼게 되지 못할지도 모른다. 전 세계 어디를 가나 개발자의 연봉에는 같은 원칙이 적용되는 것이다. '쓰고 조금 남을 정도로만 준다.'

아이들에게 좀 더 좋은 교육을 줄 수 있는 것은 사실이겠지만, 거기서 오는 부모로서의 만족감은 여러분들의 아이들이 그 교육 아래에서 얼마나 즐거움을 느끼느냐에 따라 다르다. 미국 교육이 주는 다양한 활동의 기회들을 그다지 즐기고 싶어 하지 않는 소극적인 아이에게는, 오히려 갑자기 많아진 시간이 부담이나 지루함으로 다가올 수도 있고, 생소한 언어로 진행되는 학업에 대한 부담은 게임이나 인터넷으로 도피하는 촉매가 될 수도 있다.

또, 배우자가 추구하는 기회를 찾아 낯선 땅에 온 사람에게 미국 땅은 생각보다 큰 부담과 압박일 수 있다. 적지 않은 수의 아내와 남편이 이주 후 얼마 되지 않아 한국으로 돌아간다. 그런 가능성에 대해서 미리 잘 따져보는 것이 좋다.

▶ 5. 가장 중요한 것은 동료로부터의 신뢰

직장 생활을 풍요롭게 해주는 가장 중요한 요소는 동료의 믿음이다. 내 경우, 입사 후부터 동료의 믿음을 얻는 데까지 대략 8개월이 걸렸다. 내게 문제의 해결책을 묻는 사람들이 생겼고, 구현 방향을 묻는 사람들이 생겼다. 영어가 서툴러도 기꺼이 나와 토론하려는 사람들이 생겼고, 멘토링을 청하는 사람들이 생겼다. 덕분에 부서에서 주는 상도 받았다. 아마 내가 적응을 위해 무슨 짓을 했는지 좋게 보아 준 사람들 덕분일 것이다.

동료의 신뢰는 많은 문제를 쉽게 풀어준다. 기회가 있을 때 당신과 함께 팀을 옮기고 싶어 하는 사람이 생길 것이니 오가는 기회를 놓칠 일이 줄어들어서 좋다. 난감한 실수 한두 번 정도는 너그럽게 넘어가 줄 터이니, 직장생활의 긴장이 줄어들게 되어서 좋다. 그러니 입사 후 얼마 동안은 정말 치열하게 살아보는 것도 나쁘지 않을 것 같다. 나중에 충분한 보상이 되어서 돌아올 것이니까.

▶ 6. 나이는 아무것도 아니다

30대 초반의 시니어 개발자와 40대 중반의 주니어 개발자가 아무 문제 없이 함께 일할 수 있는 곳이 이곳이기 때문에, 나이에 맞게 행동해야 한다는 부담감 따위는 버리고 출근하는 것이 좋다. 오히려 더 늦기 전에 더 빠른 속도로 배워야 한다는 부담감을 느끼고 회사에 나오는 것이 좋다. 그렇지 않으면 시쳇말로 쌩쌩한 젊은 친구들과 경쟁하기가 여간 난감한 것이 아니기 때문이다.

끊임없이 배우지 않으면 결국 끊임없이 배우지 않아도 되는 신세가 되고 마는 것이 이 직업의 숙명이다. 그럼 대체 언제까지 배우고 또 배워야 하는지 생각하면 실로 막막하기 짝이 없지만, 그래도 그렇게 할 수만 있으면 개발자라는 직함을 유지할 수 있도록 해 주는 이곳의 풍토가 한국과 비교한다면 확실히 나은 부분은 있는 것 같다.

▶ 7. 와보지 않으면 모른다

두서없이 여러 가지 적었지만, 아마 대부분은 쉽게 일반화되기 힘든 내 개인적인 편견이나 아집의 소산일 것이다. 그러니 미국행이 어떤 결과를 가져올지 알고 싶다면 저질러 보는 수밖에 없다. 사람마다 능력이 다르고 체질이 다르고 습성이 다르고 태도가 다르니, 아마 결과도 다 제각각일 것이다.

나는 요즘 한국에서의 인생이 얼마나 여유롭고 즐거웠는지 종종 생각한다. 사람의 마음은 참 간사하다는 것, 떠나보지 않으면 알 수 없는 일들이 정말 많다는 것을 매일매일 깨닫는다. 부디 좋은 결정 내리기를 기원한다.

제2부
미국 이직 사례

제18장

어학연수부터 실리콘밸리 개발자로서 정착과정

박호준 @ Airbnb

직책 Software Engineer
근무지 Airbnb, 캘리포니아 주 샌프란시스코
미국 입국시 비자 B-2 (관광 비자)
취업 경로 미국 학위 취득 후 취업
학력 Computer Science, 학사 (미국)

경력
Airbnb (San Francisco, CA) - Software Engineer (2017/5 ~ 현재)
LinkedIn (Mountain View, CA)
        - Staff Software Engineer (2014/3 ~ 2017/4)
SugarCRM (Cupertino, CA) - Software Engineer (2012/1 ~ 2014/2)
Gala-Net (Sunnyvale, CA) - PHP Web Developer (2011/6 ~ 2012/1)
CUNY Institute for Software Design and Development (Flushing, NY)
        - Database Application Developer (2009/1 ~ 2009/5)
Neoact Inc. (한국) - Team Lead (2004/4 ~ 2006/2)
Genikids Inc. (한국) - Web and Database Developer (2003/2 ~ 2004 4)
World Cyber Games (한국)
        - Web and Database Developer (2000/1 ~ 2003/2)

박호준을 소개한다면...

'무인도에서도 굶지 않고 밥벌이를 찾아낼 생존력', 미국에서 유학할 때 지인들이 종종 나를 설명할 때 쓰는 표현이었다.

'끝을 아는 사람은 실패가 두렵지 않다. 이미 맨땅에서 한번 다시 일어선 경험을 기억하고 있기 때문이다.' 마음이 약해질 때마다 스스로 마음속에 새기는 글이다.

대학 생활은 넉넉하지 못했다. 과외, 학교 앞 식당 아르바이트 등 생활비를 직접 벌며 학업을 했다. 꿈만 같이 코딩개발 일을 하게 되어  지금까지 소프트웨어 엔지니어의 길을 이어온 것은 맞지만 수많은 굴곡이 있었다. 미국 유학을 했다고 하면 여유로운 금수저라 생각하겠지만 유학 생활 중에도 창고관리, 쇼핑몰 제작 및 런칭, 세일즈, 아이비리그 관광 가이드 등 다양한 일을 하며 학비와 생활비를 벌어 학업을 마쳤다.

'강인한 생존력'. 나도 싫지 않은 표현이다. 대학 중퇴후 시작한 일이기에 배경도 없는 내 실력을 믿어 달라고 할 수 없었다. 대학을 중퇴하고 병역특례를 할 때 일했던 게임회사에서 수년간 수익이 나지 않아 손 놓고 있던 게임을 맡아서 부분 유료화를 직접 기획 개발 후 한 달 매출을 2천만 원까지 올려놓고 나왔다. 유학 생활을 할 때 가족들이 운영하는 인터넷 액세서리 쇼핑몰을 직접 만들어 온라인 홍보·광고·배송까지 직접 하며 매출을 5천만 원까지 올려보았다. 여름 휴가 동안 아르바이트로 잠시 했던 가이드 일을 마칠 때 여행사 사장님께서 내년에도 다시 일하고 싶으면 언제든 자기 회사로 와서 일하라고 권유받기도 했다.

기왕 하는 일이라면 즐기며 나의 제품에 행복하게 될 누군가에게 필요한 제품을 만들기 위해 가지고 있는 열정을 쏟아부었다. 그런 점이 현재 실리콘밸리에서도 생존하여 같이 일하고 싶어하는 동료로 인정받을 수 있게 된 점이 아닐까 생각한다.

☆ 미국 취업에 성공할 수 있었던 키 포인트

- 자기 색깔이 확고한 엔지니어임을 어필하라. 대우를 잘 받는 기술을 추종하여 남들을 따라갔다면 지금과 같이 한 영역에 특화된 전문가로 성장하지 못하고 보통의 개발자로 남아 있었을 것 같다. 디자인을 동시에 할 수 있는 엔지니어는 많지 않다는 점이 확고한 나만의 색깔을 만들어준 것 같다.

- 해외 취업을 목표로 스펙을 쌓거나 유학 준비를 하지말라. 지금도 실리콘밸리에 성공한 엔지니어 되기 위해 수많은 경쟁자가 지원하고 있다. 해가 갈수록 경쟁은 더 치열해지고 실리콘밸리의 엔지니어 취업의 문은 점점 좁아질 것이다. 성공보다 실패할 확률이 더 높고 실패의 좌절을 겪으며 자책하는 경우가 더 많아질 수 있다는 뜻이다. 소프트웨어 개발과 새로운 기술을 배우는 삶을 정말로 즐길 수 있다면 그곳이 어디든 내가 성장할 수 있는 곳이라 생각한다. 본인이 성장하다 보면 기회가 찾아온다. 해외 취업은 성장의 과정에서 잡을 기회다. 기회가 오더라도 준비가 되지 않은 상태에선 온전히 잡을 수 없다.

- 작은 조직이든 큰 조직이든 항상 속해있는 그룹 내에서 함께 일하고 싶어하는 사람이 되자. 그듯이 작은 조직이라 내 능력을 담을 수 없다고 생각해 무시하고 소홀히 하며 큰물에서 성장하기만을 바라는 사람이 있다. 구글과 같은 큰 조직이든 10명도 안 되는 작은 스타트업이든 팀원으로 뽑고자 하는 사람은 다시 함께 일하고 싶은 동료이다.

한국에서의 경력

대학을 가기 전까지 이메일 작성방법도 모르는 그저 게임을 좋아하는 보통 학생이었다. 대학에 들어가서는 과외나 학교 앞 음식점에서 아르바이트로 용돈 벌이를 하며 평범한 나날을 보냈다. 나의 멘토는 거창하게 성공한 유명인이 아니었다. 평범한 대학 생활을 하던 어느 날 같은 동기의 기숙사 선배가 기업의 소프트웨어 개발 아르바이트를 하면서 후배들에게 야식을 사주었는데, 그 모습이 너무나 멋지고 부러워 보였던 것이 소프트웨어 개발의 계기였다.

대학교 2학년 때 처음 선택한 전공이 웹 개발 과목이었다. 그때 처음으로 MS-SQL이라는 DB를 다뤄서 게시판을 만드는 과제를 받았는데 난공불락의 최고난도의 과제로 느껴질 정도의 힘든 과제였다. 그게 무언가에 미쳐 완성해 보겠다는 끈기 있는 도전을 처음으로 해본 경험이다. 그때 처음으로 완성해냈을 때의 쾌감을 아직도 기억한다. 결과물이 완성되어 작동하는 걸 보고 있을 때 정말 무엇이든 만들어낼 수 있을 것만 같은 끝없는 자신감이 생겼다. 그해가 2000년도 한국에선 IT 붐으로 정말 수많은 벤처 기업이 생겨나고 했을 때였다. 그때 소프트웨어 개발 아르바이트로 용돈 벌이를 했던 내 마음속의 멘토였던 선배님이 떠올라 소프트웨어 개발로 직접 생활비를 벌어보고 싶은 욕심이 생겼다. 그렇게 무턱대고 졸업장도 없이 잡코리아에 있는 여러 벤처업체 등에 연락을 돌려 웹 쇼핑몰을 운영하는 회사에서 첫 직장 생활을 시작하게 됐다.

그때 학교를 중퇴하고 웹 사이트 개발 일을 시작하면서 다시 대학교로 돌아가는 게 불가능하게 됐다. 그 이후 게임 업체에 이직하게 되면서 게임 서비스를 개발 일을 하게 되었다. 운 좋게 그때 같이 일하던 분들을 통해서 병역특례 업체를 소개받아 군 복무를 대체하며 개발 업무를 계속할 수 있었다. 그렇게 대학교 2학년 때부터 시작한 DB 및 웹서비스 개발은 병역특례를 마치게 되는 6년여 동안 쭉 이어졌다. 직장 생활에 적응도 끝났고 회사 내에서도 자리를 어느 정도 잡았지만 회사 생활이 바빠 대학교를 돌아가서 학업을 마무리하지 못한 점이 아쉬웠고 또, 소프트웨어 개발 관련 전공 한 과목만을 마치고 실무에 뛰어들었던 점이 프로그램 서적을 통한 학습으로는 부족한 점이 많다고 느꼈다. 옆에서 게임 엔진 및 서버 등을 C++과 자바 등으로 개발하는 모습을 보면서 언젠가 꼭 저런 중요하고 고  차원적인 설계 및 개발을 해보고 싶다는 욕심을 가지고 있었다.

현재 업무

일반 사용자들이 직접 사용하는 제품을 개발하고자 에어비앤비에 합류하게 되어, 현재 에어비앤비 결제 팀에서 소프트웨어 엔지니어로 일하고 있다. 에어비앤비 내에서 사용자들의 결제와 지급과 연관된 제품의 UI를 개발하는 업무이다. 단순결제 과정에서 필요한 화면뿐만 아니라 인터넷뱅킹을 할 때 필요한 기능들처럼 호스트들의 뱅킹 역할을 하는 기능들을 개발하고 있다.

나는 운 좋게도 현재 가장 인기가 많은 리액트나 앵귤러같은 프레임워크를 이용한 개발을 초기에 실무에서 경험했기에 현재 팀에서도 프론트엔드 개발 리드 역할을 맡고 있다. 현재 팀에서 대부분의 웹 서비스 설계 디자인에 참여하고 있으며 프론트엔드 개발이 디자이너와 함께 작업하는 일이 많아 직접 사용자 편의를 위한 디자인 개선 작업에도 참여하고 있다.

미국에 오게 된 계기

실리콘밸리 엔지니어를 목표로 오게 되었다? 그런 거창한 계기로 미국에 오게 된 건 아니었다. 군 복무 기간이 끝날 때쯤, 오래전에 미국으로 이민 와서 자리 잡고 계시던 친척들이 사업에 도움이 필요해 나를 미국으로 초대하였다. 친형도 나보다 먼저 10여 년 전에 미국에 와서 친척들 사업을 도우며 이민 생활을 하고 있었고 나 역시 친척들의 설득으로 미국에 오게 되었다. 미국에서의 직업은 도착한 날 픽업 온 사람의 직업이 결정한다는 이야기가 있다. 나 역시 그렇게 친척들이 하는 도매업이 내 평생 직업이 될 뻔했다. 1년을 창고정리 작업도 하고 장사도 하면서 인터넷 쇼핑몰을 만들며 지내보니 내가 원하는 일이 이건 아니라는 생각이 들게 되었다. 프로그램 개발을 하면서 기뻐하던 모습은 온데간데없고 무의미한 생활을 매일 반복하고 있었다. 한국으로 돌아가려 했다. 미국 오기 전에 받았던 임금만 맞춰준다고 한 이전 직장으로 돌아가려 했다. 그때 내 마음을 돌려세운 가족의 도움이 있었다. 1년간 공부에 집중할 수 있도록 도움을 제안하였다. 한국에서 직장생활을 하고 있을 때도 항상 학부 과정을 마무리하지 못한 아쉬움을 갖고 있었기에 마음을 돌려 미국에서 컴퓨터 전공으로 학부를 졸업하자는 새로운 목표를 세우고 귀국을 미루었다. 그렇게 어학원부터 ESL 수업을 시작하여 2년여 후에 뉴욕 주립대 컴퓨터 전공으로 입학허가를 받고 미국에서 학부 생활을 이어가게 되었다.

유학 과정

어학원과 ESL 과정은 야간 수업을 들었고 낮에는 아르바이트하며 학비를 모았다. 그 당시 아르바이트로 주에 400~500불 정도, 한 달에 2천 불 정도의 생활비를 벌 수 있었다. 1년 후 ESL 마지막 과정을 마치고 대학 입학을 위한 토플 시험에서도 커트라인 이상 점수를 받을 수 있었다. 학비를 줄이기  위해 집 근처 뉴욕 시립대에서 영어와 기초 과목들을 모두 이수했다. 사립대나 주립대보다 주변에서 커리큘럼이 잘 되어있는 시립대나 커뮤니티 컬리지에서 이수한 과목은 편입 후 학점 이수가 가능하고 학점당 학비가 훨씬 저렴(절반 이하의 금액으로도 가능)하기 때문에 먼저 편입할 학교를 정하고 그 학교가 위치한 주에서 평판이 좋은 시립대 city college 혹은 전문대 community college 를 선택한 것이 도움이 많이 됐다. 다만 그곳에서 학점을 만점 받지 못하면 편입을 포기한다는 생각으로 학기 중에는 정말 열심히 했다.

열심히 한다는 게 밤을 새우고 공부만을 했다기보다는 항상 그 주에 배운 내용을 나중에 미뤄두지 않고 주말이 지나기 전에 다시 한 번 꼭 정리하고 내용을 소화하는 방식의 학습법을 유지했다. 그래서 인지 시험 기간에 무리하지 않고 정리된 내용을 두세 번 반복해서 복습하는 방식만으로도 좋은 성적을 받을 수 있었다. 들을 때는 다 아는 내용이라 생각했던 부분도 몇 주 지나고 보면 기억이 나지 않아 다시 이해하는데 오히려 더욱 많은 시간이 걸렸기 때문에 절대 2주 이상 복습을 미루지 않도록 노력했다.

기초학문을 시립대에서 이수한 후 원하는 전공 커리큘럼이 잘되어 있는 뉴욕 주립대로 편입을 했다. 기한 없이 가족의 도움을 받는 것이 오히려 더 큰 부담이 될 수 있다고 생각해서 편입 후 2년 안에 졸업하기로 계획해서 학부과정을 이수했다. 생활비를 줄이기 위해서 학교 근처에 룸메이트와 함께 생활하면서 등하교를 했다. 통근시간을 줄이려고 8시에 등교하고 중간에 비는 시간엔 주로 숙제나 복습을 해두고 그날 마지막 수업을 마친 후 하숙집으로 돌아오곤 했다. 사 먹는 음식은 입맛도 잘 맞지 않고 비용도 만만치 않았기에 직접 장을 봐서 요리하기 시작했다. 하굣길에 냉장고에 남은 음식으로 만들 수 있는 메뉴가 무엇일지 종종 상상하며 돌아왔다. 부족한 영어 실력은 대학교 내에 있는 글쓰기 센터writing center를 최대한 활용해서 교정받아 쫓아갈 수 있었다.

유학생 대부분은 학점관리가 쉬운 이론 위주의 과목을 선택하고 추천하였지만, 나는 한국에서 웹 개발을 할 때부터 실력이 부족해서 시도하지 못했던 게임개발 과정이라든지 고차원적인 설계법 등과 연계된 실습 위주의 과목을 선택하였다. 학기 중에 게임을 만들 때의 시간이 학부 과정 중 가장 행복했던 시간이였던 걸로 기억이 남는다. 잠자리에 들다가 개선할 방법이 생각이 나면 눈뜨자마자 노트북 앞으로 달려가 몇 시간씩 생각난 부분을 구현하다 등교하곤 했다. 즐기는 일을 배우고 있으니 실력이 성장하는 걸 눈에 띄게 느끼게 되었고 그러다 보니 시간을 아끼지 않고 쏟아부었다. 이때 개발한 게임 포트폴리오들은 취업할 때 많은 인터뷰 기회를 주는 등 도움이 많이 되었다.

마지막 학기를 제외하고 풀타임 학기 기간에는 18학점 이상씩 학점을 이수해 학비를 효율적으로 절약했다. 주립대는 학점 수와 상관없이 학기당 학비가 책정되기에 미리 학점을 이수해두고 예외적으로 마지막 학기 때는 학점당 학비 신청하는 식으로 한 학기 학비를 절약할 수 있었다. 졸업 학기 때 전공필수 1과목과 필수교양 1과목 총 6학점만 이수해서 학비를 1/3 정도로 줄일 수 있었고 남는 시간은 취업준비를 위해 활용할 수 있어서 마지막 학기를 효율적으로 쓸 수 있었다.

학기 중에는 생활비를 줄일 방법이 한정적이었지만 미국의 여름방학은 3달 이상 길기 때문에 생활비도 보태며 계획적으로 시간 활용할 수 있었다. 학교와 연계된 일을 할 경우 미국에서 일을 할 수 있는 소셜 번호를 부여받을 수 있었는데 시립대에서 프로그래밍 수업을 듣고 있던 과목에서 교수님께서 추천해주셔서 뉴욕시 환경 정보 시스템 개발을 하는 작업을 할 수 있게 되었다. 또 한번은, 여름 방학 동안 뉴욕에 살고 있지만 정작 관광은 한 번도 못 했기 때문에 관광도 하면서 용돈 벌이도 하면 어떨까 하는 생각에 아이비리그 대학들을 가이드해 주는 일을 했다. 신기하게도 이때 했던 경험이 현재 에어비앤비의 인터뷰 과정에서 흥미로운 경험을 한 인상을 주게 되어 큰 도움이 되었다. 이를 통해 살면서 했던 경험 중에 허비한 시간이 아니라면 언젠가는 도움이 된다는 생각이 들었다.

취업 과정

학부를 졸업한 해는 2011년이었다. 그 해는 미국발 금융위기 여파로 경기가 얼어붙은 상황이었고 미국 내 자국 대학졸업생조차도 취업이 쉽지 않은 시기였다. 석사 졸업생도 아닌 학사 졸업생으로 거기에 외국인 신분으로 미국 내에서 직장을 찾는다는 건 정말로 힘든 상황이었다. 오퍼를 받을 때까지 100개가 넘는 이력서를 작성해 지원했다. 5월 졸업이었는데 학기 초 1월에 개학하자마자 취업준비를 시작했다. 항상 주초에 새로운 회사를 찾고 포지션의 요구사항이 맞으면 이력서를 작성하고 지원하는 일을 반복했다. 너무나 많은 회사를 지원하다 보니 이미 지원했던 회사였는지 기억이 나지 않기도 해서 지원한 회사는 꼭 기록해 두었다. 꾸준히 지원하다 보니 1~2주 전에 지원한 곳에서 연락이 오는 곳이 생겼다. 나는 다른 학부 졸업생들보다 응답율이 높았다. 그 이유는 생각해보니 게임 개발과 같은 전공 선택 수업에서 완성했던 프로젝트 결과물들과 한국에서 직장 경력이 많은 도움이 된 것 같다. 응답률이 높다고 회사에서 취업하는 과정을 남들보다 쉬운 건 아니었다. 수없이 1차 전화 면접에서 떨어졌다. 계속되는 탈락으로 자신감이 급격이 떨어진 상태였다. 선택과 집중이 필요했다. 한주에 너무 몰아서 면접을 진행하기보다는 2~3개를 집중적으로 하되 면접이 끝난 후 결과를 기다리면서 느끼는 초조함이나 스트레스를 잊기 위해 바로 다음에 지원할 회사를 찾아서 이력서를 쓰면서 지나간 면접을 잊고 다음 면접을 위해 컨디션을 조절하는 요령이 생겼다.

그렇게 노력을 해서인지 서부에 정말 가고 싶은 회사들로부터 온사이트 인터뷰 기회를 받게 되었다. 내 경우 동부에서 지원한 학생이라 샌프란시스코와 시애틀 같은 곳의 회사에서 최종 인터뷰를 보기 위해선 항공료와 숙박비를 지원해주어야 하므로 2~3번의 전화 인터뷰를 통과하면 최종면접 과정에 초대받을 수 있었다. 그로 인한 진행 과정이 꽤 오래 걸렸다. 2월 초에 시작한 전화 인터뷰가 최종 면접 일정을 잡는 데까지 대략 2달 가까이 걸렸다. 그렇게 지원받은 모든 회사를 일정을 묶어 봄방학 기간에 몰아 아마존, 페이스북, 마이크로소프트 등과 인터뷰를 볼 수 있게 되었다. 최종면접이 상당히 어렵다는 것을 알고 있어 큰 기대를 안 하려고 했지만 나도 사람인지라 여기만 잘 넘기면 정말 유명한 회사에서 소프트웨어 엔지니어로 멋진 경력을 시작할 수 있다는 꿈이 부푼 건 사실이었다. 그렇게 컨디션 조절을 했고 최선을 다해 최종면접을 일주일간 보고 돌아왔는데 돌아온 결과는 모두 탈락이었다.

정말 힘들었던 점은 분명 인터뷰 문제를 같이 잘 풀고 기분 좋게 인터뷰를 맞췄다고 생각을 했는데 결과는 아쉽지만 다른 지원자랑 일하기로 했다는 이야기를 들을 때였다. 그러다 보니 자신감이 계속 떨어지고 나만 안되는 건가 하는 패배감에 잠기는 것이 가장 두려웠다. 나중에 이곳에서 직장생활을 하면서 지원자들과 인터뷰를 직접 진행해보니 성적도 좋고 출신학교도 괜찮은 지원자이지만 인상이 남지 않은 후보자보다는 실수를 여럿 했지만 한 분야 특출나거나 같이 일하면서 배워보고 싶어 하는 인상을 주는 지원자에게 더 많은 기회가 주어진다는 걸 느끼게 되었다.

그래도 내가 한국에서 게임회사에서 일했던 경력에 관심을 가진 일본계 작은 게임회사에서 웹 개발자로 기회를 받게 되서 산호세로 첫 직장을 가질 수 있게 되었다. 실리콘밸리 지역을 오고 나서 느낀 점은 근처에 살아서 회사 입장에서 면접 진행 시 비용이 적게 들기 때문에 다른 지역에 있는 지원자들보다 면접 볼 기회가 눈에 띄게 많다는 점이었다. 면접 기회가 많기 때문에 면접에 탈락하더라도 시간이 지나면 다시 면접을 볼 기회가 생겼다. 항상 인터뷰를 볼때 긴장을 많이 하고 너무나 가고 싶다는 생각이 잡힐수록 나 스스로 과장이 심해지고 심리적으로 떨리는 게 면접관에게 미묘하게 전달되어 좋은 결과를 맺기 힘들었다. 본인의 솔직한 모습 그대로 자연스럽게 전달하고 거짓 없는 모습 그대로의 과정이 현실적으로 어필이 되어 좋은 결과를 내는 게 아닐까 생각한다.

에어비앤비의 문화 - 시리얼 기업가 정신

- "만약 당신에게 제한 없이 돈을 사용할 수 있다면 누구에게 무엇을 선물하고 싶은가요?"
- "당신이 호스트로서 손님을 초대해 대접해 본 인상적인 경험이 있나요? 그런 경험에서 얻게 된 교훈이나 스토리를 공유해 줄 수 있을까요?"

에어비앤비 인터뷰 과정 중에 받았던 질문들이었다. 당황스러웠다. 보통의 엔지니어 전문지식이 아닌 삶의 경험에 대한 질문이었기 때문이다. 또한, 면접자의 긴장을 풀어주기 위한 의례적인 질문이 아닌 에어비앤비만의 독특한 문화 융합의 적합성을 판단하는 중요한 인터뷰 과정 중의 한 부분이었다. 기술 인터뷰를 모두 통과하더라도 코어 밸류Core Value라고 불리는 이 과정을 통과하지 못하면 합격은 철회된다. 이 과정이 에어비앤비만의 독특한 문화를 유지하는 원동력처럼 느꼈다.

내가 경험한 에어비앤비는 다른 유니콘 기업과는 독특한 문화가 있었다. 회사 초기에 투자받은 금액을 거의 소진하여 운영자금조차 거의 남지 않은 시기. 사업을 포기하지 않고 시리얼 박스를 미국 대선 후보로 포장하여 판매하는 번뜩이는 아이디어 하나로 생존하여 지금의 에어비앤비로 키운 스토리와 문화를 지닌 회사이다.  회사 건물 곳곳에 위치한 오바마와 존 맥케인의 캐리커쳐가 그려진 시리얼 박스은 이러한 시리얼 기업자 정신을 상기시키게 한다. 그래서인지 각 기업의 규제와 부정적인 기사에 놀라거나 걱정하는 동료들을 만날 수가 없었다. 오히려 나보다 오랜 에어비앤비 문화를 겪은 동료들은 더 큰 이슈 속에서도 극복해내고 급성장해 낸 경험을 해왔기에 대수롭지 않게 받아들이는 모습이었다.

에어비앤비에서 경험한 가장 큰 문화의 차이는 첫 번째로, 입사 시에 가지는 3주간의 부트캠프 기간이었다. 다른 테크회사들이 팀을 미리 정한 상태 혹은 팀원을 구하는 매니저와 대화한 후 선택을 받아 업무를 시작하는 반면에, 에어비앤비는 입사 후 팀 선택의 모든 주도권을 가지는 기회를 경험하게 된다. 그 이유는 팀원을 구하는 모든 매니저는 부트캠프 기간에 입사한 직원만을 대상으로 인원을 충원할 수 있고 신입 엔지니어가 관심 있는 팀의 매니저에게 연락을 먼저 취했을 때에만 팀 스카우팅을 진행할 수 있기 때문이다.

모든 팀에게 공평하게 시간과 기회를 제공해주고 제한된 시간 안에 부트캠프 내 엔지니어의 관심을 받아야만 팀 리쿠르팅을 진행하여 인원을 충원할 수 있다. 그래서인지 각 팀은 실제 제품 데모, 현재 진행하고 있는 흥미로운 기술 소개, 팀에 합류하게 되었을 때 사용할 프로그래밍 언어와 프레임워크 등을 자세하게 소개하고 질문에 적극적으로 대답하여 나를 포함한 모든 입사자의 시선을 끌어내기 위해 적극적인 모습을 보였다.

나 역시 오픈소스에 참여할 수 있는 팀, 해외 출장 기회가 많은 팀, CEO와 함께 제품 개발을 해 볼 수 있는 팀, 신사업을 진행하는 팀 등 포기하기 힘든 매력적인 선택지들이 있었지만, 소비자가 사용하는 제품을 처음부터 새로 개발하면서 모바일 개발을 함께 해볼 수 있는 기회를 제안받아 현재 결제팀의 호스트 지불 관련 제품을 개발하는 위치로 결정하였다.

이 과정에서 나는 단순히 한 페이지에 설명된 팀 소개를 보고 고르는 게 아니라 자유롭게 관심 있는 팀과 연락하여 현재 제품 개발하고 있는 팀원들과 개인적인 미팅 시간을 가지며 궁금했던 실무 관련 질문을 하여 팀에서 일하게 될 프로젝트의 실제 모습을 미리 경험해 볼 수 있었다. 이런 과정은 너무나도 매력적이었고 시작하게 될 업무에 대한 만족을 확신할 수 있었다. 또한, 잘못된 팀 선택을 하게 되더라도 1년 정도의 최소 업무 기간을 채우기만 하면 같은 과정으로 나와 맞는 팀을 찾을 기회를 지속적으로 제공해주기 때문에 선택에 대한 미련과 고민을 쉽게 덜어낼 수 있었다.

프론트엔드 개발

프론트엔드 개발을 전문으로 하게 된 계기가 있다. 한국에서 능력 있는 개발자들은 보통 자바나 C++ 등을 주 언어로 사용한다. 나는 한국에서 php나 asp와 같은 웹 개발에 최적화된 언어를 주로 사용했다. 그 당시만 해도 백엔드 개발자들이 보는 웹 개발 언어들은 스크립트 언어라 해서 고차원적인 설계가 필요 없는 단순 코딩으로 한 단계 낮게 보는 시선이 많았다. 그래서 대부분 한국에서 개발자들은 백엔드 개발자를 지향하며 기술을 배워나갔었던 때였다.

나는 그때 자바스크립트라는 언어를 사용해서 웹 페이지 내에서 동적으로 작동하는 기술에 매료되어 많은 사람이 선택하지 않았던 프론트엔드 개발을 시작하게 되었다. 현재는 깃헙과 같은 오픈소스 기반의 개발환경으로 인해서 몇 년 사이 가장 빠르게 변하고 발전된 기술이 자바스크립트 언어이다. 급변하다 보니 회사 내에서도 기존 코드를 새 프레임워크로 변환하거나 기존 코드를 유지하며 변경하는 요구사항들이 필요해 전문 프론트엔드 기술자에 대한 수요가 급증하는 추세이다.

연봉 협상

최종면접까지 마치고 좋은 결과를 받게 되면 그다음에는 처음에 인터뷰를 진행할 때 연락을 하고 있던 인사팀 직원을 통해서 연봉협상 단계를 진행하게 된다. 한국에서는 보통 경력 기간과 회사내 평균 연봉 등을 고려해서 정해진 금액을 그대로 받거나 5-10% 내외로 조정해서 연봉을 협상하고 입사하는 경우가 많다. 그러다 보니 한국에서 직접 힘든 인터뷰 과정을 거치고 미국에 직접 온 엔지니어 중에는 나중에 비슷한 실력의 동료와 연봉 차이가 크다는 사실을 알고 마음고생을 하는 것을 종종 보았다.

미국 내에서 특히 실리콘밸리 시애틀 지역은 팀에서 만족할 만한 실력의 지원자를 찾는 게 정말 힘들고. 보통 그 정도 실력을 갖춘 지원자는 여러 비슷한 회사의 인터뷰를 통과하고 연봉협상을 하는 경우가 많기 때문에 자기 팀으로 끌어오기 위해 많은 돈을 투자한다. 이로 인해 연봉을 최대한 적게 주면서 데려오는 것이 인사팀 연봉협상가의 능력이다. 지원자 입장에서는 합리적이면서  좋은 조건을 받아내는 협상 능력이 실무 실력보다 연봉 차이를 크게 만들기도 한다. 그래서 미국 메이져리그 같은 경우 스카우터가 따로 있고 스캇 보라스 같은 회사와 계약해서 따로 연봉협상을 맡기는 경우가 그런 이유인 것 같다.

메이져 리그에서 연봉이 곧 실력이고 연봉을 적게 받고 계약을 한 실력이 좋은 선수들이 실제 시합에서 다른 고액연봉자에게 밀려서 출전 기회도 얻지 못하는 것처럼, 실력도 중요하지만 그 실력에서 좋은 대우를 받는 것이 다음 회사에서 연봉협상을 할 때 좋은 대우를 받을 수 있는 중요한 요인이기도 하다.

연봉 협상 과정에서 가장 중요한 것은 본인의 인터뷰 과정에서의 피드백이다. 인터뷰 피드백이 커트라인을 간신히 넘은 상황이라면 인사팀에서 차선책으로 생각하는 지원자로 마음을 바꿀 수도 있기 때문에 현재 본인의 피드백이 어떠한지 물어보는 것이 중요하다. 가고 싶었던 회사에서 합격 전화를 받았을 때 그 기쁨은 말로 표현할 수 없겠지만 우선 기쁜 마음은 잠시 숨겨두고 인터뷰에 대한 팀원들의 피드백을 물어보는 것이 중요하다. 본인이 인터뷰를 진행했을 때의 느낌과 인사팀 직원의 피드백을 종합해 본인의 인터뷰 결과를 짐작해볼 수 있다. 결과가 만족스럽다고 판단되면 본인이 주도하는 연봉 협상 방법으로 들어가야 한다. 면접관이 바로 연봉에 대한 이야기를 꺼낸다면 말로 이야기하는 정보를 머릿속이 아니라 종이에 모두 적어 두는걸 잊지말자. 아무리 좋은 조건도 바로 승낙하지 말고 생각할 시간을 가질 수 있게 다음 대화 약속을 잡고 끊는 것이 필요하다. 중요한 건 본인이 지금부터 대화를 주도한다는 걸 알아야 한다.

협상을 할 때는 마음이 급한 사람이 항상 불리하다. 생각할 시간을 달라고 하면서 천천히 진행하는 것이 중요하다. 처음 제시한 연봉조건이 적힌 종이를 보고 다른 비슷한 경력의 사람들과 어떤 차이가 있을지 생각해보면서 다음 통화에서 조정 조건을 찾아내야 한다. 미국 내의 테크회사에서는 베이스base라고 하는 기본 연봉과 보너스 그리고 주식 보너스를 주는 것이 일반적이다. 글래스도어나 페이자Paysa와 같은 평균 임금에 대한 정보는 현재 오퍼가 좋은지 보통인지 가늠해 볼 지표로 사용하면 좋다. 그렇게 차이나는 만큼에 대해 요구할 때는 이런 사이트를 보고 내가 적게 받는 거 같으니 얼마큼 올려달라고 하는 식의 방법은 좋지 않다. 미국에선 금액에 대한 이야기를 할 때 합리적인 숫자 계산을 비교해서 이야기하면 매우 효과적이고, 그러한 요구를 긍정적으로 받아들이는 편이다. 예를 들면, 주식에 대한 조건이 있는 경우 4년에 걸친 비용을 얘기하기 때문에 언뜻 제시 금액이 커서 좋은 조건으로 보인다. 하지만, 연봉 이야기를 할 때는 1년 기준으로 총액을 얼마 받게 되는지 변환해서 협상하는 것이 적은 금액으로 보여서 인상을 요구할 때 유리하다. 또한, 주식은 변수가 많기 때문에 기본연봉과 같이 고정된 수입이 아닐 수 있어서 가려는 회사의 주식 추이를 이야기하며 추가적인 인상을 요구할 수 있다. 예를 들면, 연봉 10만 불에 주식 10만 불을 제시했다고 하면 본인의 1년 보상금액 총액은 20만 불이 아니라 12만5천 불이 된다. 보통, 주식은 4년에 걸쳐 매년 25% 상당을 보상해주기 때문이다. 또한, 1년 사이에 회사의 실적이 좋지 않아 주식이 떨어지면 실 보상금액은 더 적어질 수 있다.

 본봉을 적게 주고 주식보상을 크게 주는 경우도 있다. 다만, 주식 보상을 해주는 방식에서 트릭이 있을 수 있기에 1년 보상금액으로 계산해 판단해야 한다. 예를 들어, 100만 불 상당의 큰 주식을 제시했다고 가정했을 때 배분 방식이 10/20/30/40 혹은 5/15/40/40 방식과 같이 첫해 비율을 낮추는 경우가 있다. 그렇게 되면 실제 첫해 받게 되는 추가 보상금액은 제시 금액의 5~10%밖에 되지 않는다. 또한, 4년을 채우지 못하고 중간에 해고가 된다든지 본인이 이직을 하게 되면 남은 주식은 보장받지 못하고 빈손으로 떠나게 될 수도 있기 때문에 큰 숫자에 현혹돼서는 안 된다.

이직하면서 출퇴근 거리가 멀어진다면 이동 거리로 인한 시간 희생이 고민이라고 이야기하면 연봉협상의 조건으로 활용할 수 있고 오

히려 거리가 가까워지면 회사 내에서 업무를 좀 더 오래 할 수 있다는 장점이 있어서 회사 근처에 거주할 경우 추가 보너스를 받을 수도 있다. 이때 다른 회사에서 오퍼를 받았다면 상승된 조건으로 연봉협상을 다시 요구할 수 있다. 이때 중요한 건 회사와 팀에 긍정적이며 관심이 많다는 걸 보여주어야 하고 대우를 맞춰주면 인사팀에서 요구하는 시간 안에 승낙할 것이라는 점을 부각해준다면 인사팀에서 빠른 시간 안에 본인이 원하는 요구조건을 맞춰줄 수 있다.

미국 취업을 준비하는 이들을 위한 조언

힘든 근무환경과 개발자로서의 수명이 짧은 사회적 흐름 때문에 중간에 관리자로 전직하거나 미국으로 이직하려는 사례를 많이 들었고 나 역시 비슷한 업무환경도 경험하고 왔기에 공감 가는 부분이 있다. 다만, 해외 취업만을 목표로 준비하다 비자 문제 등의 여러 가지 이유로 인해 실패하는 경우가 많기 때문에 자책하며 좌절하게 되지 않을까 우려가 앞선다. 해외 취업 이외에도 한국 내에서 기업문화를 개선하려고 노력하는 스타트업이라든지 본인이 일하면서 자아성취를 느낄 수 있는 즐거움을 주는 곳을 찾는 것이 더 중요하다고 생각이 든다.

미국에서 개발자로 일하면서 느낀 점 중 하나는 실리콘밸리 대기업 엔지니어가 엄청나게 대단하고 넘을 수 없는 벽이 아니라 그들도 나와 같은 개발자라는 점이다. 현재 위치에서 인정받을 준비가 되어있다면 해외 취업의 기회는 언제든 열려있다고 확신한다.

제2부
미국 이직 사례

제19장

팀과 사람들을 보고 이직하라

이성재 @ Google

직책 Tech Lead Manager
근무지 Google, 워싱턴 주 시애틀
미국 입국시 비자 시민권
취업 경로 미국 학위 취득 후 취업
학력 Computer Science, 학사(미국)

경력
Google (Kirkland, WA) - Tech Lead Manager (2012/5 ~ 현재)
Microsoft (Redmond, WA)
        - Lead Software Development (2004/8 ~ 2012/5)
Cornell University (Ithaca, NY)
        - Independent Research (2002/9 ~ 2004/5)

이성재를 소개한다면...

매슬로[1]는 사람의 욕구를 몇 단계로 정리했는데, 그중에 가장 궁극적인 욕구로 자기실현을 언급하고 있다. 내게는 프로그래밍과 문제해결 그 자체가 즐거움이고 동기이다. 초등학교 때 잡지에서 복사한 테스트 게임을 수정하면서 프로그래밍을 시작했고, 중학교 때는 이미 평생 소프트웨어 엔지니어로 일하고 싶다고 결심했다. 지금은 매니저로 일하지만, 항상 직접 소프트웨어를 구상하고 코딩할 수 있는 프로젝트를 마련하고 있다.

일례로 구글에서 일하면서 느껴왔던 가장 큰 매력은 소프트웨어를 방대한 규모로 구현하기가 쉽다는 것이다. 입사한 지 얼마 되지 않았을 때 다른 엔지니어와 구상한 아이디어를 바로 10,000대의 컴퓨터에 돌려서 실험할 수 있었다.

☆ 미국 취업을 원하는 이들을 위한 키 포인트

- 자기실현을 이룬 앞날을 그려보고, 그것을 이룰 수 있는 일들이나 경험을 찾아보라.

  내가 존경하는 친한 친구가 스탠퍼드에서 박사 5년 차로 있었다. 그 친구가 자신의 미래를 구상해보니까 박사학위가 어떠한 도움도 되지 않았다고 판단했다고 한다. 그래서 1년 정도 더 투자하면 학위를 받을 수 있는데 그 시간이 아까워서 학교를 그만두고 직장생활을 시작했다. 그리고 지금은 내가 알고 있는 가장 성공한 친구 중 하나다.

- 직장을 구할 때 허즈버그의 동기부여 – 위생이론(Herzberg's motivation-hygiene theory) 또는 2요인 이론(Two-factor theory)을 고려해보라. [2]

  사람들이 선망하는 직업을 논의할 때 보통 고려하는 것들은 연봉, 혹은 복지와 같은 위생요인이다. 위생 요인은 부족할 경우 직장에 불만족을 유발하지만, 그 위생요인이 충족되었다고 해도 완전한 만족감을 주는 것 같지는 않다. 궁극적으로 만족감을 주는 동기 요인도 같이 고려하는 것이 중요하다. 얼마나 배울 수 있는지, 내 일이 그 회사의 사명에 꼭 필요한 일인지, 그리고 동료들은 얼마나 존경할 수 있는지 등이 큰 만족감을 주는 것 같다.

- 삶이나 직장에서 하는 일들이 너무 반복적이거나 편안해졌다면, 큰 변화를 주는 것이 궁극적으로 성장하는 방법이다.

한국 생활

미국에서 태어나 8살까지 미국에 있다가 아버지가 직장을 옮기시면서 한국으로 가서 살았다. 포항제철 고등학교 1학년 첫 학기를 마치고 미국으로 유학을 왔다. 당시 학교를 알아보면서 고민을 많이 하다가 결국에 남가주 얼바인에 있는 유니버시티 하이 스쿨University High School에 11학년으로 들어갔다. 미국에 오랫동안 없었던 공백 때문에 아무것도 모르고 학교에 들어가게 되었고, 그래서 반 편성도 잘못 받았다. 수업 내용이 너무 쉬워서 더 상급반으로 바꾸기 위해서 교장 선생님을 찾아가 설득했던 게 기억난다. 그리고 뒤늦게 APAdvanced Placement라는 프로그램에 대해 듣고 교장 선생님을 찾아가 설득해서 다시 반 편성을 받았다. 그래서 미국 유학 1년 만에 대학입시를 치르고 코넬Cornell에 가게 되었다.

현재 업무

현재 구글에서 TLM으로 일하고 있다. TLM은 TLTechnical Lead로써 기술적인 성과를 보여야 함과 동시에 MManager으로써 사람 관리도 같이 해야 하는 역할이다. 10명의 팀을 이끌고 있고, 구글 광고팀 중의 하나인 구글 서치 애드 360Google Search Ads 360의 데이터 플랫폼 팀을 맡아 왔고, 근래에는 구글 광고팀들의 전체 플랫폼들의 비즈니스 로직business logic을 맡게 되었다.

취업 과정

대학교 때 여러 사람으로부터 인턴십 경험이 중요하다는 얘기를 들었다. 그래서 첫 학기를 제외한 모든 학기에 학과에서 조교로 일했고, 방학마다 인턴십을 했다. 2학년 방학에 마이크로소프트Microsoft 인턴사원으로 지원했지만 면접도 못 하고 떨어졌는데, 서류상 경쟁력이 떨어졌던 것 같다. 어쨌든, 그때 합격한 친구들과 비교해서 보충하려고 많이 노력했다. 그래서 3학년 때에는 대학원 과목의 TA도 했고, 인텔 학생 연구 콘테스트Intel Student Research Contest에서 1등도 했다. 이런 노력 끝에 3학년 때 마이크로소프트사의 오피스Office 그룹에 인턴으로 채용되었고, 빌 게이츠 집에 초대되기도 했다.

가장 어려웠던 것은 아무래도 면접인 것 같다. 면접관들이 내가 컴퓨터 그래픽computer graphics에 대한 지식이 있는 것을 알고, 거기에 맞춰 브레슨햄의 원 그리기 알고리즘Bresenham's Circle Drawing Algorithm 등의 어려운 질문을 했던 게 기억난다. 인턴사원으로 열심히 일했고, 거기에 좋은 평가를 받아서 정사원으로 취직할 수 있었다. 간이식으로 면접을 두 번 보고 최종 합격을 통보받았다. 컴퓨터 그래픽에 관심이 많아서 처음에는 픽사Pixar에서 일하기를 원했다. 픽사와 3시간 동안 면접을 했던 게 기억난다. 하지만 결국 픽사는, 당시에 컴퓨터 그래픽 엔지니어를 뽑지 않는다고 말했던 게 기억이 난다. 1년 후에 픽사에서 다시 연락이 왔고 면접 없이 뽑아 주겠다고 했지만, 이미 마이크로소프트에서 일하고 있어서 거절했다. 그리고 2004년에 구글과도 면접을 봤지만, 마이크로소프트 인턴 때 너무 재미있어서 마이크로소프트에서 일하기로 했다.

마이크로소프트에서 구글로

마이크로소프트에서 일하던 중 다른 회사를 경험하고 싶었다. 몇 년 전 지인을 통해서 연락이 왔던 리쿠르터에 연락해서 구글에 지원했다. 구글 리쿠르터는 참 친절해서 이메일로 질문하면 성실히 대답해 주었다. 구글 인터뷰는 5명의 개발자와 인터뷰하는 방식이었다. 보통 하루 만에 모든 인터뷰 일정을 마치게 되지만, 나는 이틀에 나누어 인터뷰하자고 요청했다. 구글은 시스템 디자인 문제를 물어보는 것을 좋아한다. 특히 분산처리 문제를 많이 물어본다. 예를 들어, 비교적 쉬운 프로그래밍 문제를 먼저 물어보고, 그것을 아주 방대한 데이터로 적용한다면 어떻게 구상할 것인지를 물어본다. 분산처리에 대한 경험이나 공부가 부족하면 당황할 수 있는 부분이다. 인터뷰를 진행하는 사원들은 서로 의사소통을 하지 않고, 대신 자세한 보고서를 작성한다. 그리고 고용 위원회^{hiring comittee}가 따로 만나서 그 보고서 및 다른 데이터로 고용 결정을 한다. 따라서 한 직원과의 인터뷰가 잘 진행이 되지 않았다고 낙담할 필요는 없다. 그리고 고용 위원회가 따로 만나기 때문에 오퍼에 대한 통보가 다소 늦을 수 있다.

구글의 기업문화와 업무 환경

구글은 데이터를 중시하는 회사다. 구글의 대부분의 팀들은 방대한 데이터를 처리하고, 정리하고, 분석하는 일을 한다. 하지만 데이터는 제품에만 사용되는 것이 아니라 사내의 모든 생활에 적용된다.

예를 들어, 매니저들은 매년 직원들의 의견을 통계로 받아 팀을 효율적으로 개선하려고 노력한다. 인사평가 때에도 객관적인 데이터를 많이 참작한다. 심지어는 면접을 집행하는 직원들에 대한 데이터도 산출된다. 신입 사원을 뽑을 때 지원자의 면접을 본 사람이 얼마나 까다로운지도 볼 수가 있다. 이러한 데이터 기반의 문화가 정착되어 있기 때문에 엔지니어로서 매니저 역할을 하는 게 수월하다.

업무 진행도 회사가 적극 돕고 존중한다. 한 번은 우리 팀의 프로젝트를 부사장한테 보고했던 적이 있다. 그 프로젝트는 전략적인 제약이 많아 특정한 방향으로 구현했어야만 했다. 우리는 그 상황을 잘 설명하려고 보고서를 열심히 준비했다. 보고 미팅이 시작되자 부사장이 우리에게 먼저 사과를 했다. 우리가 헤쳐나가야 할 전략적인 제약을 자신이 해결해주지 못해 미안하다는 것이었다. 나는 그때 업무를 진행하며 내린 여러 결정이 존중받는다는 느낌을 확실히 받았다.

광고팀은 문제가 생기면 매출에 큰 타격이 올 수 있다. 그래서 문제 발생 시 같은 실수를 반복하지 않기 위해서 항상 포스트모텀 postmortem 미팅을 한다. 이 미팅은 어떤 경로로 문제가 생겼는지 상세히 다루는데, 절대 개인의 흠을 잡지 않는다. 이렇게 개인을 존중하면, 각자가 더 신중해지고 문제가 일어나지 않도록 노력하게 된다.

미국 취업을 준비하는 이들을 위한 조언

특정 회사보다는, 특정한 팀과 사람들을 보고 이직을 결정하는 게 좋다. 같은 회사라도 팀과 프로젝트에 따라 차이가 크기 때문이다.

제2부
미국 이직 사례

제20장

100세 시대
인생의 2막을 올리다

백영훈 @ NEXT Biometrics Inc.

직책 Device Scientist
근무지 NEXT Biometrics Inc., 워싱턴 주 밸뷰
미국 입국시 비자 F-1 (학생비자)
취업 경로 미국 학위 취득 후 취업
학력 Electrical and Computer Engineering, 박사(미국)

경력
NEXT Biometrics Inc. (Bellevue, WA) - Device Scientist (2016/8 ~ 현재)
University of Miami (Coral Gables, FL)
            - Electrical Engineering Ph.D. (2011/1 ~ 2016/5)
LG Display (대만) - Engineering Manager (2006/10 ~ 2010/12)
LG Display (한국) - Display Engineer (1999/5 ~ 2006/10)

백영훈을 소개하자면...

반도체 물리와 전자공학을 전공했고 그에 상응한 일을 해왔다. 석사 후 오랜 회사생활 이후 다시 박사과정에 도전했기 때문에 스스로의 인생을 1막 2막으로 나눈다. 석사 후 12년간의 커리어를 1막, 나이 40부터 미국에서 박사 후 미국 커리어를 쌓고 있는 지금을 2막으로…. 인생을 1막과 2막으로 나누는 것도 개인적으로는 괜찮은 생각이라 늘 여겨왔다. 1막의 힘든 고비를 지날 때마다 지금은 참으리라, 40이 넘어가면 내가 하고 싶은 2막의 인생을 살리라고 생각해 왔다. 그리고 아직까지는 그렇게 사는 듯하다.

2막은 조금은 자유롭게 살리라 꿈꾼다. 하지만, 쉽지 않은 건 비밀 아닌 비밀이다. 여유가 날 때는 자동차 여행, 산행, 모터사이클을 즐긴다. 천주교 집안에서 자랐으나 고등학교 이후 성당에는 거의 가지 않고 있다. 역시 하느님은 힘들 때만 생각난다. 항상 긍정적이 되고 싶어서 긍정적인 아내를 맞았다. 그건 제일 큰 행운이었다고 생각한다. 두 딸을 데리고 여러 나라를 다니면서 가족 간의 끈끈함은 여느 집 못지않게 두터워졌다. 그리고 봉사활동에 기부도 하고 참석도 많이 하려고 한다. 이제 가슴 뛰는 2막의 커튼이 올라가고 있다.

☆ 미국 취업에 성공할 수 있었던 키 포인트

- 나는 안정된 생활을 하다가 비교적 늦은 나이에 이민을 결심하였다. 가족과 경력으로 덩치가 커진 상태에서 방향을 돌리는 것은 쉽지 않았다. 젊을 때보다 많은 노력과 비용이 들어가는 부분은 인지해야 한다.

- 가족 중심의 이민 생활을 지향하는 것이 좋다. 해외에서는 가족이 화합해야 이민의 여러 어려움을 이겨나갈 수 있다. 그리고 미국적 개척정신을 닮으려 노력하는 것도 좋은 것 같다. 그런 마인드가 이민 생활에 많은 도움을 준다는 걸 깨닫고 있다.

- 미국 현지 사람 속에서 살고자 노력한다. 미국이건 대만이건 한국이건 사람 사는 곳은 비슷하다는 걸 느낀다.

미국에 오게 된 계기

미국 유학을 꿈꾸어 두 번을 실패하고 세 번째에 결국 성공했다. 대학에서 물리를 공부하고 해외에서 멋진 커리어를 쌓고 싶어서 유학을 꿈꾸었다. 당시(90학번)에는 괜찮은 대학에서는 대기업 입사원서를 쉽게 받을 수 있었고 많은 이가 비교적 쉽게 직업을 가질 수 있던 때였다. 하지만 나는 유학준비를 하느라 그 흔하디흔한 원서 한 장 챙기지를 않았다. 집에서 유학 가면 돈을 지원해 주겠다고 했지만 그러던 어느 날 집에서 하던 공장이 망하면서 집안 사정으로 유학을 접게 되었고 첫 번째 절망을 했다.

훗날 생각하면 그때 석박사 통합과정으로 유학을 하러 갔었으면 어땠을까 싶지만, 그땐 돈을 내고 유학을 가야 한다고만 생각했었다. 지금처럼 정보가 많이 없었다. 그래서 유학을 못 가게 된 나는 부랴부랴 남은 원서를 구해서 취업했다.

첫 번째 직장은 네트워크 관련 일이었다. 당시에는 인터넷이 막 깔리고 있었던 1996년이었다. 전국의 한국통신 지사를 밤새 달려 서울 혜화전화국과 인터넷망을 구축해 나갔다. 일이 싫지는 않았지만 젊은 마음에 미래가 보이지 않았다. 점점 직장에서 일하다가 다시 유학생각이 나기 시작했다. 어찌 보면 핑계였는지 모르겠지만 당시의 나에게 그 일은 만족감을 주기보다 다시 유학의 욕구를 불러일으킬 뿐이었다. 뭔가 아무나 할 수 없는 일을 하고 싶었다.

그래서 석사과정으로 입학했다. 직장을 관두고는 바로 유학을 가기에는 준비가 필요했기 때문이다. 나는 결혼을 좀 일찍 했는데 당시 아내가 흔쾌히 유학에 찬성해주고 아내가 직장을 다니고 나는 대학원 공부를 하면서 유학준비를 하였다.

장학금은 받았지만 가장이었기에 파트타임 일도 열심히 하고 연구도 하고 또 유학 준비도 했다. 그러다가 결국 몇 군데 학교를 지원해서 첫 번째 입학 허가를 받았다. 기쁨이 채 가시기도 전에, 아내의 임신 소식에 마음이 복잡해졌다. 만약 미국에서 공부하다가 아이가 생겼다면 어쩔 수 없이 고생하면서 학업을 마쳤겠지만, 떠나기 전에 아이가 생겼고 대충 주변에 알아보니 아내와 내가 양가의 경제적 도움 없이 그곳에서 아이를 낳아 키우는 것은 불 보듯 뻔한 고생길이었다.

어려서 고생한 경험도 많았기에 아이만은 고생을 시키기 싫었다. 그래서 결국 두 번째 유학의 꿈을 접고 그때는 정말로 이를 악물고 이제 다시 유학 생각은 절대 안하리라 마음을 먹고는 회사에 입사했다. 당시 IMF에서 겨우 벗어나서 슬슬 회복 중인 LG 디스플레이(당시에는 LG-필립스 LCD)에 입사했다.

물리학을 전공했기에 LCD 공정 엔지니어로 배정받았다. 그야말로 새벽부터 밤까지 때로는 자다가도 콜을 받고 나가는 생활의 연속이었다. 영어를 제법 했던 덕분에 네덜란드 필립스와 함께 하는 프로젝트에 통역업무를 하면서 고수들의 일하는 모습을 보기도 했고, 미국 연수를 다녀오기도 하면서 정신없이 바쁜 날들을 보내다 보니 아이들은 잠든 모습만 봐야 했다. 주말에 일할 때도 많았지만 지나고 보면 그때 참 많은 것을 배운 거 같다. (어쩌면 그때 5년이 지나 계속 반도체 공정 엔지니어를 했으면 어땠을까 하는 생각도 한다.)

그 생활을 5년을 하고 나니 슬슬 딴생각이 나기 시작했다. 당시 아이가 둘이었고 회사가 실적이 좋아서 해마다 보너스도 많이 받았다. 게다가 운이 좋았던지 해마다 태스크포스팀에 참여하고, 결과가 좋아 상으로 해외여행도 여러 번 갔다. 바닥에서 시작했던 생활은 나아져서 지방에서 아파트도 하나 분양받고 안정되어 갔다.

해외에서 살아보고자 하는 마음은 여전했다. 다만, 그 안정을 깨는 것이 힘들어서 유학 대신 해외 근무로 눈을 돌렸다. 부서를 해외 기술영업 쪽으로 옮겼다. 평소에 준비해둔 중국어 실력 덕에 대만으로 발령이 났다. 일복이 많았던지 대만은 본사만큼 바쁜 법인이어서 또다시 바쁜 생활이 시작되었다. 그나마 주말에는 좀 쉴 수 있다는 게 달랐고 아이들이 대만에 있는 미국 학교에 다니는 것이 달랐다.

대만에서 일하다가 다음 목표는 무엇인가를 깊이 생각하게 되었다. 이미 30대 후반에 접어들었고 앞으로 100세 시대가 된다는 얘기가 나오기 시작하던 때였다. 또, 당시 차장이던 나는 부장을 달고 임원을 달 수 있을지, 누구나 힘들어지는 그런 시기를 겪어야 하던 상황이었다. 게다가 아이들이 미국 학교에서 공부하다 보니 한국으로 가면 잘 적응할지도 걱정이었다. 그리고 미국은 두 번이나 실패했던 나의 목표지이기도 했고….

주재원을 하면서, IBM, HP 같은 미국 회사들과 일하다 보니, 아무래도 미국에서는 나이보다는 실력이 중요하다는 것도 나를 자극한 건 사실이다. 어쩌면 바로 대만에서 미국 취업에 성공했더라면 박사는 안 했을지도 모른다.

하지만 그 당시에는 링크드인도 몰랐고 또 인맥이 중요한 미국 회사에서 갑자기 한국 학벌에 한국 회사에서 도전하는 게 쉽지는 않았다. 어쩌면 공정 엔지니어로 10년을 계속 일했다면 오히려 바로 미국으로 취업을 할 수 있었을지도 모르겠다. 하지만 현실적으로 내가 선택할 수 있는 길은 두 가지였다. 하나는 그 나이에 리스크를 안고 미국 유학에 도전하는 길, 또 한 가지는 한국으로 가서 임원을 달기 위해 죽어라 고생하는 길.

짧은 인생을 살면서 선택의 갈림길에 섰을 때 내 선택은 항상 더 힘든 길이었다. 결국은 더 힘든 길이 답이더라는 게 피부로 배운 교훈이었다.

아내도 같은 결론에 이르렀다. 나와 아이들을 위해 또다시 도전해보자고. 단, 이 길이 '아이들을 위해서 미국 가서 살자'가 아닌 우리 자신이 미국 가서 살아야 할 이유가 있어야 한다는 전제하에서다. 이 부분에 있어서 우리 부부는 한국이 싫고 미국이 좋아서 미국을 선택한 건 아니다. 한국의 장단점과 미국에서 외국인으로 사는 것의 장단점을 냉정히 비교하고 우리에게 맞는 선택을 했을 뿐이다. 이 부분은 미국에 오는 사람 혹은 사는 사람에게 꼭 말해주고 싶다. 미국이 절대적으로 좋은 것도 한국이 절대적으로 좋은 것도 아니고 선택에 대한 안 좋은 점까지 안고 살아야 한다는 것을 말이다.

유학 준비

유학을 결심하고 준비에 들어갔다. 4개월간 혹독한 이중생활이 시작됐다. 낮에는 회사 일을 하고 밤에는 시간을 내어서 다시 GRE 공부를 시작했다. 일단 아침에 한 시간 반 일찍 출근해서 차 안에서 영어 공부를 다시 시작했다. 점심을 6개월간 혼자 패스트푸드점에서 때우면서 한 시간 확보. 그리고 저녁에는 퇴근 후 바로 도서관에서 문 닫을 때까지 공부했다. 토요일은 무조건 밤샘 공부였다.

아내는 온갖 유학 사이트들을 뒤져서 공부할 수 있는 자료들을 찾아주고 또 바쁜 나를 대신해서 학교 리스트를 만들어주기도 했다.

12년간 하지 않던 공부를 다시 하는 게 쉽지만은 않았다. 게다가 회사 일도 게을리할 수 없으니 정말로 매일매일 힘든 시간을 보내고 GRE 시험을 보게 되었다. GRE 시험을 끝내고 아내에게 전화했더니 아내가 '수고했어' 하면서 울음을 터뜨렸다. 보기에도 너무 힘들어 보였나 보다. 나도 그 위로에 뜨거운 눈물이 흘렀다. 그러기를 잠시, 학교 컨택이 보통 힘든 게 아니었다.

그때가 2010년이었는데 그 당시 미국이 2008년 금융 위기 때문에 이공계 쪽도 계속 펀딩이 좋지 못했다. 무엇보다 펀딩을 주는 학교를 선택해야만 하는 우리는 선택이 더 좁았다. 게다가 주재원 임기 및 아이들 학교 문제로 1월에 진학하여야만 하는 상황이었다.

당시 나는 태양에너지에 관심이 있었고 마침 미국에서도 DOE Department of Energy에서 에너지 펀드가 비교적 많았다. 그래서 태양에너지를 하는 학교를 찾기 시작했고 학교마다 컨택메일을 보내기 시작했다. 그 당시만 해도 국제 유가가 100불을 웃돌고 있었고, 디스플레이 기술이 태양에너지 기술과 많은 부분 비슷했기 때문에 관심을 가진 것이다.

어떤 학교는 언제까지 펀딩이 없다고 답이 오기도 하고, 또 어떤 학교는 올해 사람을 안 뽑는다고 하기도 했다. 그러던 중 우연히 한 학교가 마침 1월부터 시작할 수 있는 학생을 원한다고 했다. 펀딩도 4년 내내 준다고 했고 내 이력서를 보고 같이 해보자고 해왔다. 시기적으로나 금전적으로 우리 조건에 딱 맞는 학교였지만 학교 인지도가 좀 떨어지는 곳이었다. 나머지 학교들은 1월이 아닌 8월에 시작하는 조건이고 그 역시도 펀딩을 받을지 안 받을지 모르는 상황에서 이 학교의 제안을 받아들여야 할지 엄청나게 고민을 했다. 아내와 상의 끝에 이 학교로 가기로 했다. '일단 오라고 하는 곳에 가자, 내가 아이디어가 많고 내가 잘하면 되겠지'하는 멍청한 생각을 했던 것이다.

박사 과정

처음에 미국에 도착해서 가장 걱정은 나는 물리과를 석사까지 한국에서 했는데 이 학교에서는 전자공학 박사를 하기로 했다. 그렇게 하는 경우가 많아서 학교에서도 기본 과목을 이수하는 조건으로 받아주었는데 처음 듣는 몇 과목들 때문에 고민이 많았다. 막상 수업이 시작되고 강의를 듣고 퀴즈를 보고 하다 보니 생각보다는 할 만하다는 생각이 들었다. 얼마나 긴장을 많이 했던지 아내가 말하길 처음 미국 와서 몇 달은 말 걸기도 힘들었다고 하더라.

전자공학의 첫 관문 퀄 테스트. 박사 과정은 여러 가지 관문이 있다. 가장 큰 두 가지가 퀄리피케이션^{Qualification} 즉 퀄 테스트이고, 나머지 하나는 논문 심사^{Dissertation review}이다. 학교마다 다르지만, 논문 심사를 할 자격이 되느냐를 또 심사하는 프로포잘^{Proposal}도 있다. 하지만 크게는 퀄 테스트와 논문 심사의 두가지 가장 큰 관문을 넘어야 박사 학위를 준다.

내가 진학한 학교는 플로리다 꼬리 끝에 위치한 마이애미 대학이었다. 이 학교 퀄은 50%를 떨어뜨린다. 그리고 두 번째 도전에서 역시 50%를 떨어뜨린다. 두 번 다 떨어지면 미국 체류가 불가능해진다. 짐 싸서 한국으로 돌아가야 한다. 가족이 있다면 가족들도 다 데리고 떠나야 한다. 나는 전자공학을 학부에서 안 했기 때문에 살짝 걱정했지만 그래도 무난히 시험을 잘 치렀다고 생각했다. 목에 디스크가 생길 정도로 열심히 공부했기 때문이다.

그런데 아뿔싸! 1차 퀄에서 떨어졌다. 한 과목이 과락이 생겼다고 6개월 후에 다시 전 과목 시험을 봐야 한단다. 가족들을 다 데리고 여기 와서 만약 6개월 후에 또 떨어지면 바로 한국으로 가야 하는데 앞이 캄캄하고 머릿속이 하얗게 되는 것이 잠도 오지 않았다.

담당 교수들을 찾아가서 조언을 구하고 엄청난 노력을 하지만 매일 매일 불안하기가 말할 수 없었다. 다음 시험까지 그 6개월간 나는 말조차 잘 못 하고, 자다가도 눈만 뜨면 책을 봤다. 너무 긴장돼서 짜증조차 낼 수도 없을 정도였다. 거의 매일 밤 10시에 자고 새벽 1시에 일어나서 그대로 밤새고 아침에 바로 학교 도서관에 갔다. 그냥 숨 쉬고 공부하고 그런 생활을 했다. 하루 13시간 이상을 고개 숙이고 공부하면 목 디스크가 생긴다는 것도 알았다. 그 덕분에 두 번째 퀄은 1등을 했다. (사실 퀄에 공식적으로 등수를 매기진 않는다.) 정말로 꿈인가 생시인가 싶을 정도로 좋았다. 그게 입학하고 1년 반이 지난 시점이었는데 오히려 연구 테마 같은 것은 전혀 문제가 없었기에 퀄에 패스하고 한동안은 마음이 너무 편안했다. 연구 테마도 좋고 연구결과도 잘 나오는 편이라서 좋은 논문을 빨리 쓸 수 있겠다 싶었으니까…. 연구는 회사에서 엔지니어로 일한 경력이 정말 도움이 많이 되었다.

나이도 있고 직장경력도 많은 나는 아카데믹 쪽보다는 인더스트리로 돌아가고 싶었다. 그렇게 생각한 또 하나의 이유는 인더스트리에서 오래 일하다 보니 일을 풀어가는 과정에서 배우는 것보다는 일의 퍼포먼스가 내게는 더 중요했다. 연구하면서 느끼게 된 것이다. 원래 아카데믹에서는 안 되는 연구도 해보고 이런저런 거 다 해보면서 배우는 건데 인더스트리 마인드를 가진 내게는 확실한 쪽을 빨리 찾아내서 결과를 내는 게 익숙했기에 지도교수와의 마찰도 제법 있었던 거 같다. 지나고 얘기인데 직장생활을 너무 오래 하다가 다시 아카데믹으로 돌아오는 건 힘든 일인 거 같다. 그 마인드와 또 소셜스킬 면에서 인더스트리와 아카데믹 사이에 엄청난 갭이 있고 그것 때문에 많은 직장 경험자의 학위 도전은 이중고를 겪는다.

처음에 태양에너지를 연구하고자 해서 왔지만, 미국에 있다 보니 갑자기 태양에너지가 주저앉는 일이 생겼다. 오바마 대통령이 2012년인가 마이애미 대학을 방문했을 당시, 태양에너지에 대해 엄청난 지원을 해야 한다고 연설했다. 기뻤다. 하지만 몇 년 후 셰일가스 기술이 미국에서 개발되었다. 셰일가스 기술로 유가는 배럴당 30불까지 폭락했다. 그러면서 태양에너지 업계도 찬 바람이 불었고 갑자기 모든 계획에 차질이 생겼다. 안 그래도 좁던 분야가 더 좁아지게 된 것

이다. 나는 당시 씬 필름 트랜지터Thin Film Transistor 기반의 나노 테크놀로지Nano Technology 쪽을 전공했다. 정식 명칭은 나노포토닉스Nanophotonics이다. 대부분의 기술이 그렇듯이 학교에서는 산업화되지 않은 첨단을 연구한다. 그래서 이전에 회사에서 하던 일과 박사 전공에 갭이 생겼다.

링크드인에 이력을 올리고 있다 보니 미국 온 지 2년 반 만에 큰 회사에서 연락이 왔다. 스마트폰을 가장 잘 만드는 회사에서 디스플레이 엔지니어가 필요하다는 것이었다. 그리고는 처음으로 온사이트 인터뷰라는 걸 하게 되었고 첫 인터뷰다 보니 정말 취직이 될 것

만 같았다. 졸업도 안 한 상황에서 잡인터뷰를 갔으니 지도교수는 좋아하지 않는 듯했고 그 무렵부터 힘든 시기를 겪게 되었다.

첫 인터뷰는 분야가 살짝 달라서 안 되었고 그리고는 연구에 다시 매진했다. 그리고 그다음 해도 잡인터뷰는 계속되었다. 가만 보니 내가 하는 디스플레이 분야는 미국에도 있지만 주로 한국, 중국에서 많이 하는 터라 한국과 중국 쪽에서도 연락이 왔다. 하지만 우리는 미국에서 자리 잡는 게 1차 목표였기 때문에 눈을 돌릴 수는 없었다.

매번 인터뷰할 때마다 왜 이번에는 안 되었을까 온갖 이유를 생각하고 고민했지만 지금 돌이켜보면 박사는 정말로 딱 맞는 자리를 찾지 않으면 어려운 것 같다. 공부를 오래 하면 오래 할수록 움직일 수 있는 범위가 좁아지는 것이 단점이다. 연구하고 논문 쓰면서 잡서치하는 것도 보통 일이 아니라서 아내가 매일 잡서치를 도와주었다. 이미 유학 올 때부터 학교서치하는 걸 도와주어서 키워드를 주고 아내가 매일 찾아준 잡들을 내가 지원하는 식으로 정말로 이력서를 몇백 군데 회사는 보낸 거 같다.

취업이 점점 생각대로 되지 않자 아카데믹 쪽으로도 생각을 넓혔다. 아이들은 이제 고등학교를 들어갔고 나이는 점점 40대 중반을 향해 달려가는데 그 나이에 박사 받아서 미국에서 일자리를 잡았다는 사람을 본 적이 없어서 더욱더 불안했다. 아무도 걷지 않은 눈밭을 헤매면서 누군가의 발자국을 찾는 심정이었다.

내 인생의 항로를 갑자기 바꾸는 바람에 엄청난 에너지가 들어갔고 시간과 돈과 노력이 어마어마하게 들어갔는데 이게 실패로 돌아가면 어찌 될지…. 너무너무 고민이 많고 무섭기까지 했다. 많은 절망의 밤을 보냈다.

취업 과정

사실은 이공계 박사들 대부분은 5년 만에 졸업을 한다고 한다. 그리고 바로잡을 잡는 사람도 있지만 포닥을 하고 2년 정도 만에 직장을 잡기도 하고 또는 더 오래 걸리기도 한다. 그렇게 보면 나는 5년 반 만에 졸업하고 직장을 잡았는데 왜 이렇게 많이 힘들었을까?

아마도 박사 시작한 지 2년 반 만에 큰 회사에서 잡 인터뷰를 시작한 게 이유였을 거 같다. 이전 LG 경력 때문인지 미국 대기업에서도 연락이 여러 번 왔고 온사이트 인터뷰도 많이 다니면서 오히려 마음은 더욱 힘들었던 것 같다. 모든 일은 좋은 면과 나쁜 면이 있기 마련이라더니 진짜였다.

대기업 다니면서 그것도 주재원 생활을 하면서 돈도 나름 많이 벌고 의사결정 하는 위치에서 그래도 잘 살다가 막상 돈 없는 유학생 생활을 해보니 힘든 거다. 빨리 졸업하고 다시 여유 있게 살고 싶었다. 그러다 2년 반 만에 잡인터뷰를 하고 그 이후에도 계속 큰 회사들이 연락을 해오니 아마도 빨리 직장을 잡을 수 있을 거라 기대를 했었나 보다. 그러니 남들은 졸업하기 1년 전부터 고민하고 스트레스 받는 걸 우리는 3년을 넘게 힘들었다.

물론 나이도 한몫했다. 누구도 우리 나이에 박사 학위를 받고 미국 회사에 취직한 사람을 보지 못했다. 소프트웨어 분야와 달리 하드웨어 쪽은 워낙 사람을 적게 뽑고 자리가 딱 맞지 않으면 들어갈 수가 없다는 걸 알고 나니 정말이지 '인생의 2막을 올리려다가 1막으로 인생 끝나나 보다'는 생각을 한 게 한두 번이 아니다.

마지막 해는 모든 것을 내려놓았다. 아내도 너무 힘들어하고 우리 부부는 공황장애 같은 증상을 겪기도 하고 스트레스로 둘 다 위가 아프고 마음고생이 너무 심해서 결국 미국 와서 안 나가던 성당을 찾았다. 종교에 의지해서 도와달라고 하기보다는 그냥 지난 시간을 돌아보고 마음을 내려놓고 싶었다. 성당에 가면 이유 없이 눈물이 흐르고 마음을 계속 내려놓다 보니 걱정도 조금씩 덜해졌고 하루하루를 그냥 열심히 살기로 했다. 진정한 바닥을 친 생활이었던 것 같다.

그렇게 마음을 내려놓던 어느 날…. 아내가 찾아준 한 군데 회사와 지인의 소개로 지원한 두 회사에서 동시에 온사이트 인터뷰를 진행하게 되었다. 한 군데는 서부에 있는 작은 회사였고 한 군데는 동부에 있는 역사가 오래된 큰 회사였다. 하필 날짜까지 겹쳐서 결국은 서부회사 먼저 인터뷰하고 바로 동부회사로 날아가서 인터뷰 마치고 오는 식으로 삼각 미국횡단을 하고 집으로 왔다. 두 인터뷰 모두 정말로 마음을 내려놓고 편안하게 하려고 노력했다. 분위기도 너무 좋았다. 서부회사는 바로 며칠 후 CTO와 포지션 문제로 통화를 한 번 더 하자고 연락이 왔고 동부회사는 전통적으로 심사 기간이 길어서 만약 네가 먼저 인터뷰 본 회사에서 오퍼를 받으면 우리도 방법이 없다고 했다. 사실 동부의 회사에 더 가고 싶었다. 이유는 단 한 가지 영주권 서포트 문제 때문이었다. 하지만 우려대로 서부의 회사에서 오퍼가 왔고 우리는 오퍼를 받아들일 수밖에 없었다.

넥스트 바이오메트릭스는 어떤 회사인가

미국 회사에 대한 개인적 경험은 많지 않지만 경험한 한도 내에서 미국 하드웨어 회사의 문화와 업무환경에 대해 공유하고자 한다.

나는 현재는 넥스트 바이오메트릭스NEXT Biometrics라는 생체인식회사에 다니고 있다. 현재까지 주 생산품은 지문인식 센서이다. 하루 8시간만 근무하면 아무런 제약이 없고 출퇴근도 '말 그대로' 자율이다. 어떤 사람은 7시 출근 3시 퇴근(점심시간을 1시간 비우면 1시간 늦게 퇴근). 어떤 사람은 심지어 12시 출근 저녁 8시 퇴근하기도 한다. 매일 다른 시간에 출근하는 사람도 있다. 엔지니어나 사이언티스트 같은 직종, 즉 관리자가 아닌 경우 자기 할 일이 비교적 명확히 주어지며 그것만 잘하면 된다.

업무량에 대해서는 솔직히 한국의 대기업에서 하는 노동량에 비해서는 아주 적은 업무량이라 느낀다. 하지만 박사급 이상에게는 비교적 높은 지식수준을 요구하는 것 같다. 시간은 많이 주지만 풀어야 될 문제들은 많은 지식과 시간을 요구하는 것들이 많다. 자기 할 일만 잘하면 직장 생활이 즐겁고 가족과도 많은 시간을 보낼 수 있다는 건 장점이다.

미국이 무엇보다 좋은 점은 나이 많은 엔지니어들이 많다는 것이다. 우리 회사에도 60이 넘은 백발의 엔지니어가 많다. 요즘 미국에서는 실력이 있고 눈높이만 낮추면 일자리는 언제나 있다는 얘기까지 나온다. 최근 미국 경기가 좋아서이기도 하지만 일자리가 비교적 나이 많은 사람들에게도 열려있다는 건 사실이다. 이것은 큰 장점이긴 하지만 반면에 미국은 언제든 사람을 해고할 수 있기 때문에 고용이 한국보다 불안정하다는 건 단점이라 할 수 있다.

다음으로 직장 내 인간관계에 대해 말하자면. 대부분의 미국인이 그렇듯이 미국인들은 친절하고 관용적이며 도와주려는 호의가 넘친다. 하지만 우리 회사에서 한국어로 맘 깊숙이 도움받을 사람은 없다. 우리 회사에는 한국인이 한 명도 없기 때문이다. 깊은 인간관계 형성을 위해 영어를 잘하면 좋으나 현지인처럼 영어를 하기는 힘들다는 걸 깨닫게 된다. 한국에서 영어 잘한다는 소리를 듣는 것과 미국에서 진짜 영어를 잘하는 것에는 엄청난 격차가 있다고 생각한다. 이 부분을 극복하려면 영어공부를 계속해야 한다. 미국에 산다고 그냥 영어를 잘하게 되는 건 절대 아니다.

한 가지 더 짚고 갈 것은 미국의 테크회사에는 미국인만큼이나 중국인과 인도인이 많다는 것이다. 그래서 미국인도 중요하지만, 중국,

인도인들과도 잘 지낼 수 있어야 한다.

종합하여 보면 영어도 잘해야 하지만 미국 회사에서 성공적으로 직장생활을 하려면 다양한 배경을 가진 사람들과 인간적으로 소통하고 친하게 지낼 수 있어야 한다. 내 몸에 밴 한국의 습관이 통하지 않을 때는 그들이 하는 말을 듣고 그들의 행동을 보고 받아들이면 도움이 많이 된다. 그리고 그들의 언어로 (특히 영어로) 소통할 수 있도록 계속 노력해야 한다. 미국도 인간적으로 통해야 회사생활도 좀 더 원활해진다는 걸 느끼고 있다. 개인적인 생각이지만 미국이나 한국이나 사람 사는 곳은 다 같다고 본다. 직장생활은 60% 인간관계와 40% 실무능력이라는 생각이 든다. 특히 미국은 인간관계가 한국에서 생각하던 것보다 무척 중요하다.

미국 내 테크회사에서의 커리어는 관리직과 기술직(엔지니어)로 나눌 수 있다. 이민 온 한국인이 회사 내 고위직으로 올라가고자 한다면 영어뿐 아니라 인간관계 및 인종적 문화적 한계를 느낄 수도 있을 것이다. 하지만 계속 공부하고 실력을 쌓으면서 엔지니어로 생활한다면 미국이 한국보다는 좋은 조건인 것 같다.

비자

우리가 처음 미국에 도착하면서 목표했던 것은 박사학위 받고 미국 회사에 오퍼를 받는 거였다. 그 목표는 이룬 셈이지만 끝난 건 아니다. 미국에 정착한다는 건 단지 직장을 얻은 거로 끝나는 게 아니다. 신분…. 정말로 미국에서 살아가며 가장 힘든 것 중 하나가 신분 문제이다. 가끔 농담삼아 '미국의 신분 문제는 새 노예제도'라고 말하기도 한다. 우리는 첫 5년은 학생비자로 살았고 학교 기간이 6개월 연장되면서 I-20를 재발급받았고 졸업하면서 OPT를 받고 직장을 구했다. 미국은 현재 STEM 전공은 36개월까지 OPT 기간을 연장해준다. 그러니까 1년이 기본이고 그다음에 연장하면 24개월을 더 연장해주는 식인데, 연장이 자동으로 되는 것은 아니다.

회사에 시스템으로 e-verify에 가입이 되어 있어야 하는데 하필 다니던 이 회사에는 외국인이 별로 없다 보니 e-verify가 되어있지 않았다. 가입하는 건 어려운 게 아닌데 그게 회사 내부에서 뭔가 해야 할 일이 있어서 그것 때문에 몇 달 뒤에나 하려고 한다는 거다.

산 넘어 산이라는 게 아마 이런 경우를 말하는 거겠지. 그러면 1년이 끝나기 전에 H1-B를 받아야 하는데 문제는 H비자는 추첨 시스템이다. 실력이나 노력만으로 되는 건 아니라는 거다. 미국학교에서 석박사를 한 사람은 2번 추첨 기회를 줘서 확률은 다른 사람에 비해 조금 높지만 그래도 추첨이다 보니 정말로 또다시 잠 못 이루는 상황이 생긴 것이다.

보통 OPT를 5~6월부터 시작하게 하는데 우리는 5월 초가 1년이 되는 날이었다. H1-B 추첨은 4월 중순. 만약 추첨에서 떨어지면 당장 5월 초부터 신분이 없어지는 거다. 그래서 2월부터 영주권을 알아보기 시작했다. 왜냐하면 영주권 신청을 위한 I-485라는 서류를 접수하면 미국에 합법적으로 체류할 수 있기 때문이었다. NIW라고 회사에서 스폰서를 해주지 않아도 스스로 청원할 수 있는 취업 비자가 있는데 미국 국익에 도움이 된다는 걸 증명하면 되는 식이어서 많은 석박사가 NIW로 영주권을 받고 있다.

유능한 변호사를 알아보고 가능성을 진단했는데 박사과정 중 논문이 너무 늦게 나온 게 또 문제였다. 무슨 일인지 담당 교수가 논문을 죄다 졸업을 앞두고 내주는 바람에 논문 추천 수가 너무 적었다. 추천서 받는 것도 보통 일이 아니었고 과연 시일 안에 이걸 접수할 수 있을까, 날짜가 지나가는 게 하루하루가 고통이었다.

직장 구했다고 좋아하던 게 엊그제인데 또다시 신분 때문에 고통을 겪고 '아, 내가 뭘 잘못 살았나? 왜 이렇게 뭐가 다 힘들지?' 하는 생각을 한 적이 한두 번이 아니었다. 째깍째깍 시계 소리를 느끼듯 매일매일 날짜는 지나가고, 4월 1일이 되면서 H1-B접수가 시작되고 그로부터 일주일 후 어느 월요일. 그날이 아내와 내가 정해둔 디데이였다. 오늘까지 좋은 소식이 없으면 e-verify를 재촉해야만 한다. 무거운 마음으로 출근했는데 세상에, 변호사로부터 연락이 왔다. H1-B가 추첨에 뽑혔단다. 기적 같았다. 추첨 첫날 뽑힌 거다. 당장 아내에게 전화했고 아내는 펑펑 울었다. 울 만했지. 너무 다행이었다.

두 번째 고비를 넘기고는 다시 NIW 준비에 박차를 가했다. 생각보다 추천서 받기가 쉽지 않았다. 추천은 아는 사람 추천인 디펜던트 dependent와 나와 안면이 없는 사람 추천인 인디펜던트 independent를 각각 몇 명씩 해야 하는데 지도교수 도움을 안 받고 추천서를 받으려니 보통 힘든 게 아니었다.

논문 추천해 준 사람들을 중심으로 연락을 하고 또 했다. 흔쾌히 해 주겠다고 하는 사람도 있고 또 어떤 사람은 너무 부탁이 많아서 못해 주겠다고 하기도 했다. 추천서를 변호사가 작성해서 다시 사인받기 위해 보냈는데 답이 없는 사람도 있었다. 5월 말에 추천서를 보냈는데 주로 교수들이라 그런지 방학 동안 연락이 안 되다가 몇 달 만에 겨우 연락을 받고 그렇게 추천서 사인받는 데만 5달이나 걸렸다. 지면을 빌어 추천장을 써 주신 모든 분께 재삼 감사드린다.

나중에 알고 보니 우리 변호사는 꼼꼼하기로 악명 높았고 시작한 지 거의 9달 만에 영주권을 신청하게 된 거다. 트럼프 정부가 들어선 후 영주권 심사는 더 까다로워지고 또 오래 걸리게 되었다. 그전에는 NIW 케이스는 6개월~1년 안에 영주권을 손에 쥐는 사람들이 많았으나 이제는 어림도 없고 적어도 1년은 지나야 하고 보통 1년 반이나 걸린다고 한다.

비자는 미국 정부의 상황에 따라 계속 바뀌니 이 글을 읽는 독자들은 최신 정보를 얻을 것을 권유 드린다.

미국 취업을 준비하는 이들을 위한 조언

본인이 실력이 있다고 생각한다면 도전하라. 한국에서 바로 미국으로 취업이 되어서 가는 케이스가 가장 좋겠고 대학원부터 시작한다면 자기가 갈 수 있는 가장 좋은 학교를 가라. 또 그 학교 선배들의 커리어 패스를 잘 알아보길 바란다. 또한 그 학교 주변에 잡마켓이 어떻게 되는지도 중요하다.

하지만 그 모든 것이 너무 늦은 나이는 몇 배로 힘들다. 또한, 늦은 나이에 미국에 오게 되면 아이들의 교육문제도 생각해야 한다. 보통 공립학교가 무료라는 것에만 주목하는데 미국은 대학 학비가 주립 2~3만 불, 사립 6~7만 불은 족히 든다. 일반적으로 미국은 돈이 없는 가정에는 학비 보조가 잘 되는 편이지만 자녀가 대학에 갈 무렵까지 영주권을 미리 얻지 못하거나 부모의 소득이 일정 수준이 넘어가면 학비 보조는 못 받고 그 돈을 모두 내고 대학에 다녀야 한다. 4년간 1인당 대학 학비만 10만~30만 불이 든다. 그러니 오려면 빨리 오는 게 좋다.

또, 우리의 경우 미국에 와서 정착할 때 오로지 우리 스스로 모든 것을 알아보고 정착했는데 한인들의 도움을 받는 것도 좋겠지만 스스로 해결하려고 노력하고 '카더라' 정보에 의존하지 않는 게 미국에 정착해서 편하게 살아가는 데 도움이 된다고 생각한다.

마지막으로 진실은 한국에서 열심히 살던 사람이 미국에 와서도 열심히 사는 것 같다. 미국이 도피처나 한국에서 못 이룬 꿈을 이룰 수 있을 거라는 큰 기대를 하고 정착하면 오히려 힘들다. 한국에서 힘들었던 점이 미국에 와서는 힘들지 않게 해결될 수 있을지 모르지만, 반면에 한국에선 전혀 힘들지 않던 일들이 미국에서는 힘들어질 때가 많다.

미국이 한국보다 확실히 좋은 것은 실력만 있으면 나이가 크게 문제 되지 않는다는 것이다. 그것이 내가 2막을 미국에서 올리려고 한 이유이기도 하다. 또 한가지, 미국의 매력은 무한한 자연환경이다. 힘들 때 마음을 달래줄 수 있는 아름답고 거대한 자연환경. 그것이 미국의 가장 큰 매력 중 하나라고 생각한다.

제2부
미국 이직 사례

제21장

꿈은 이루어진다

유기초 @ Nuna

직책 Senior Business Intelligence Engineer
근무지 Nuna, 캘리포니아 주 샌프란시스코
미국 입국시 비자 F-1 (학생비자)
취업 경로 미국 학위 취득 후 취업
학력 Data Analytics, 석사(미국)

경력
Nuna (San Francisco, CA)
  - Senior Business Intelligence Engineer (2018/5 ~ 현재)
Lyft (San Francisco, CA) - Financial Data Analyst (2017/8 ~ 2018)
SquareTrade (San Francisco, CA)
   - Business Data Analyst (2015/10 ~ 2017/8)
Headway Workforce Solutions (San Francisco, CA)
   - Data Collector (2015/9 ~ 2016/4)
Acumen LLC (Burlingame, CA)
   - Data and Policy Analyst (2014/10 ~ 2015/8)
AutoGrid Systems (Redwood Shores, CA)
   - Data Scientist Intern (2013/10 ~ 2014/6)
Samsung Fire & Marine Insurance (한국)
   - Product Development and Actuarial Intern (2011/2 ~ 2011/4)

유기초를 소개하자면…

회사 트리비아^{trivia} 대회(일종의 퀴즈 대회)에서 우승하고 회사 동료들과 찍은 사진에서 보이듯, 나는 직장에서 일뿐만 아니라 사내 활동에도 적극적이다. 다니는 미국교회에서 한국에 관련된 궁금증을 해소해주고, 한국을 홍보하고, 교회 내 한국 사람들의 미국 생활을 도와주며, 찬송가 가사나 설교 등을 띄우는 예배 화면 영상 봉사를 하고 있다. 또한, 지역 한인동아리에서는 코딩 스쿨 봉사자로 활동 중이다. 재미 교포 2세 내지 3세 학생들에게 방학

동안 코딩을 가르친다. 교육과정을 짜고, 학생들을 모집하고, 수업 진행을 보조하면서 학생들을 1:1로 질의응답을 해주고 지도해주고 있다.

현재 업무

누나^{Nuna}에서 시니어 비즈니스 인텔리전스 엔지니어^{Senior Business Intelligence Engineer}로 일하고 있다. 누나는 헬스케어^{healthcare} 분야의 회사로, 미국 의료체계의 과잉진료를 줄이고 합리적인 진료비를 측정하는 일에 주력하고 있다. 데이터 분석을 통해서 측정된 지표를 고객인 미국 의료보험공단^{Medicare and Medicaid}이나 의료보험 회사에 시각화해서 보여주는 일을 하고 있다.

취업 과정

미국에서 대학교와 대학원을 졸업하고 미국에서 취직했다. 대학원 학기 중 인턴십을 한 것이 졸업 후 풀타임 취업에 큰 도움이 되었다. 그때 데이터 애널리틱스^{data analytics}와 머신 러닝^{machine learning}을 실전에 써보고 프로젝트 진행 과정을 겪어봤다.

제일 힘들었던 점은 회사에 지원서를 넣는 것이었다. 처음으로 해외에서 외국인으로서 취업하려니 걱정이 되었다. 학우들에 비해 적극적으로 지원하지 않고 망설이고 있었는데, 한 친구가 지원은 다다익

선이라고 해서 그때부터 물불 가리지 않고 지원하기 시작했다. 대략 100개 이상의 회사에 지원해서 대략 10여 곳에서 연락이 왔고 총 3개의 회사에 합격했다. 심사숙고한 후 취업 비자를 제공해주는 데 문제가 없는 회사로 입사를 결정했다.

회사 지원

지금 다니는 회사는 미국에서 네 번째 풀 타임으로 다니는 회사이다. 지금껏 지원하거나 지원 요청을 받은 회사가 500개는 넘는 것 같다. 경험상 회사 지원은 다음의 네 가지로 볼 수 있다.

① 회사에 직접 지원한다.
회사 웹사이트의 커리어 란에 직접 지원을 하든가 아니면 링크드인 LinkedIn이나 인디드 Indeed 같은 취업 알선 웹사이트에 올라온 것을 보고 지원하는 것이다.

② 회사에서 먼저 연락이 온다.
회사 구직담당자가 링크드인 같은 곳에서 찾아서 직접 연락하는 경우다.

③ 헤드헌터 Headhunter로부터 연락이 온다.
헤드헌터는 회사와 지원자를 연결해주는 중간자 역할을 하고, 지원자가 회사에 입사하면 수수료를 회사에서 받는다. 고로 회사 측에서 지출을 줄이기 위해 지원자의 연봉이 줄어

들게 된다는 단점이 있다. 회사에서 먼저 연락이 온다는 점은 같으나 회사에서 직접 연락하는 것이 아닌 외부 중개인이 연결해준다는 점이 차이이다.

④ Hired.com 같은 취업 알선 회사에서 연락이 온다. 이는 헤드헌터로부터의 연락이라는 점은 같으나 여러 가지 차이점이 있다.

일단 Hired.com은 지원자 본인이 가입해야 한다. 그리고 구직활동 기간을, 가령 다음 주에 시작한다는 식으로 설정해야 한다. Hired.com 측에서 지원자 내역을 보고, 수정 사항을 알려준다. 이것이 충족된 후, 지원자의 상태는 라이브^{live}가 된다. 즉, 회사 측에서 지원자를 볼 수 있는 상태가 된다. 그때부터 회사들은 지원자가 마음에 들 경우 Hired.com을 통해 연락해온다. 헤드헌터와의 큰 차이점은 Hired.com이 좀 더 정교한 중간자 역할을 한다는 점과, 각 지원자에게 진로 상담사가 무료로 배정된다는 점이다. 또한, 헤드헌터를 통하면 지원자가 하나의 회사만 지원 가능하나 Hired.com을 통하면 지원자가 여러 회사와 연결될 수 있다는 점 역시 차이점이다. 진로 상담사에게 이력서 수정, 면접 전략, 면접 대비, 연봉 협상 방법 등 다양한 내용을 상담받을 수 있다. 헤드헌터를 통해 지원하는 것과 마찬가지로, 지원자가 새 회사에 취직할 경우, 그 새 회사에서 수수료를 받기 때문에, 결과적으로 회사 측에서 지출을 줄이기 위해 지원자의 연봉이 줄어들게 된다는 단점이 있다.

면접 준비

면접 준비를 전략적으로 하기 위해 회사를 크게 두 부류로 나눴다. 즉, 가고 싶은 회사와 아닌 회사로 분류했다. 처음에 별로 가고 싶지 않은 회사를 지원해서 면접 연습을 했다. 그러다 보니 회사에서 물어보는 일정한 질문들을 파악할 수 있었다. 가장 재미있었던 프로젝트는 무엇인가? 왜 우리 회사에 지원하는가? 지원자가 좋아하는 일은 무엇인가? 지원자는 우리 회사에서 어떤 일을 하고자 하는가? 등의 질문이 반복되어 면접을 많이 하다 보니, 나름의 모범 답안을 작성하게 되었다. 그래서 1차와 2차 전화면접은 늘 가뿐하게 통과할 수 있었다.

코딩 면접의 경우, 온라인상에 떠돌아다니는 문제를 많이 풀었다. 글래스도어 같은 곳에 해당 회사 면접 문제가 공개된 경우 무조건 다 풀고 면접에 임했다. 지원 자리마다, 그리고 회사마다 다르지만, 데이터 사이언티스트 계열은 보통 아래와 같은 방식으로 인터뷰가 진행된다.

① 인사담당자 이메일 ⇒ ② 인사담당자 전화 면접 ⇒ ③ 상사 전화 면접
⇒ ④ 팀 멤버와 랩탑laptop 면접 ⇒ ⑤ 코딩 과제
⇒ ⑥ 회사 현장 면접 ⇒ ⑦ 합격 및 서류작업

면접/ 취업 과정에서 인상에 깊은 에피소드

▶ A 회사 이야기 - 황당한 회사

미국의 A 회사와 면접 과정을 거쳐, 마침내 최종면접까지 갔다. 처음에 링크드인에 나온 공지를 통해 지원했더니 회사에서 연락이 왔다. 며칠 후 인사담당자와 전화 면접을 하고, 코딩 과제로 바로 넘어갔다. 제출 마감일은 없었으나 5일 내로 제출하였다. 그 후 일주일이 지나 회사 현장 면접인 최종면접으로 바로 넘어가자는 연락이 왔다. 최종면접을 보고 난 후에 면접을 잘 봤다고 생각했다. 면접관들의 반응도 좋았고, 면접 후에 긍정적인 내용의 이메일을 회사에서 보내주었다. 여기서 합격 판정이 나면, 비자 이전이나 신원조회 등 서류작업만 남는 것이다. 하지만, 지원 과정에서 이 회사 상사와 전화를 한 적도, 직접 대면한 적도 없다는 점이 좀 특이했다. 어떤 회사든, 지원 과정 중에 상사가 될 사람과 반드시 만나게 되어있고, 아니면 최소한 전화통화라도 하게 되어있다. 원래는 최종면접 때 상사를 만나게 되어있는데, 그 날 아파서 출근을 못 했다고 했다. 미국은 몸이 아프면 그 날은 집에서 근무한다. 그래서 상사와 만날 기회를 요청해서, 날짜와 시간을 잡았다. 나는 상사가 누구냐에 따라 회사 생활이 크게 달라진다는 견해를 갖고 있기 때문에 최종면접 후 일부러 한 단계를 더 요청했다. 그런데 상사를 만나러 가는 날 아침, 아주 당황스러운 메시지를 받았다. 나 말고 다른 지원자를 먼저 합격시켜 미안하다고 했다. 즉, 불합격되었다는 뜻이다.

이럴 수가. 회사에서 긍정적인 내용의 이메일을 면접 후에 보냈다는 것을 나는 합격이라고 해석했다. 당혹스러워서 어떻게 연락을 취해야 할지 몰랐다. 미국 회사는 이런 경우 적어도 하루 전에 연락을 주는데, 회사를 재방문하는 당일에 거부 처리를 했다는 점이 황당했다.

사나이가 칼을 뽑았으면 무라도 썰어야 한다고, 이대로 물러설 수는 없다고 생각했다. 그래도 간다고 연락하고, 실제로 회사에 찾아갔다. 상사가 아니라, 회사의 CTO^{Chief Technology Officer}가 나와서 반기면서 식사 제안을 했다. 이번 일은 미안하지만, 회사로서는 다른 지원자를 뽑았다고 했다. 자기네 회사는 당분간 이 직책이나 이런 종류의 직책에 사람을 더 뽑을 계획이 없다고 했다. 혹시나 자기 친구가 일하는 회사에 공석이 있으면 추천해주겠다고 했다. 물론 장담은 못 한다고 했다. 그렇게 쓸쓸한 점심을 마치고, 나는 발길을 돌렸다.

그런데 몇 주 후, 이 A 회사 인사담당자에서 예상치 못한 전화가 왔다. 아직도 자기네 회사에 관심이 있냐고 물어서, 그렇다고 했다. 이미 면접은 다 치렀기 때문에, 그다음 단계인 서류작업에 착수한다고 했다. 이때, 나는 상사와의 만남을 재개하기보다는 서류작업을 우선순위로 두었다. 그러던 중, 그동안 진행 중이던 B 회사에서 오퍼 레터^{offer letter}를 받았는데, 조건도 생각한 것보다 더 좋아서 흐뭇했다. 다음 날, 서류작업을 진행 중이던 A 회사에서 전화가 오기를, 풀 타임이 아닌 계약직^{contract to hire} 자리에 관심이 있냐고 했다. 계약직으로 시작해 정규직으로 전환하는 자리를 일컫는 말이다. 사내 인사 정책이 바뀌어서 그렇다고 한다. 풀 타임 자리만 알아보고 있던 터라 순간 당황했으나 평정심을 되찾고, 면접

을 보던 B 회사에서 오퍼 레터를 받았다는 말을 했다. 이 말을 들은 인사담당자는 당혹스러워하더니 B 회사에서 제시한 연봉을 물어본 후, A 회사로서는 제공할 수 없는 높은 금액이라고 했다. 결국 풀 타임도 아니고 연봉도 적고 상사가 누구인지도 모르기에 나는 A 회사를 당당하게 거절하고 전화를 끊었다.

즉, 카운터 오퍼^{counter offer}를 실행했고, A 회사는 여기에 나가떨어졌다. 다른 지원자를 먼저 뽑았고, 그걸 통보한 날이 내가 회사에 두 번째로 방문하는 날인 점과, 그 후에 다시 회사에서 연락을 해왔다는 점은 매우 특이하다. 주변 미국 친구들의 말에 의하면 이 회사는 인사관리를 못하는 회사니, 합격이 되더라도 무조건 안 가야하는 하는 회사라고 했다. 회사 CTO도 만나고 카운터 오퍼도 하는 등 특이한 경험을 했다.

▶ B 회사 이야기 - 지원자의 잠재력을 간파한 회사

위 이야기에 나오는 B 회사 이야기를 하고자 한다. 나는 지인의 지인 추천으로 B 회사를 지원했다. 참고로, 나는 추천인을 입사하기 전까지 한 번도 본 적이 없다. 미국에서는 서로 잘 모르더라도 중간에 신뢰할 사람이 있거나 지원자가 경쟁력이 있다면 내부 추천으로 면접 기회를 주는 경우가 있다.

데이터 사이언티스트 자리로 지원하고 2주 후쯤, 회사 인사처에서 조만간 전화면접을 하자는 연락이 왔다. 날짜를 잡고 전화면접을 하니, 현재 데이터 사이언스 팀은 사람을 안 뽑고 있으나, 나의 실력으로는 비즈니스 인텔리전스 엔지니어^{business intelligence engineer} 직책 역시 수행할 수 있을 것 같아, 이 자리 지원은 어떻겠냐고 물었다. 생각 좀 해보겠다고 하고 면접을 마쳤다. 업무분장표 ^Job description^를 읽어보니 데이터 사이언티스트보다 모델링 ^modeling^은 적게 하지만 데이터 분석하는 것은 같고 회사의 대시보드를 제작하는 일은 내가 이미 해봤던 일이라 관심이 갔다. 나는 면접을 재개하자고 연락했다.

며칠 후 원격 코딩 면접을 보았다. 나와 면접관이 각각 랩탑으로 코더패드 ^Coderpad^라는 프로그램을 통해 면접관이 문제를 내면 그에 해당하는 알고리즘을 내가 선택한 프로그래밍 언어로 푸는 것이다. 한 시간 동안 면접을 봤다. 코딩을 하면서 동시에 내가 생각하는 풀이법을 말로 설명하는 것이 중요하다. 손과 입을 동시에 놀려야하는 전형적인 코딩 면접이다. 제한된 시간 내에 모든 문제를 무사히 다 풀고 다음 단계로 갔다.

며칠 후 상사와 전화면접을 보았다. 그런데 상사가 청천벽력과 같은 말을 했다. 내가 지원하는 자리에 이미 사람을 뽑아서 나를 뽑을 수 없다고 했다. 하늘이 무너져도 솟아날 구멍은 있다는 각오로 내가 이 회사 이 자리에 왜 꼭 가고 싶은지를 피력했다. 이 회사는 헬스케어 회사이고 나는 과거에 헬스케어 회사 근무 경력이 있다는 점과, 이 회사의 고객사 중에 보험회사가 있고 내가 보험회사에서 근무한 경력이 길다는 점을 강조했다. 또한 내가 과거에 대시보드 ^dashboard^ 만드는 ETL 프로세스를 자동화한 경력을 강조해서 이 자리의 대시보드 역시 자동화할 수 있다고 했다. 이에 상사가 감동했는지 모든 인력 ^manpower^을 동원해 일사리를 하나 만들어주겠다는 말을 했다. "I will use all the manpower to create one."이라

는 상사의 말은 지금도 귀에 맴돈다.

상사의 말은 현실이 되었다. 며칠 후 인사처에서 다음 단계인 회사 현장 면접 날짜를 잡자는 연락이 왔다. 아직 최종합격한 것은 아니지만 내 일자리를 마련해주었다는 사실에 뛸 듯이 기뻤다. 날짜를 잡고 시간이 흘러 현장 면접을 보러 갔다. 다섯 시간 동안 1:1로 총 다섯 사람을 만났다.

① 팀 멤버 1
② 상사의 상사 (VP of Engineering)
③ 팀 멤버 2
④ 상사
⑤ 인사담당자

순으로 면접을 봤다. 코딩 면접을 비롯해, 면접관들은 과거 경력, 향후 경력 희망 사항, 위기상황 대처능력 등을 점검했다. 나는 면접관의 직책이 무엇이며 회사에서의 역할이나 팀의 업무 구조와 회사의 비전에 대해 질문했다. 특히 상사를 실제로 만나보니 아주 인간적인 사람임을 느꼈다. 이 점이 추후 이 회사로 입사를 결정하게 된 주요 요인 중 하나이다.

여기서 마지막 면접관인 인사담당자와의 면접을 통해 알게 된 사실이 있다. 일단 상사와 전화면접의 말처럼 정말 이미 한 명을 뽑았다. 그러나 일자리를 하나 더 만들었고, 나와 다른 지원자 중 더 경쟁력 있는 사람을 입사시킬 것이라고 했다. 그 지원자는 다음 주에 현장 면접이 있을 것이라고 했다. 2주의 시간이 흐른 뒤 마침내 오퍼 레터를 받았다. 일단 인사처에서 전화로 합격 소식을 알렸고, 네 시간 정도 있으니 오퍼 레터를 이메일로 보냈다. 기쁘다 못해 감동의 눈물이 흘렀다. 특히 직책은 한 단계 올라가 있었고, 연봉은 내가 제시한 것보다 높았다. 전혀 예상하지 못한 결과였다.

미국회사의 경우 지원자가 지원한 직책이 아닌 다른 직책을 회사에서 권하는 경우가 드물게 있다는 것은 들었으나, 이런 일이 내게 일어날 줄은 몰랐다. 또한, 지원자를 위해서 일자리를 하나 더 만들어 주는 것은 금시초문이었다. 무엇보다 예상하지 못한 승진 입사의 기회를 잡았다. 지원자의 능력과 회사가 원하는 인재상이 일치하는 경우 미국 회사는 어떤 방법을 동원하든 인재를 확보한다는 것을 몸소 느꼈다.

회사 문화

미국에서 네 곳에서 풀 타임으로 일하면서 겪었던 에피소드이다.

▶ 휴가 제도

휴가 제도는 두 가지로 볼 수 있다. 무제한인 경우와 일 년에 휴가일이 정해진 경우로 나뉜다. 무제한인 경우, 상사의 허락에 따라 아무 때나 휴가를 받을 수 있어서 굉장히 괜찮은 제도처럼 들린다. 그러나, 막상 일을 해보면 업무량이 있고 또한 혼자만 휴가를 아주 많이 쓸 수는 없어서, 정작 휴가를 생각보다 못 쓴다. 그래서 이런 경우, 휴가일이 무제한이나 일 년에 2주에서 5주를 권

장한다고 하는 회사도 있다. 즉, 일이 너무 많아서 아예 휴가를 안 가는 것을 방지하려고 일 년에 2주라는 최소한도를 두었고, 반대로 휴가를 탕진하는 것을 예방하고자 5주라는 한도를 두었다고 한다.

일 년에 휴가일이 정해진 경우는 이렇다. 예를 들어 1년에 15일 휴가라고 하자. 이는 1년에 평일 15일 휴가를 받을 수 있다는 뜻이고, 주5일 근무제를 감안하면 주말을 포함해 3주 휴가라는 뜻이다. 즉, 하루에 15일 나누기 365일만큼의 휴가를 받는 것이다. 원하는 만큼의 휴가 일수를 모으기까지는 오래 걸릴 수 있다는 단점이 있으나, 퇴사 시 사용하지 않은 휴가를 현금화할 수 있다는 장점이 있다. 개인주의 나라인 미국은 휴가를 각자 알아서 쓰는 것이 보편적이다.

▶ 군 복무 가산점

미국은 한국과 달리 모병제다. 군 복무 가산점을 인정하는 회사가 있다. 다녔던 어떤 회사의 팀은 일곱 명이었는데 그중에 미 육군 장교 출신이 있었다. 직장경력뿐만 아니라 한국의 특전사 군 경력 또한 인정해서 입사를 시켰다는 말이 기억에 남는다.

▶ 음주

미국 회사는 술 안 마시는 사람에게 절대로 술을 권하지 않고, 안 마신다고 나무라지 않는다. 한국도 이런 식으로 분위기가 바뀌고 있다고 들었다. 내가 있던 한 회사는 음주를 지나치게 많이 즐기던 회사다. 일주일에 적어도 한 번은 술을 마셨다. 실리콘밸리의 많은 회사가 그러하듯 회사 부엌이든 책상이든 술을 쉽게 찾아볼 수가 있었다. 회사 건물 안에서 퇴근 전에 술을 마시든 나가서 술을 같이 마시든 일주일에 적어도 한 번은 마셨다. 나가서 마시면 3차 이상 간 적도 몇 번 있었다. 미국은 안주 없이 술만 마시는 경우가 많아, 3차까지 가도 칼로리 섭취가 아주 많지는 않다. 새벽 한두 시까지 음주해도 모두 다음날 웬만하면 정시출근한다. 이 모든 음주는 회사 판공비로 부담하였다.

▶ 회식

저녁에 회식을 하는 경우는 매우 드물고, 점심에 팀 단위로 회식을 하는 경우가 있다. 이때, 주로 같은 팀원들과 먹는데, 한두 달에 한 번 정도 날을 잡거나 특별한 날에 점심을 먹는다. 팀원이 모두 백인 남자였던 한 회사에서 회식 메뉴를 정할 때 거의 무조건 햄버거를 선호해 조금은 불만이었다. 그래서 내 생일에 한국문화를 전파하고자 한식을 배달시켜 같이 먹은 적이 있다.

미국 취업을 준비하는 이들을 위한 조언

▶ 꿈은 이루어진다

자신의 꿈이 무엇인지 진지하게 생각해보기를 바란다. 그 꿈은 하나일 수도 있고 여러 가지일 수도 있다. 나는 여러 가지 꿈이 있는데, 그중 두 가지만 소개할까 한다. 동시에 그에 관련된 조언을 드리고자 한다.

내 첫 번째 꿈은 외국어 구사이다. 외국어를 통해 여러 사람과 소통하며 그들의 사고방식을 공유할 수 있다는 점이 매우 마음에 든다.

언어와 사고의 관계에 대한 여러 이론이 있으나 언어가 사고의 대부분을 결정짓는다고 믿는다. 한국에서 한국 사람으로 태어나서 외국어를 구사할 일은 그리 많지 않음을 어려서부터 인식했다. 일찍이 외국어를 더 쓸 수 있는 환경으로 나아가고자, 그리고 7개 국어를 구사하시는 할아버지를 닮고자 평소에 외국어 공부를 더 많이 했다. 초중고 시절 학교 시험이나 수능 이상으로 외국어를 공부했다. 당시에 한국 교육과정에서 익힌 외국어는 영어와 독어이다. 외국어에는 모국어에 없는 발음이 있다는 점이 아주 매력적이어서 발음 기호를 익혀가며 발음을 많이 연습했다. 20대의 꿈을 미국 유학으로 잡고 영어 공부를 열심히 한 결과 하나의 꿈을 이루었다.

많은 이가 영어를 힘들어한다. 일단 발음은 원어민의 발음을 듣고 무조건 많이 따라 하기를 권한다. 앞에서 말한 것처럼 나는 외국어를 공부할 때 발음이 재미있어서 공부를 열심히 했다. 예를 들어, hall과 whole을 발음상으로 구분할 수 있다는 점이 흥미 있어서 영어 공부를 열심히 했다. 무엇보다도 한국어 자막이 없는 미국 영화나 미국 TV 쇼를 많이 보기를 권한다. 내가 한국에서 초중고 재학 시절 AFN 코리아 방송 채널이 있었다. 이해를 하든 못 하든 무조건 시청했다. 그때 어떤 광고에서 아버지가 아들에게 무엇을 사주었는데, 아들이 "Dad, you are awesome!"이라는 표현을 듣고 awesome이 칭찬용으로 쓰는 말인 것을 알았고, 이 표현을 실제 미국에 살면서 주변에서 아주 많이 들었다. 또한, 공익광고에서 "When it rains in Korea, it pours."라는 표현을 듣고 rain과 pour의 차이에 대해 알게 되었고, 또한 한국의 여름비는 소나기나 장마처럼 비가 많이 내린다는 지리적인 특성을 늘 머리에 지니게 되었다. 원어민의 표현을 많이 듣고 따라 하는 것이 영어 정복의 왕도라고 본다.

내 꿈 중 하나는 문과적인 이과인이 되는 것이다. 한국에서 고등학교 2학년 올라갈 때 고민을 많이 했다. 문과와 이과 둘 다 좋은데, 당시 한국교육 과정상 굳이 양자택일해야 하는 건 참 힘든 결정이었다. 수학과 외국어 중, 결국 외국어를 더 좋아하기에 문과로 진학을 했다. 문과였으나 수학 공부를 게을리하지 않고, 심지어 교외 수학 경시대회에서 수상도 했다. 미국 대학을 진학한 후, 늘 영어를 쓰기에 전공은 수학을 응용한 통계학으로 택했다. 현재 하는 일 역시 통계적 기법이나 논리를 짜는 데이터 분석이라는 이과적인 일을 하지만, 이를 위해 다른 사람들과 일을 조율하고 결과물을 쉬운 표현으로 설명하는 것을 주업으로 한다. 문과와 이과가 서로 각자의 장점이 있는데, 나는 이과의 분석력에 문과의 표현력을 더해 서로의 장점을 살리는 것을 좋아한다. 구슬이 서 말이라도 꿰어야 보배라는 말처럼 데이터 분석 결과를 설명하는 일에도 유능한, 문과적인 이과인이 되는 꿈을 이루었다.

각자 적성과 진로와 관련된 꿈이 있을 것이다. 데이터 사이언티스트, 소프트웨어 엔지니어, 하드웨어 엔지니어, UI/UX 디자이너, 프로덕트 매니저, 테크니컬 라이터, 마케터 등 각자의 꿈이 있을 것이다. 자신의 꿈을 펼치기에 한국이 더 좋은지 아니면 다른 나라가 더 좋은지 생각해보기를 권한다. 낫다는 조건이 자아실현, 급여, 자녀교육, 자연환경, 일과 삶의 균형 등 여러 조건이 있을 수 있다. 이 중, 본인이 우선시하는 조건을 충족시킬 나라가 한국인

지 해외인지 생각해보기를 권한다. 그 나라가 해외라고 판단될 경우, 그 나라의 그 직책이 있는 회사에 입사하는 방법은 무엇인지 찾아보기를 권한다. 첫술에 배부를 수는 없다. 일단 입사가 쉬운 해외 회사에 입사하는 것도 하나의 방법이다. 장기적으로 자신과 자신의 가족에게 무엇이 더 도움이 될지 따져보고 꿈을 이루기를 바란다.

▶ 체력을 키우자

또한, 조금 특별한 조언을 한다면 체력을 키울 것을 권한다. 나는 미국에서 네 번째 풀타임 직장을 다니기까지 대략 500개가량의 회사를 지원하였다. 그만큼 지원하는 데 시간을 많이 썼고, 이는 체력이 뒷받침되었기 때문에 시간을 쪼개 지원을 할 수 있었다고 생각한다. 미국 회사가 한국 회사에 비해 일과 삶의 균형, 즉 워라밸^{work and life balance}이 보장되기는 하지만, 미국에도 늘 야근하는 회사가 있으며, (참고로 미국은 시간제 급여가 아닌 이상 야근 수당이 없다) 특히 이런 회사에 다니며 이직을 하려면 체력이 중요하다.

지원한 수만큼 낙방도 많이 했다. 낙방하면 사유가 어찌 되었든 기분은 안 좋다. 특히 낙방 사유가 실력을 제대로 검증할 사람이 없어서라면 그 회사와 더 이상 연락하기 싫을 정도로 기분은 안 좋다. 실제로 어떤 회사와의 면접에서 그 회사가 코딩 과제 제출형식을 정하지 않았음에도 불구하고 SQL 쿼리 문제를 내가 주피터 랩^{Jupyter Lab}에 풀어 제출했다고 낙방한 사례가 있었다. 이것은 마치 스파게티를 포크로 안 먹고 젓가락으로 먹는다고 낙방시킨 것과 같다. 항의해봤지만 실력을 제대로 증명해 줄 면접관이 없으니 소용없었다.

그러나 꿈을 이루기 위해서는 이는 하나의 과정이라고 생각하고 낙심하지 않고 계속 지원했다. 사유를 분석해가면서 같은 실수를 반복하지 않으려고 노력했다. 권투로 치면 상대의 계속되는 펀치 세례를 하나하나 방어하면서, 계속 맞더라도 그동안 키워둔 체력 덕분에 쓰러지지 않고 버티며 주먹을 계속 날리는 격에 해당한다. 체력이 뒷받침되지 않으면 본인이 지쳐서 더 이상 다른 회사 지원을 못할 수 있다. 다져놓은 체력을 바탕으로 끈기와 집념을 갖고 취업에 임해야 입사의 문이 열린다.

취업 후 미국에서의 삶에서도 체력은 중요하다. 미국은 한국보다 땅덩이가 커 이동 거리가 더 멀고 그만큼 체력소모도 더 많이 든다. 아무리 외국어를 좋아하더라도 외국어로 의사소통을 하기 위해서는 모국어보다 더 많은 정신력과 집중력을 비롯한 체력이 소모된다.

특히나 미국은 인건비가 비싸 스스로 해결할 허드렛일이 더 많다. 가령 절수용 변기 설치를 수리공에게 맡기는 것보다 본인이 직접 변기를 사서 설치하는 것이 더 경제적이다. 이는 체력을 바탕으로 해결할 일이라고 생각한다. 그래서인지 미국에서는 체력단련을 위해 길거리에서 달리는 사람들을 비교적 쉽게 찾아볼 수 있다.

나는 임대 자전거로 출퇴근하고 (미국 대도시 시내에는 30분당 $1 하는 임대 자전거가 많다) 출근 전에 헬스장을 가는 등 체력단련에 힘쓴다. 미국 대학과 대학원 시절에는 태권도부 부회장을 역임하면서 지역대회와 전국대회를 출전해서 메달을 수상하곤 하였다. 현재로서 혈

혈단신으로 미국에서 나를 지켜줄 사람은 (하나님을 제외하고) 나 자신밖에 없다고 생각하기 때문에 체력관리에 힘과 시간을 쏟는다. 프로는 체력으로 승부한다는 아버지의 말씀을 늘 떠올리며 산다. 독자 여러분이 꿈을 이루기 위해 체력단련 역시 같이 병행하라는 말씀을 드리고자 한다.

꿈을 이루는 분들이 더 많기를 기원한다. 자신의 꿈을 펼치기에 적합한 나라가 어디인지를 발견하고 그 나라에서 쓰는 언어를 준비하면서 체력단련을 틈틈이 하고, 특히 자신의 정체성을 유지하는 것이 해외 생활을 오래 할 수 있는 비결이라고 본다.

제2부
미국 이직 사례

제22장

데이터에서 발견한 행복과 성공

김진영 @ Snap

직책 Data Scientist
근무지 Snap, 캘리포니아 주 샌프란시스코
미국 입국시 비자 F-1 (학생비자)
취업 경로 미국 학위 취득 후 취업
학력 Computer Science, 박사(미국)

경력
Snap Inc. (San Francisco, CA) - Data Scientist (2017/2 ~ 현재)
Microsoft (Bellevue, WA)
  - Senior Applied Researcher (2012/8 ~ 2017/2)
Microsoft (Redmond, WA) - Research Intern (2011/6 ~ 2011/8)
Microsoft (Redmond, WA) - Research Intern (2010/6 ~ 2010/8)

경력
'헬로 데이터 과학' 저자
'데이터 지능' 팟캐스트 진행

김진영을 소개하자면...

2005년, 갓 병역특례를 마친 내게 두 가지 선택이 있었다. 하나는 최근 3년간 일했던 소프트웨어 회사에 개발자로 취업을 하여 살아가는 것이었고, 다른 선택은 미국에서 관심 있는 정보 접근 및 관리 분야의 대학원 공부를 시작하는 것이었다. 후자를 선택했고, 지금 원하는 분야에서 좋은 대우를 받으며 일하고 있다. 삶과 비즈니스를 바꾸는 데이터와 정보의 힘을 믿었고, 지금은 데이터 과학자의 길을 가고 있으니 나는 데이터에서 행복과 성공을 찾았다고 하겠다.

미국 대학원의 박사 과정은 미국이라는 낯선 환경에 적응하면서 검색 전문가로서의 발판을 닦을 수 있는 기반을 제공해 주었다. 박사 학위 중 몇 차례의 인턴십을 거쳐 원하는 회사의 마이크로소프트 시애틀 본사에서 직장생활을 시작할 수 있었다. 안정된 직장에 안주하지 않고 데이터 과학 저서를 출간하는 등 스스로 배우고, 이를 공유하려는 노력을 게을리하지 않았다. 몇 년 근무한 이후에는 또 다른 배움의 기회를 찾아 전세계 약 2억명의 일 사용자를 보유한 스냅챗이라는 메신저로 유명한 미국의 IT 서비스 기업인 스냅Snap으로 회사를 옮겨서 일하고 있다.

이렇게 좋은 기회를 계속 얻고, 게다가 검색이라는 분야의 전문성을 계속 갈고 닦을 수 있었던 데는 미국에서의 대학원 공부가 크게 도움이 되었다. 하지만 주변에 미국 생활을 힘들어하고, 중도 포기하는 경우를 많이 보았으니, 누구에게나 권할 길은 아니라고 생각

> ☆ **미국 취업에 성공할 수 있었던 키 포인트**
>
> - 적당한 미래가 보장된 길보다, 평생 하고 싶은 일을 할 수 있는 길을 선택했다.
> - 직장에 들어간 이후에도, 배우고 이를 공유하는 활동을 게을리하지 않았다.
> - 미국이라는 환경의 장점을 취하고, 불편한 점은 개선할 방법을 찾았다.

한다. 하지만 본인이 뚜렷이 원하는 분야가 있고, 미국에서 좋은 기회를 얻을 수 있다면 꼭 도전해보라고 권하고 싶다.

한국에서의 경력

학부에서 전자공학을 전공했으나 프로그래밍에 관심이 많았고, 요금부과 솔루션을 개발 중인 소프트웨어 회사에 병역특례 개발자로 3년 근무했다. 회사에서는 주로 C++ 서버 프로그램을 만들었다. 효과적인 개인 정보 관리에 관심이 많아 혼자 프로그램을 만들어 사용하곤 했는데, 이렇게 정보에 접근하고 조직화하는 방법을 연구하고 싶다는 생각을 했다.

 컴퓨터를 전공하지는 않았지만 이렇게 취미로 프로그램을 개발하면서 열정을 키워왔던 것은 실제로 나중에 유학을 준비할 때 크게 도움이 되었다. 아니, 이런 열정이 없었다면 미국에 가서 더 공부하고 일하겠다는 생각이 아예 생기지도 않았을 것이다. 현재 무슨 일을 하든 항상 자신이 원하는 것을 꿈꾸고 실제로 뭔가 해 보는 것이 참 중요하다는 생각을 하게 된다.

미국에서의 경력

매사추세츠 주립 대학 UMass Amherst 대학원에서 검색 관련 연구로 컴퓨터 과학 박사학위를 받았고, 현재는 스냅의 데이터 과학자로 일하고 있으며, 그전에는 마이크로소프트에서 연구자로 일을 했다. 두 직장에서 모두 검색 및 추천 시스템의 성능 평가 및 분석 업무를 담당하고 있다. 검색 및 추천 시스템의 결과를 제대로 평가하기 위해서는 사용자 로그, 품질 평가단 서베이 등 다양한 기법을 동원해야 한다.

내 경우는 대학원 전공이 업무 분야로 연결된 흔치 않은 경우이다. 역시 원하는 분야를 뚜렷이 알고 관련된 일을 하기 위해 늘 노력했던 결과라고 생각한다. 대학원에서나 직장에서나 자신이 원하는 분야에 대해 별생각 없이 일하는 사람들은 아무 프로젝트나 하게 되고 결국 전문분야를 찾지 못하는 경우를 많이 보았다. 나는 원하는 분야와 프로젝트를 매니저와 지속적으로 소통하고, 결과를 내기 위해 최선을 다해 왔다.

검색이라는 전문 분야를 중심으로 대학원 공부를 했지만, 빠르게 발전하는 데이터 과학 분야를 전반적으로 공부하고 더 넓은 대중에게 소개하고자 하는 마음에 〈헬로 데이터 과학(한빛미디어, 2016)〉이라는 저서를 출간하게 되었다. 또한 데이터 과학과 인공지능을 다루는 '데이터 지능'이라는 팟캐스트를 진행하고 있다. 이런 노력이 당장 도움이 되지는 않지만, 스스로 배움을 넓히고, 좋은 인연을 지속적으로 만드는 데 도움이 된다고 생각한다.

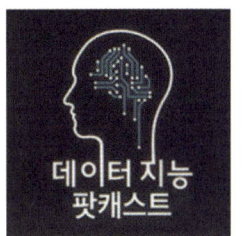

스냅에서의 생활

2016년 말 MS에서 입사 5년을 앞둔 삶은 참으로 편안했다. 익숙한 환경에서 연구자로서 보람 있는 일을 하면서 논문도 쓰고, 남는 시간에 시애틀 주변의 아름다운 자연을 즐기며 편안하게 사는 삶도 나쁘지 않았을 것이다. 하지만 더 늦기 전에 새로운 도전을 찾아 작년 초에 스냅의 샌프란시스코 오피스의 데이터 과학자로 직장을 옮겼다. 스냅은 전 세계 약 2억 명의 일 사용자를 보유한 스냅챗이라는 메신저로 유명한 미국의 IT 서비스 기업이다.

회사를 옮길 때 가장 중요한 고려사항 중 하나는 '흥미로운 데이터

를 가진 회사인가?'였다. 그만큼 데이터 과학자에게 좋은 데이터는 중요한 고려사항이다. 그런 의미에서 하루에 평균 30개 이상의 스냅 사진 및 비디오 을 보내는 2억 명의 열성적인 사용자들의 삶에 필수적인 스냅챗의 데이터는 분명 매력적이었다. 사용자들의 삶에 가장 소중한 순간들이 스냅으로 가장 친한 친구들과 교환되기 때문이다.

스냅챗의 사용자들은 자신의 스냅을 선택적으로 공개할 수 있는데, 많은 유명인이나 인플루엔서들은 그렇게 자신의 팬들에게 친밀한 일상을 전하고 있다. 여기에 작년부터 내가 속한 샌프란시스코 오피스에서 개발하기 시작한 검색 및 추천 기능이 들어가면 스냅챗은 세상 곳곳에서 지금 일어나는 일을 사진과 비디오로 생생하게 알 수 있는 플랫폼이 된다. 유튜브의 실시간 버전이라고나 할까. 여기에 월스트리트저널 WSJ, 와이어드 Wired 등 유수 언론사에서 스냅챗 전용으로 만들어 매일 공개하는 뉴스까지 더하면 스냅챗은 모바일 시대의 TV가 된다.

스냅의 CEO 에반이 제품 디자이너 출신인 만큼 스냅은 디자인 중심의 회사였다. 하지만 회사와 팀이 성장하면서 데이터를 활용해서 제품 개선을 끌어내려는 노력도 활발하게 이루어지고 있다. 특히 엔지니어들이 주축이 되어 만들어진 샌프란시스코 오피스는 실리콘밸리의 데이터 중심 문화를 제품 디자인에 강한 LA 본사의 문화와 접목하려는 시도를 꾸준히 해왔고, 실제로 지금은 스냅에서 데이터와 디자인이 혁신의 두 축으로 확고히 자리 잡았다.

스냅과 같이 젊은 회사의 데이터과학자로 일하는 것은 바쁜 일이다. 업무 영역도 넓고 제품 자체도 끊임없이 진화하기 때문이다. 하지만 나와 일하는 동료들은 스냅챗 사용자들만큼이나 열정적인 사람들이다. 열정적인 사람들 곁에서 일하다 보면 자연스럽게 열심히 일하게 된다. 하지만 실리콘밸리의 많은 회사처럼 회사의 문화는 매우 자유로운 편이라 언제 어디서 일을 하던지 별로 신경쓰지 않는 편이다. 출퇴근 거리가 먼 나는 일주일에 하루 이틀은 집에서 일을 한다.

미국에 오게 된 계기

한국에서 소프트웨어 개발자로 근무하면서 나름 재미와 보람을 느끼고 있었지만 10년, 20년 뒤에 스스로가 어떤 모습일까를 생각해보면 한계가 느껴졌다. 주변의 선임 개발자들이 대부분 관리자가 되거나 기술 변화에 적응하지 못하고 도태되는 것을 많이 보았기 때문이다. 미국 대학원 유학이라는 선택은 한국이라는 익숙한 환경과 최소 5년 이상의 수입을 포기해야 하는 어려움이 있었지만, 졸업 후에는 내 미래에 대한 좀 더 흥미 있는 선택지가 주어질 수 있을 것이라는 생각을 했다. 지금 생각해보면 전적으로 옳은 결정이었다.

취업 과정

유학준비에 약 1년, 박사과정 유학에 5년이 걸렸으니 총 6년이 걸린 셈인데, 그동안 미국이라는 환경에 적응하고 정보 검색이라는 전문

분야를 만들 수 있었으니 시간 낭비라고 생각하지는 않는다. 경제적인 면에서도 그렇지만 원하는 분야에서 일할 수 있다는 점에 감사하고 있다.

하지만 주변을 보면 학부만 마치고도 자기 분야에서 훌륭한 경력을 사는 사람들을 볼 수 있으니 대학원 진학이 꼭 정답이라고는 생각하지 않는다. 더욱이 순수 배움이 목적이라면 내가 대학원 진학을 고민하던 때와 달리 요새는 온라인 강의나 학위 프로그램도 잘 되어 있어 필요해 따라 언제 어디서나 공부할 수 있다.

더욱이 미국 유학에서 취업까지의 길이 순탄한 것도 아니다. 주변에서 대학원 전공 혹은 미국이라는 환경에 적응하지 못해 귀국하는 경우를 많이 보았다. IT 분야가 아니면 졸업 후에 미국 현지에서 직장을 구하기도 쉽지 않다. 따라서 전공이 적성에 맞는지, 그리고 석사는 2~3년, 박사는 최소 5~6년여간의 세월을 견딜 수 있는지 잘 생각해 보아야 할 것이다.

다들 그렇겠지만, 나도 불확실성 속에서 유학 준비를 하는 것이 힘들었다. 특히 대학원을 다닌 경험이 없었고, 전공을 학부의 전자공학에서 대학원의 컴퓨터 과학으로 바꾸는 등 우여곡절이 있었다. 미국에 막 와서는, 자취도 제대로 해보지 않은 상태에서 미 동부 시골의 생활에 적응하는 데 어려움을 겪었다. 다행히 하고 싶은 연구를 한다는 보람이 있었고, 첫 논문이 비교적 빨리 나와서 수월하게 대학원을 마치고 취업을 할 수 있었다.

돌이켜보면 주변에서 대학원 진학에 실패하거나, 학위를 마치는 데 어려움을 겪거나, 혹은 학위를 마치고도 취업에 실패하여 귀국하는 경우를 종종 본다. 막연히 미국 생활을 동경한 것이 아니라, 원하는 분야의 공부를 하겠다는 뜻이 있었기에 여기까지 올 수 있었던 것 같다. 유학 준비 경험을 정리해서 공유한 슬라이드를 소개한다. https://www.slideshare.net/lifidea/cs-13142359

창발 - 시애틀 IT 한인 커뮤니티

시애틀에 한국 커뮤니티가 주로 이민자 위주여서, IT 종사자 위주의 커뮤니티를 만들어 보자는 생각을 하고 아내와 함께 '창발'이라는 커뮤니티를 만들었다. 처음에는 저녁에 조촐하게 피자를 시켜 놓고 매달 세미나를 하는 모임이었으나, 2016년부터 NPO 등록을 하고 150명 규모의 컨퍼런스까지 개최하고 있다.

수백 명의 커뮤니티를 만들려고 했던 것도 아니고, 사실 모임 규모가 커진 이후에는 부담스러운 부분도 적지 않았지만, 회원들이 많은 것을 배우고 서로 교류하는 것을 지켜보며 많은 보람을 느꼈다. 창발 활동으로 인해 결과적으로 우리 부부의 시애틀 생활도 훨씬 즐거워졌다. 미국에 있으면서 항상 한인 커뮤니티의 부재가 아쉬웠는데, 창발을 만들면서 불편한 것은 꾸준한 노력으로 고칠 수 있다는 교훈을 얻었다.

제2부
미국 이직 사례

제23장

커리어를 만들려 애쓰지 말고 네 삶이 곧 커리어로!

김병학 @ Udacity

직책 Senior AI Research Scientist
근무지 Udacity, 캘리포니아 주 마운틴 뷰
미국 입국시 비자 F-1 (학생비자)
취업 경로 미국 학위 취득 후 취업
학력 Electrical Engineering, 박사(미국)

경력
Udacity (Mountain View, CA) - Senior AI Research Scientist (2017/10 ~ 현재)
Capio.ai (Belmont, CA)
            - Research Scientist, Machine Learning (2016/11 ~ 2017/6)
Marvell Semiconductor (Santa Clara, CA) - Read Channel Architect, Coding and Signal Processing (2012/1 ~ 2016/11)
Texas A&M University (College Station, TX)
            - Research & Teaching Assistant (2006/8 ~ 2011/12)
Qualcomm (San Diego, CA) - Graduate Intern (2007/5 ~ 2007/8)

활동
Board of Directors - The Bridge US
Secretary (and former Group-C Leader) - Bay Area K Group
Aid-Program Coordinator at Cambodia - KOICA
Intern - UNHCR
Korean Overseas Volunteer at Sri Lanka - KOICA

김병학을 소개하자면...

고려대학교 그리고 스리랑카와 캄보디아의 3세계를 거쳐 TAMU에서 전자공학 박사과정을 마쳤다. 졸업 후, 캘리포니아 실리콘밸리에서 여전히 나그네nomad요, 이방인foreigner 그리고 디아스포라diaspora로 살며 깨닫고 배우고 있으며, 그 이야기들을 'Light in the Valley' 시리즈로 모아 가끔 페북에 글로 올린다.

일에서 멈출 때면 손과 몸을 함께 쓰는 시간을 좋아한다. 동네 목공소에서 목공일을 하기도 하고, 올해부터는 동네 텃밭에서 흙을 만지고 땀을 흘리며 농사짓기도 시작했다. 개인적인 쉼 뿐만 아니라, 젠트리피케이션gentrification으로 고통받으며 쉼을 쉽게 누릴 수 없는 이스트 팔로알토East Palo Alto의 이웃들도 함께 사회적 쉼social rest을 누리도록 하는 작은 노력도 꾸준히 하고 있다.

현재 업무

EdTech 유니콘 스타트업^{unicorn startup: 기업 가치가 10억 달러 이상인 스타트업}이자 실리콘밸리의 대학으로 불리는 '유다시티^{Udacity}'의 인공지능^{AI} 팀에서, 유다시티 나노 학위^{Nanodegree}의 모든 학생이 가장 잘 배울 수 있도록 돕는 AI 연구 프로젝트를 포함해서 회사 전체를 AI EdTech 회사^{AI-powered EdTech company}로 변화시키는 일을 주도하고 있다.

한국에서의 경력

유학 시작 전에는, 스리랑카와 캄보디아 등 개발도상국에서 코이카 해외봉사단^{KOICA Overseas Volunteer} 활동을 했다. 스리랑카에서는 수도의 기술 학교에서 처음 몇 개월을 지낸 후, 자원해서 지방으로 내려가 기술 고등학교부터 전문대학교 학생들에게 TV와 라디오 수리부터 디지털 전자공학까지 가르치면서 나머지 2년의 세월을 보냈다. 이 시기에 지방으로 갈수록 학생들은 좋은 선생님과 학교 프로그램을 더욱 접하기 어렵고, 또 학교를 졸업하더라도 취직할 회사가 거의 없고 때로는 학교 재정상태의 어려움으로 프로그램들이 지속해서 운영되지 못하는 것을 직접 경험했다. 이런 환경 속에 있는 학생들을 가르칠 때마다 공부를 열심히 하면 더 좋은 미래가 올 것이라는 희망^{vital optimism}을 이야기하기 어려웠고, 그것으로 많이 가슴이 먹먹했다. 이 20대에 해결되지 않았던 가장 큰 고민에 해결책을 마련할 수 있는 사람으로 성장하면 좋겠다는, 다소 막연한 꿈을 품고 박사과정에 진학했다.

미국에서의 경력

2006년 텍사스로 유학 와서 2011년에 박사학위를 마쳤다. 박사 졸업 후 첫 직장은 인도네시아 화교 유학생 형제가 창업하여, 반도체 분야에서는 거의 마지막으로 2001년에 나스닥 NASDAQ 대형 상장을 하는 신화를 가진 마벨 반도체 Marvell Semiconductor였다. 2000년대 스토리지 산업 storage industry의 황금기를 주도했던 회사 초기 Pre IPO 멤버들을 여럿 포함한 시그널 프로세싱 아키텍트 Signal Processing Architect 팀에서 함께 일했다. 두 번째 직장은 A 라운드 투자 이전 Pre-Series A 단계의 음성인식 AI 스타트업인 카피오 에이아이 Capio.ai였고, 마이크로소프트와 IBM 연구팀의 음성 대화 인식 conversational speech recognition 성능을 넘어서서 '인간과 동등한 Human Parity' 수준에 한 걸음 다가가는 프로젝트에 참여했다.

구직 활동

박사과정 지도교수님의 지도방식은 특별했다. 첫 가을 학기 교육 조교 teaching assistant로서 기말고사 채점을 마치고 나자, 교수님은 두 달 전에 시작된 넷플릭스 챌린지 Netflix Challenge를 알려주면서, 아이디어가 있는데 이 주제로 연구를 시작해보는 게 어떻겠냐고 했다. 미국 온 지 4개월밖에 안 되었던 나는, 처음에 넷플릭스가 회사 이름이라는 것도 몰랐었다. 정보이론/채널코딩 information theory and channel coding 분야의 전통적 주제인 통신문제로 연구를 시작할 것이라고 생각하고 있던 내게, 교수님은 머신러닝machine learning과 정보이론 사이에도 연결고리가 있으니 한번 해보자고 했다.

첫 연구를 진행하면서, 선행 논문들을 찾기 어려웠을 뿐만 아니라 머신러닝은 거의 처음 시작하는 분야여서, 전자과 수업뿐만 아니라 통계, 수학, 컴퓨터 그리고 산업공학과 대학원의 관련된 수업과 세미나를 끊임없이 찾아가서 들었다. 이때부터 시작해서 대학원 마지막 학기까지 계속해서 다양한 수업을 들었던 것은, 최근 AI 분야의 새로운 논문들을 밤낮으로 읽는 데에 매우 도움이 된다. 첫 번째 넷플릭스 프로젝트 결과를 논문 발표로 힘들게 마치고, 두 번째 프로젝트를 시작했다. 두 번째 연구의 내용은 채널코딩 문제를 컨벡스 최적화convex optimization를 사용해서 푸는 것이었고 이 결과로 논문을 몇 편 발표했다.

박사과정 마지막 해 2011년 봄부터 회사 지원을 시작했다. 2010년보다 경기가 다소 나아졌지만, AI 또는 머신러닝 쪽 오프닝은 많지 않았다. 그래서 나는 마벨, 브로드컴Broadcom (예전 LSI), 씨게이트Seagate, 세 회사와 인터뷰를 진행했고, 6월에 마벨 오퍼에 최종적으로 사인했다. 그때 나를 포함해서 당시 1~2년 사이에 졸업했던 대학원 연구실 친구들 모두가 스토리지 회사에 입사했다. 지도교수님의 대학원 친구가 '내부 추천internal referral'을 해주었을 뿐만 아니라, 지도교수님의 지도교수님 또한 이 팀을 추천했다. 사실 이 팀은 회사 초창기부터 성장을 주도했을 뿐만 아니라, 10년이 넘도록 스토리지 분야의 혁신을 선도해온 핵심 R&D팀이었다.

팀의 특성상 권한과 자율성이 많이 주어지는 한편, 현재 시스템의 성능 향상을 위한 새로운 신호처리 알고리듬$^{\text{signal processing algorithm}}$ 아이디어를 상사들$^{\text{manager, director, and VP}}$이 모두 들어오는 미팅에서 매주 제안해야 하는 책임도 있었다. 매번 미팅에서 쏟아지는 날카로운 피드백 그리고 이어진 수많은 토론과 대화를 통해, 박사과정을 막 마친 풋엔지니어에서 한결 성숙한 엔지니어로 성장할 수 있었다. 하지만 첫 회사에서의 4년 정도의 시간이 지나자, 회사를 가족의 확대된 개념이라고 여기며 막연하게나마 생각했던 평생직장의 생각에서 벗어나 새로운 일자리로 옮기는 계절에 대해 생각하게 되었다.

새로운 일을 시작하는 봄, 일에 속도가 붙는 여름, 결과가 나오기 시작하는 가을, 가을에서 겨울로 넘어가기 전에 다시 새 업무와 환경에서 봄을 시작하는 것이 좋다는 조언을 따르기로 생각하고, 회사들과의 인터뷰 그리고 최종 결정을 하는 데 6개월 정도의 시간이 걸렸다. 시간이 처음 생각보다 더 걸렸던 이유는 중간에 한 회사의 오퍼를 기다리며 결정을 내리기 전에 지도교수님과 존경하는 선배에게 커리어 조언을 구했었는데, 교수님은 로우-레벨 엔지니어링$^{\text{low-level engineering}}$에서 머신러닝 분야로, 실리콘밸리 직장생활을 오래 한 선배 형은 스타트업으로 옮기는 것을 추천했었기 때문이다. 지금 돌이켜 보면 정말 최고의 훌륭한 커리어 조언들이었다.

그리고 얼마 지나지 않아 베이 에어리어 K 그룹$^{\text{Bay Area K Group}}$에서 열린 테크 밋업을 통해 두 번째 회사와 연결되었다. 이후 진행된 온사이트 인터뷰와 일주일 동안 회사 서버에 들어가서 하는 머신러닝

챌린지 숙제를 한 후에 최종 오퍼에 사인했다. 박사과정에서 머신러닝을 공부했지만, 2016년에는 딥러닝^{deep learning}을 통해 음성인식 분야에 엄청나게 빠른 속도의 혁신이 진행 중이었고, 새 직장에서의 시간은 이직 후 경험하는 빠른 학습속도뿐만 아니라, 프로젝트와 팀 논문까지 참여하는 압축적인 시간이었다. 한편으로는, 두 번째 회사에서 일하기 시작한 뒤부터 실리콘밸리의 크고 작은 회사 AI팀의 리크루터와 매니저들로부터 링크드인을 통해 연락이 오기 시작했다.

삶이 통째로 빨려 들어갈 정도로 빠른 속도로 일에 휘둘리던 시간에서 벗어나, 2017년 잠시 회사를 쉬면서 실리콘밸리 전체와 그 영향력에 대해 냉정하게 돌이켜 보는 시간을 가지게 되었다. 미국에 유학 와서 학교를 졸업하고 실리콘밸리에서 직장생활을 시작한 후 나의 커리어에 대한 생각들에 대해서도 점검해보았다. 크고 작은 변화의 시간을 지나, AI 시대에 이웃들이 함께 배불리 먹고 마실 수 있도록 돕는 일과 노동을 앞으로는 하며 살아야겠다는 마음의 다짐과 결심이 섰던 때에 진행된 유다시티^{Udacity}와의 인터뷰는, AI 인력을 찾기 위해 하루가 멀다고 연락 오던 많은 회사 중 유일하게 마음을 울렸었다.

5~10년 이후에 없어질 직업들이 벌써 이야기되는 AI 시대, 한 번의 고등교육으로 평생 살기 어려운 시대가 될 텐데, 실리콘밸리에 사는 사람만이 이 지역 회사에서 계속 일하도록 돕는 게 아니라, 유다시티 플랫폼을 통해서 개발도상국의 친구들도 접근 가능하고^{accessible}, 적정한 가격이고^{affordable}, 매력적^{engaging}이면서도 최첨단의

cutting-edge 직업에 취업이 가능한 job-ready 직업훈련 vocational training 을 받을 수 있게 할 수 있다는 가능성에 마음이 뜨거워졌고, 20대 스리랑카에서 수업 마치고 돌아가는 학생들을 바라보며 고민하며 가슴 먹먹해 하던 것들, 유학준비 하던 13년 전 꿈꾸던 것들을 할 수 있는 시간이 멀지 않다고 느끼면서 유다시티 AI팀에 합류했다.

UDACITY

인터뷰에서 입사까지

첫 회사는 내부 추천, 두 번째 회사는 테크 밋업, 세 번째 회사는 온라인 지원을 통했다. 또한, 링크드인을 통해 연락이 처음 오는 경우가 많다. 관심이 있으면 잡 디스크립션 job description 을 요청하면서 답장하면 된다. 링크드인에 잡 서치 얼럿 Job search alerts 을 만들어 놓으면, 새로운 오프닝에 대해서 빠르고도 쉽게 알 수 있다. 특히 커리어의 전환을 계획한다면, 네트워킹 또한 중요하다. 처음 대화를 어떻게 시작해야 할지 모를 때는 아래와 같이 말하면 좋다.

"지금 OOO 분야에 일하고 있는데 △△△ 산업군으로 이직하고 싶습니다." "At the moment, I'm hoping to transition into (job function), ideally in the (industry name) industry."

대부분의 인터뷰 과정은 예비 인터뷰 exploratory interview, 전화 면접 phone screen interview, 온사이트 인터뷰 onsite interview 순서로 진행되었다. R&D팀의 경우는 온사이트에서 45~60분 정도의 테크니컬 프레젠테이션technical presentation을 한다. 인터뷰 질문으로는 코딩 인터뷰를 포함해서 해당 분야의 기술적인 문제를 물어본다. 어떤 경우에는 추가 인터뷰 또는 숙제를 주기도 하며, 드문 경우지만 인성 관련behavioral 질문을 하는 회사도 있다. 소프트웨어 회사들의 코딩 인터뷰 준비로는, 친구가 추천한 'Elements of Programming Interviews' 책이 많이 도움 되었다.

모든 인터뷰의 마지막에는 인터뷰어interviewer에게 질문을 할 수 있는 시간이 있는데, 그때 아래의 세 가지 질문을 하면 좋다. 아니, 꼭 하길 바란다.

> ① Yes, I do have a few questions for you — but before I get into those, I am wondering if I've sufficiently answered all of your questions. Would you like me to explain anything further or give any examples?

첫 질문은 인터뷰 중에 실수했거나 놓친 부분을 다시 답하거나 인터뷰어가 다르게 이해한 부분을 다시 설명할 기회를 주는 매우 중요한 질문이다. 또한, 인터뷰어의 대답을 통해서 인터뷰 결과를 어느 정도 예상할 수 있다.

> ② What are the current priorities and focus areas of the team? Where would I be able to add the most value?

두 번째 질문은 팀에 합류한다면 어떤 점에 집중해서 노력해야 해야 할지를 미리 아는 데에 필요하다.

③ What do you like most about working for this company?

세 번째 질문을 통해서 지원한 회사의 문화, 미션, 가치에 내가 잘 공감하는지를 확인할 수 있다.

모든 인터뷰 과정을 마치고 회사에서 오퍼를 주기로 하면, 오퍼 협상을 한두 차례 할 수 있다. 페이자^{Paysa} 같은 웹사이트를 통해서 연봉 수준을 미리 알아두면 이때 도움이 된다. 오퍼에 사인하고 나면 온보딩^{onboarding} 프로세스를 시작하게 된다.

때에 따라 희망 연봉 질문을 인터뷰 초기 단계부터 하기도 하는데 그 경우에는 당황하지 말고, "I'm negotiable depending on the range you're offering. My first priority is finding the right fit." 라고 말하면 된다.

만일 그 이후에도 계속 물어본다면, "I'm being considered for positions in the range of $--$$. But again, I'm NEGOTIABLE!" 이라고 말하면 좋다.

유다시티의 문화

유다시티의 "Students First", "Audacious and Humble", "Impact Driven", "Better Together" 네 가지의 핵심 가치^{core values}는 회사의 문화로 곳곳에 잘 내면화^{internalize}되어 있다. 그중에서 특별히 훌륭한 문화 세 가지를 꼽아보면 아래와 같다.

▶ 첫째, 투명성^{transparency}

'보유 자금에 대비하여 회사 운영 가능한 시간인 런웨이^{runway}가 얼마 남았는지' 또는 '잠재적 인수^{M&A} 진행 상황이 있는지' 등에 대한 직원들의 질문에 CFO가 바로바로 회사 메신저 서비스 슬랙^{slack}을 통해 답한다. 2주마다 열리는 전사 미팅^{all hands}에서는 한 해의 보너스 타겟까지도 미리 전체 직원들에게 알린다. 사실 이 정도 수준의 투명성은 실리콘밸리의 다른 테크 기업들에서도 쉽게 찾아보기 어려운 놀라운 수준이다.

▶ 둘째. 효율성^{efficiency}

수직 또는 수평의 불필요한 미팅을 없애고, 미팅이 아닌 실제 일할 수 있는 시간을 효율적으로 확보하기 위해서 미팅이 없는 목요일^{No meeting Thursday} 제도가 있다. 또한. 재택근무^{work from home}, 원격 근무^{work remotely}, 그리고 무제한 휴가^{unlimited vacation} 등을 넘어서서 직원들에게 일하는 장소와 시간에 대한 전적인 자율권을 준다.^{work anywhere anytime} 회사의 미션이 분명하고 회사가 지향하는 가치에 동의한 사람들이 모여서 일하기에 스스로 판단하고 결정할 수 있는 책임과 권한 그리고 높은 수준의 신뢰를 직원들에게 주고 이런 모든 것은 일의 효율성을 더욱 높이게 한다.

▶ 셋째, 업무 공백 제도 Project Freedom

직원의 업무 결과가 좋지 않은 경우에 그 직원의 능력에 문제가 있다기보다 능력을 잘 발휘할 수 있는 회사 또는 팀을 아직 찾지 못한 것이라 여겨, 해당 직원이 현재 회사 업무가 아닌 새 자리를 찾을 때까지 회사가 기다리는 매우 실험적인 프로젝트이다. 잘 정착되면 빨리 채용하는 만큼 빨리 해고도 하는 hire fast, fire fast 실리콘밸리 테크 회사의 해고 문화에 적절한 대안 문화로 자리 잡을 것이다.

미국 취업을 준비하는 이들을 위한 조언

"커리어 기회를 따라가는가? 그러지 말고 기회가 따라오도록 하라."
"Follow a Career opportunity? Let it Follow You!"

엔지니어로서 테크 회사에서 일하는 것은 일종의 특권이다. 이런 특권을 가진 엔지니어로서 개인의 성장 기회만을 좇아 옮겨 다니기보다(이런 삶은 너무 피곤하다), 자신의 일의 의미와 주체성 그리고 영향력에 대해서도 더욱 발견하고 펼쳐가는 방향으로 (어떨 때는 안개 속으로 들어가는 것 같지만) 도전하면 좋겠다. 그런 사람에게 기회는 따라오는 게 아니겠는가?

베이 에어리어 K 그룹

베이 에어리어 K 그룹 Bay Area K Group(이하 'K 그룹')은 실리콘 밸리가 시작하고 성장한 지역 '샌프란시스코 베이 에어리어 San Francisco Bay Area'의 하이테크 산업군 High-Tech industry에서 일하는 한국계 전문인들의 모임이다. 2007년 3월 20여 명이 모여 시작한 K그룹이 2018년 현재 4,500여 명이 넘는 실리콘밸리의 소중한 한국계 커뮤니티이자 네트워크로 성장했다.

K그룹에는 전체 모임과 서브 그룹 모임이 있다. 전체 모임은 봄 K-Night, 가을 피크닉, 그리고 겨울 K-Party 등의 전체 회원들의 네트워킹 모임이다. 서브 그룹 모임은 10여 개의 서브 그룹들이 주제와 성격을 정해서 분야별로 세미나 등의 모임을 매월 갖는다. 나는 2013년 겨울부터 4년간 서브 그룹 운영진으로 봉사했고, 지금은 11기 운영팀의 총무 secretary로 활동하고 있다.

실리콘밸리의 다양한 국가별 모임처럼 '우리도 한번 모여보자!'는 순수한 취지에서 시작한 모임이 이렇게 발전하기까지는 수많은 분의 수고와 봉사가 있었기에 가능했고, 여전히 개인의 발전과 관심을 넘어서 서로에게 도움을 주고자 하는 수십 명의 자원봉사자로 이루어진 운영진들이 오늘의 K 그룹을 이끌고 있다.

제2부
미국 이직 사례

제24장

저녁이 있는 삶

윤종성 @ T-Mobile

직책 Principal Engineer
근무지 T-Mobile, 워싱턴 주 밸뷰
미국 입국시 비자 L-1A (주재원 비자)
취업 경로 한국 지사에서 미국 본사
학력 Electrical Engineering, 석사(한국)

경력
T-Mobile (Bellevue, WA) - Principal Engineer (2014/12 ~ 현재)
LG Electronics (Bellevue, WA)
              - Staff Technical Account Manager (2009/10 ~ 2014/11)
Vidiator (Bellevue, WA) - Technical Product Manager (2005/9 ~ 2009/10)
Nexstreaming (한국) - Technical Product Manager (2005/1~ 2005/9)
Dial Tech(한국) - Technical Product Manager (2002/10~2005/1)
Serome Technology (한국)
              - Assistant Engineering Manager (2001/5 ~ 2002/10)
Hynix Semiconductor (한국) - Engineer (2000/1 ~ 2001/5)

윤종성을 소개하자면...

나는 사랑스러운 아내와 네 명의 아이들을 위해 무엇이든 할 수 있는 아빠이다. 2000년에 전자공학 석사를 마치고 한국에서 8년간 개발자 및 프로덕트 매니저로 일했고, 다음 10년 동안 미국에서 프로덕트 매니저, 테크니컬 어카운트 매니저를 거쳐 현재는 T-모바일 T-Mobile에서 빅데이터 수집 및 분석을 담당하는 수석 엔지니어로 일하고 있다.

회사의 비즈니스를 위해 필요한 정보가 무엇인지 파악하고 관련된 빅데이터를 찾아 분석한 다음 누구나 이해할

수 있도록 쉽게 설명해서 비즈니스의 방향을 움직이는 일을 하고 있다. 최근 성공적으로 수행한 분석 프로젝트 중 하나는 특히 큰 주목을 받았으며 회사에서 '2017년 혁신가Innovator of the Year 2017'로 선택되는 영광을 안겨 주었다.

☆ **미국 취업에 성공할 수 있었던 키 포인트**

- 무엇이든 가능하다고 생각했다.
  무엇이든 가능하다는 마음가짐으로 노력하면 이후에 어떤 식으로든 보상받았다.

- 매일 운동을 쉬지 않았다.
  매일 아침 한 시간씩 운동을 7년째 계속하고 있는데, 하루하루를 활기차게 살 수 있는 에너지를 충전할 수 있었다.

- 항상 책을 읽었다.
  자신이 하는 일에만 매여있고, 포털이나 SNS 통한 뉴스만 접하면 좁은 버블에 갇혀버리기 쉽다. 독서를 통해 버블 밖 탐험을 하는 것이 시야를 넓히는 데 도움이 되었다.

한국에서의 경력

2000년 초에 영상통신 분야 석사를 마치고 현대전자에 입사했다. 당시는 KT 프리텔에서 한창 3G 서비스를 준비하던 때였는데, 나는 3G 네트워크 장비를 만드는 부서에서 가입자 인증 서버를 구현하는 일을 하였다. 유닉스 서버에 C와 SQL로 오라클 데이터베이스와 연동하는 프로그램을 작성하는 일이었는데 이 업무를 통해 유닉스 혹은 리눅스 환경과 데이터베이스 관련 지식을 쌓을 수 있었다. 당시 구현한 서버는 이후 회사의 주력 상품 중 하나가 되었다.

현대전자에서 1년 남짓 근무했을 때 학교 선배님 한 분이 당시 VoIP 앱으로 주목을 받던 새롬기술에서 같이 일하자는 제안을 해왔다. 새롬기술에서는 휴대폰 영상 관련 솔루션을 만드는 일을 했다. 휴대폰에 설치할 수 있는 스트리밍 비디오 플레이어, 일반 영상을 휴대폰에서 플레이할 수 있도록 변환하는 인코더, 그리고 다운로드 없이 바로 스트리밍 플레이를 할 수 있게 만들어 주는 스트리밍 서버를 소프트웨어로 구현하는 팀에서 일했다. 이후 새롬기술은 넥스트리밍이라는 회사로 분사했다.

분사와 함께 개인적으로는 커리어 측면에서 한 가지 중요한 결정을 했다. 개발자로 시작했지만 당시 생소했던 프로덕트 매니저로 전향한 것이다. 대부분의 IT 벤처 회사의 주 사업 모델이 용역 개발이던 한국에서 넥스트리밍은 라이센싱 모델을 지향했으며, 같은 소프트웨어 제품으로 여러 고객에게 판매하는 라이센싱 모델에서는 프로덕트 매니저의 역할이 매우 중요했다. 애플의 스티브 잡스 역시 실제 업무로 보면 프로덕트 매니저에 가장 가까웠다고 볼 수 있다.

작은 회사에서 프로덕트 매니저로 일하다 보니 정말 여러 가지 다양한 업무를 경험할 수 있었으며 이 경험들이 이후 매우 유용했다. 예를 들어, 거의 분기마다 참석한 해외 전시회를 통해 영어를 접할 기회가 생겼고, 잠재 고객과의 잦은 만남을 통해 커뮤니케이션 스킬을 쌓을 수 있었고, 제품 브로셔 작성을 하며 간결한 프레젠테이션을 만드는 감각을 갖게 되었고, 제품 스펙을 결정하며 내가 담당하는 작은 분야보다는 제품의 전체 그리고 연결된 다른 부분을 모두 생각하는 습관을 갖게 되었다.

현재 업무

T-모바일은 한국과 비교하면 LG 유플러스와 비슷하며, 약 7천만 명의 가입자를 가진 미국 3위의 통신 사업자이다. 2018년 4월 미국의 4위 통신 사업자인 스프린트 Sprint와 합병한다고 발표했다. 1)

회사에서의 직위는 수석 엔지니어 Principal Engineer로, 한국의 수석 연구원과 비슷한 위치다. 업무는 데이터 수집 및 분석이다. 데이터 수집은 주로 휴대폰에서 이루어지고 데이터는 주로 네트워크 상태에 대한 정보를 담고 있으므로 휴대폰 기술 및 네트워크 기반 기술에 대한 이해가 필수적이다. 또한, 수백만이 넘는 휴대폰으로부터 수집한 빅데이터를 분석하는 일도 담당하고 있다.

미국에 온 계기

아내가 한국에서 박사과정을 마치고 미국에 포스트 닥터 과정을 하기 위해 약 2년을 예상하고 유학을 왔다. 아내는 당시 6살, 2살의 아이 둘과 같이 미국에 왔고, 나는 미국 벤처기업의 한국 지사에 근무 중이었다. 아내가 유학을 시작한 후 얼마 되지 않아 양육과 학업의 어려움이 생각보다 훨씬 크다는 것을 깨닫게 되었고, 심지어는 3개월 정도 지났을 때 임신 사실까지 알게 되어 학업을 중단해야 할 위기에 다다르게 됐다. 퇴사를 각오하고 아내가 있는 시애틀로 건너와, 마침 멀지 않은 곳에 위치한 회사 본사에 한 달 동안 매일같이 찾아가 기회가 될 때마다 CEO를 설득해 자리를 하나 마련하였다.

미국에서 취업 과정

미국에서 첫 직장은 앞에서 언급했듯이 본사로 찾아가 CEO를 붙잡고 하루가 멀다하고 자리를 달라고 졸라서 마련한 자리였는데, 제품의 방향을 결정하는 프로덕트 매니저가 본사에 있어야 한다는 논리였다. 그 후 전직을 두 번 했는데 첫 번째는 다니던 회사가 문을 닫아서, 두 번째는 더 나은 조건을 찾는 것이 이유였다. 새 직장을 찾는 과정에서 힘든 점은, 내가 모두 혼자 해 보려고 했을 때 진전이 없어서 힘든 것이 가장 컸다. 주변의 지인이나 전문가에게 조언을 구하고 도움을 얻었을 때에서야 비로소 앞으로 나아갈 수 있었다.

첫 번째 전직은 수소문 끝에 가고자 하는 회사 근무자와 연결이 닿는 선배님 한 분을 찾아 결국 인터뷰 기회까지 만들 수 있었다. 두 번째 전직에는 이력서 리뷰를 해주는 서비스를 받아서 대부분의 내용을 뜯어고치고 나서 리크루터들의 긍정적인 반응을 얻을 수 있었다. 또한 평소에 업무를 통해 알던 커넥션을 이용하여 가려고 하는 팀에서 어떤 일들을 하고 있는지 왜 사람을 구하고 있는지 미리 파악하여 성공적으로 인터뷰 준비를 할 수 있었다.

주재원 비자

처음에는 B-1/B-2로 미국에 와서 한 달 정도 체류하면서 미국 본사에 찾아가 CEO에게 주재원 비자[L-1] 약속을 받고 다시 한국에 왔다. 주재원 비자를 받는데 2~3주 정도 걸렸던 것으로 기억하고, 이 기간에 집을 팔고 이삿짐은 임시로 처가에 맡겨놓고 이민 가방 두 개만 들고 바로 미국으로 왔다. 이때 임시로 맡겨둔 이삿짐 대부분은 결국 미국에 가져오지 못하고 처분했다. 그 후 약 1년 정도 이후 영주권을 받았다. 주재원 비자는 다른 비자에 비해 영주권을 받는 시기가 짧은 편이다. 2009년경 기준 영주권 받는 데 약 6개월 정도가 소요되었다.

미국에서의 구직 활동

미국에서의 첫 직장은 2년 후 전반적인 미국 경기 악화로 인해 문을 닫게 되었다. 어쩔 수 없이 전직해야 했다. 처음엔 indeed.com에서 찾아 온라인으로 지원을 했다. 큰 소득은 없었다. 다시 한번 자신을 돌아보면서 정말 일하고 싶은 직장이 어떤 직장이고, 이를 위해서는 어떤 경험이 필요할지 곰곰이 생각해 보았다. 일하고 싶은 직장으로는 아마존, 마이크로소프트, T-모바일, AT&T 이었고 이 중에서 경력과 더 가까운 AT&T와 T-모바일로 목표를 정했다.

냉정하게 내 경력과 기술 능력이 합당한 수준인지 판단해 보니 무선통신에 대한 기술과 미국에서의 경험이 부족하다고 판단되어 먼저 부족한 부분을 채울 수 있는 직장에서 경험을 쌓는 것으로 1차 목표를 정했다. 결국 지인을 통해 엘지전자의 미국 지사에 인터뷰할 기회를 얻었다. 한 달 반에 걸쳐 전화 인터뷰 2회, 대면 인터뷰 2회 이후 오퍼를 받았고, 오퍼 수락 후 백그라운드 체크에 약 2주 정도, 즉 모두 2달 정도 소요되었다. 참고로 대면 인터뷰 두 번 모두 다른 주에서 했는데, 이런 경우 회사에서 비행기 표와 숙박 비용을 지원하는 것이 일반적이다. 출장 가는 것과 같다고 생각하면 된다.

엘지전자에서의 업무는 T-모바일에 대한 테크니컬 어카운트 매니저였다. 휴대폰 납품을 위해 T-모바일이 특별히 요구하는 기능이나 미국 현지 상황에 맞추어야 하는 기능들의 요구사항이 개발팀에 명확하게 전달되고 정확히 구현된 것을 확인해 날짜 안에 납품할 수 있도록 하는 중요한 업무였다. 업무 특성상 휴대폰의 거의 모든 기능을 어느 정도 들여다보게 되었고 이를 통해 T-모바일의 여러 팀과 같이 일하면서 관계를 쌓고 나를 T-모바일에 알릴 수 있었다.

다음 전직은 T-모바일로 옮기는 것이었는데, 그 시작은 T-모바일에서 하는 커리어 소개 이벤트에 참석하는 것이었다. 미국 회사들은 커리어 나이트 Career night 라는 이름으로, 일과 시간 이후에 여러 팀을 모아 팀 소개 및 오픈 포지션의 소개를 하는 이벤트를 종종 한다. 내가 갔던 이벤트에는 제품 개발 그룹의 10개 팀 정도가 나와 소개를 했는데, 모든 하이어링 매니저 Hiring Manager, 사람을 뽑는 팀의 팀장 의 소개가 끝나고 개별 세션에서 각자 알아서 마음에 드는 팀의 하이어링 매니저를 찾아가 줄 서서 이야기를 한다. 이때 만났던 하이어링 매니저와 약 10분간 이야기를 하면서 어필을 했고, 이를 시작으로 약 2주 뒤 공식 인터뷰를 잡을 수 있었다. 인터뷰는 모두 4세션으로 나뉘어 세션당 1시간 정도 진행되었는데, 해당 팀의 디렉터, 매니저, 팀원뿐만 아니라 이웃 팀의 디렉터, 매니저, 팀원, 인사팀 담당자 등 모두 10명 이상의 사람들을 네 그룹으로 나누어 인터뷰했다. 기술적인 부분부터 개인적인 성격에 관련한 내용까지 다양한 질문에 대답해야 했다. 엘지전자에서 일하면서 알아두었던 T-모바일 내의 다양한 커넥션을 통해 해당 팀의 업무와 찾는 사람에 대한 파악을 사전에 해두었으므로 인터뷰는 크게 어렵지 않았다. 며칠 후 합격 통보와 함께 오퍼를 받았다. 기대한 액수와 차이가 큰 편이라 협상에 2주 이상의 시간이 걸렸고, 결국 원하는 액수와 비슷한 수준의 오퍼에 사인할 수 있었다. 역시 백그라운드 체크에 약 2주 정도 시간이 걸렸고, 따라서 역시 총 2달 정도의 시간이 걸렸다.

인터뷰

인터뷰하게 될 회사에 다니는 지인을 통해 해당 팀의 업무에 대해 사전 조사를 했고, 질문할 만한 내용에 대해 리스트를 뽑아 답변을 미리 작성해 연습했다. 이때 '내가 하이어링 매니저라면?'하는 질문을 끊임없이 하며 질문 내용이나 답변 내용을 검토했으며, 실제로 인터뷰에서 비슷한 질문을 받아 긴장하지 않고 대답할 수 있었다.

이후 T-모바일에서 일하면서 면접관으로 지원자를 인터뷰하게 될 기회가 자주 있었는데 오히려 면접관 경험을 통해 면접에 대해 더 많이 배운 것 같다. 보통 면접관은 시니어 엔지니어(한국의 책임 연구원급) 혹은 매니저(한국의 과장급) 이상이며, 필요한 경우 같이 일하게 될 팀원이 면접관이 될 수도 있다. 10명이 넘는 면접관 중에서 직접적으로 일과 연관된 질문을 하는 사람은 3~4명 정도, 반 이상은 보다 일반적인 질문을 한다.

면접관일 때 받는 것은 업무 분장표 job description 와 이력서이다. 보통 면접관이 먼저 검토하는 건 업무분장표 정도이고, 이력서를 면접 전에 읽어볼 확률은 반반이다. 질문도 주로 업무분장표를 기반으로 만든다는 이야기가 된다. 따라서 인터뷰를 받게 되면 최소한 업무분장표에 있는 내용은 어떤 부분이라도 질문받았을 때 답변할 수 있는 내용을 마련해 두자.

어떤 질문을 받게 되는지 이해하기 위해서는 먼저 대부분의 미국 회사에 존재하는 조직 구조를 이해할 필요가 있다. 미국 회사에서는 개별 컨트리뷰터 individual contributor 와 매니저 manager 가 명확히 나뉜다. 한국에서 선임 연구원까지는 직접 개발을 하고 책임이 되면 자연스럽게 관리자가 되는 식이라면, 미국 회사에서는 책임이든 수석이든 연구원이라면 개발을 하고 만약 관리자가 되고 싶으면 매니저 트랙 manager track 으로 변경해 가장 낮은 관리자부터 새로 시작해야 한다. 이름만 책임 연구원에서 매니저로, 수석 연구원에서 시니어 매니저로 변경하면 한국과 비슷하다고 생각할 수도 있지만 큰 차이가 하나 존재한다. 연공서열에 대한 개념이다. 예를 들어, 경험 많은 50대의 수석 엔지니어가 언변 좋은 30대의 매니저 밑에서 일하는 것이 미국에서는 흔하게 볼 수 있는 풍경이다. 이 경우에도 물론 수석 엔지니어의 연봉이 일반 매니저보다는 많이 높을 것이다.

개별 컨트리뷰터 individual contributor 는 자신이 맡은 업무를 처리하는 것이 최우선, 매니저는 자신이 맡은 사람을 관리하여 팀 전체의 성과를 올리는 것이 최우선이다. 질문도 이러한 면접관의 유형에 따라 분명히 나뉜다. 개별 컨트리뷰터가 면접관일 경우는 질문이 주로 기술에 관련된 내용이다. 일반적으로 한국인이 편하게 생각하는 면접관 유형이다. 예를 들어, 업무분장표에서 아파치 스파크 Apache Spark 가 요구사항이면 이전에 이를 사용해 프로젝트를 한 경험이 있는지, 왜 다른 기술이 아닌 해당 기술을 선택했는지 등을 질문할 수 있다.

모두에게 적용되지는 않겠지만 일반적으로 한국인이 어려워하는 유형은 매니저 유형이다. 일반적으로 젊은 매니저는 팀과 융합이 될 수 있는 사람인지 확인하는 질문이 많고, 경험이 많은 디렉터급일

수록 질문보다는 지원자의 눈을 관찰하고 표정, 몸동작 등을 자세히 관찰하며 어떤 사람인지 파악하려 노력한다. 예를 들어, 업무분장표에는 훌륭한 커뮤니케이션 스킬과 같이 적혀 있다면, 상대가 누구라도 눈을 정확히 마주치고 자신 있게 대답해야 한다. 어느 경우든 업무분장표에 있는 내용에서 크게 벗어나지 않는다. 만약 거리가 먼 질문이 있는데 답변하기가 곤란하다면 업무분장표에 없는 내용인데 왜 묻는지 물어보는 것도 좋다. 추가로 이야기하겠지만 미국에서는 질문이 많은 사람을 더 선호한다.

이제 이력서 관련 내용을 이야기해 보자. T-모바일 지원 전에 몇 명의 리크루터와 이야기할 기회가 몇 번 있었는데 공통적으로 말하는 것이 이력서 전문 리뷰어에게 상담을 받아 이력서를 수정하라는 것이었다. 그때까지 내 이력서는 어떤 일을 했는지 어떤 스킬이 있는지 자세히 설명하는 내용이 대부분이었고, 10년 이상 여러 가지 일을 하면서 할 이야기가 많아 거의 5페이지를 가득 채웠다. 결국 등 떠밀리다시피 리뷰를 받았는데 나중에 지나고 나서 내가 면접관이 되니 그때 이력서 리뷰를 받은 것이 정말 다행이었다는 생각이 들었다. 그리고 내 하이어링 매니저도 이벤트에서 대화한 이후 받은 이력서도 나를 선택하는 데 중요한 역할을 했다고 언급했다.

이력서 수정의 기본 원칙은 간단했다. 2장 이하, 업적 위주. 자세한 경험보다는 내가 한 경험이 어떤 식으로 업적achievement이 될 수 있는지를 간단히 적어야 한다는 것이다. 예를 들어, '하둡 파일 시스템을 설치하고 1테라바이트 이상의 정보를 저장하여 R로 데이터 분석을 했다'는 말은 '1테러바이트 이상의 빅데이터를 성공적으로 분석하여 연 3천만 달러 매출의 사업을 창출하는 기여를 했다. (하둡, R 사용)'와 같은 식으로 적는 게 좋다는 것이다.

특히, 수상^{award} 경력이 있다면 간략한 수상 이유와 함께 이력서 앞부분에 올리라는 조언을 받았다. 면접관이 되어보니 미리 이력서를 읽을 시간이 없는 경우가 허다했다. 다른 면접관도 마찬가지이다. 이력서 미리 정독하는 사람은 딱 두 사람 정도라 해도 과언이 아니다. 인사과 리크루트 담당자와 하이어링 매니저이다. 다른 면접관들 대부분은 면접을 시작해서야 이력서를 처음 읽거나 미리 읽어보더라도 대강 쓱 스캔하듯 읽어본다. 따라서 첫 장에 몇 줄 정도 짧게 경험과 업적을 요약하여 인터뷰 직전에 이력서를 읽는 면접관이라도 1분 내로 지원자가 어떤 사람인지 파악하도록 하는 게 도움이 된다. 어느 경우든 두 장이 넘어가면 지루해한다. 아무리 하고 싶은 말이 많아도 두 장을 넘기지는 말자. 어차피 더 길어져도 안 읽으니까.

마지막으로, 자신이 대답할 말만 생각하지 말고 질문할 내용도 생각해서 가라. 미국 사람들은 질문 없는 사람을 모두 잘 아는 사람이라고 생각하기보다는 상황 파악도 못 하는 사람이라고 생각하는 경우가 많다. 팀에서 무슨 일을 하는지, 그 일은 회사에 어떤 기여를 하는지, 왜 내가 지원하는 자리에 사람이 필요한지, 같이 일하게 될 사람은 누가 될지 등이 질문거리가 될 것이고, 되도록 자신을 우회적으로 어필할 기회를 질문을 통해 만들기를 권한다. 매니저일수록 질문이 많은 사람을 선호하며, 매니저일수록 자신이 원하는 사람이 선택되도록 하는 데 있어 더 큰 영향력을 미칠 수 있다.

인터뷰/취업 과정 에피소드

한국에서의 인터뷰는 면접관이 일방적으로 질문하고 지원자는 대답하는 식이고, 미국에서는 70%는 지원자의 대답을 원하지만 나머지 30%는 지원자가 질문하기를 기대하는 식이다. 인터뷰 내용도 차이가 있었다. 한국에서는 업무에 필요한 기술적인 내용에 대한 질문이 주가 되었다. 미국에서의 인터뷰는 반은 업무 기술에 대한 내용, 나머지 반은 어떤 사람인지 파악하기 위한 내용이었다. 면접관 사이에서 농담처럼 하는 이야기가 있다. 인터뷰할 때 한국 사람이 뭐 조금 해 봤다고 하면 전문가로 자처하는 미국 사람보다 더 잘 한다고 생각해도 된다고. 한국 사람이 자신을 어필하는데 부족하고 소통에 능숙하지 못하다는 선입관이라고 보아도 된다. 면접관 대부분은 커뮤니케이션 스킬을 중요시한다. 점점 커리어가 쌓이면서 기술과 경험만큼 커뮤니케이션 스킬이 도움이 되는 것을 실감했다.

T-모바일은 이런 회사다

T-모바일이 자신을 표현하기 위해 사용하는 단어는 언캐리어Un-Carrier이다. 이 한 단어가 회사의 문화와 업무환경에 미치는 영향은 매우 크다. 언캐리어는 T-모바일이 약 5년 전 존폐의 갈림길에서 회생하기 시작한 전략의 이름이다. 이를 통해 T-모바일은 지난 몇 년 동안 두 배 이상의 가입자를 확보하면서 부동의 3위를 지키던 스프린트Sprint를 가볍게 제치고 1, 2위 사업자인 버라이즌Verizon

과 AT&T를 위협하는 존재로 성장했다. 이 전략은 한마디로 통신 사업자^{Carrier}를 파괴하는 전략이라고 할 수 있다. 이전의 통신 시장에서는 과도한 요금과 장기간의 약정이 당연시되었다. 전화기를 처음 살 때 통신사에서 보조금을 받을 수 있지만 이를 위해서는 비싼 요금을 2년 약정으로 내어야 했고 약정기간이 지나도 요금은 줄어들지 않았다. 게다가 어쩔 수 없이 내야 하는 추가 요금과 다양한 세금 등이 있었다. 통신사들은 마치 담합하듯 쉽게 돈을 벌었다. 따라서 고객들은 좋아하는 통신사를 선택하기보다는 가장 덜 싫어하는 통신사를 울며 겨자먹기로 선택하는 실정이었다. 언캐리어 전략의 핵심은 모든 고객이 싫어하는 통신 시장의 나쁜 관습을 하나씩 파괴하면서 기존의 통신 시장의 판을 깨어버리는 것이다.

언캐리어 전략 아래 실행된 일들은 다음과 같다. 당연시되던 2년 약정을 폐지하면서 보조금을 없애고 전화 요금을 크게 낮추었다. 100개국 이상의 나라에서 로밍 데이터를 무료로 사용할 수 있게 했다. 추가 요금이나 데이터 제한 없이 무제한 음악 스트리밍, 무제한 비디오 스트리밍을 사용할 수 있도록 했다. 요금 체계도 단순화해서 거의 모든 기능을 무제한으로 사용할 수 있는 기본 옵션을 약 5만 원 정도에 제공했다. 심지어는 제세 공과금도 모두 기본요금에 포함해서 5만 원이라고 광고하면 정말 5만 원만 낼 수 있게 했다. 개인적인 경험으로 봐도 5년 전에는 8만 원 정도를 내고도 데이터 및 문자를 극도로 아껴 써야 했는데 지금은 5만 원 정도의 요금으로도 매일 넷플릭스/판도라 스트리밍을 사용하고, 전화 통화량과 메시지 송수신량을 전혀 신경 쓰지 않는다. 가끔 한국에 가서도 요금 걱정 없이 카카오톡, 네이버 지도 등을 사용할 수 있다. 현재 미국 내 T-모바일 가입자 수는 7천만 명이 넘는다. 이 중 4천만 명 정도는 언캐리어 전략이 시작되고 추가된 가입자이다.

언캐리어 전략처럼 회사 문화나 업무 환경도 판을 뒤집고 새롭게 태어나자는 분위기가 주도한다. 지난 5년간의 승승장구를 통해 언캐리어 전략에 대한 믿음이 조직에 강하게 뿌리내려 있다. 비효율적인 부분은 즉각 바꾸고 새로운 시도를 하는 것을 두려워하지 않는다. 보다 실제적인 부분에서 보면, 상부의 전략이나 비전이 하부로 전달되면서 실행되는 과정이 투명하고 유기적으로 연결되어 있다.

내가 일하는 기술 부분에서 전략이 실행되는 예를 들어보면, 먼저 CTO가 가장 중점적으로 추진해야 하는 9개의 기술영역을 슬라이드 한 페이지로 제시한다. T-모바일처럼 큰 회사에서 슬라이드 한 장에 기술 전략을 모두 담기는 쉽지 않다. 게다가 글자도 별로 없고 대부분이 아이콘 수준의 그림으로 채워져 있다. 정말 중요한 부분만 각인시키려는 노력이 보인다. 이 한 장의 슬라이드는 수천 명의 직원이 참석하는 회의에서 약 2시간 동안 CTO가 직접 설명한다. 2시간 중 약 30분은 직원들의 질문을 받고 답변하는 데 할애하는데, 직원들을 자유롭게 많은 질문을 하고 CTO 및 관련 임원들은 즉석에서 답변을 해 준다. 이후 이 한 장의 슬라이드를 기반으로 바로 밑 하부 조직에서는 세부 전략 수행 계획을 작성하는데, 이 또한 한 장의 슬라이드에 같은 방법으로 표현한다. 이후에도 마치 나뭇가지처럼 한 난계 밑의 하부 조직에서 같이 슬라이드 한 장으로 전략 수행 계획을 표현하는데, 결국에는 마치 CTO의 전략이 뿌리가 되고 하부 팀에서 계속 가지를 쳐서 마지막 단계의 실무팀에서 열매를 맺는 셈이다.

내가 일하는 팀에서는 혁신과 새로운 시도에 대해 강조한다. 따라서 힘들거나 불가능해 보이는 일들도 먼저 시도해 보는 경우가 많다. 하지만 항상 홈런을 칠 수는 없는 법. 삼진 아웃이 되는 경우가 더 많다. 그래도 실패를 용인하는 분위기로 지속적으로 힘든 시도를 할 수 있는 힘을 얻는다. 당장 앞의 결과보다는 보다 먼 미래에도 계속 새로운 시도를 할 수 있게 도와주고, 너무 힘들게 일하다가 번아웃되어 창의성을 잃는 것을 더 걱정하는 분위기가 조성되어 있다.

고인 물이 썩듯 일도 고립되면 창의와 발전이 없다고 본다. 따라서 자신이 추진하는 일에 진척이 있으면 상사에게 발표뿐만 아니라 간접적으로 관련이 있는 다른 팀에게나 혹은 회사 내의 다양한 커뮤니티에서 발표하고 다양한 의견을 얻도록 진행된다. 아무리 일을 잘해도 자신이 하는 일을 다른 사람에게 표현할 수 없고, 어떤 질문이나 의견이라도 소화할 능력이 없다면 인정받지 못한다. 승진하는 데 있어 가장 큰 비중을 차지하는 부분은 얼마나 독립적으로 일을 추진할 수 있는지와 함께, 상하를 막론하고 다른 사람에게 명확히 정보를 전달할 수 있는 지이다. 내 경우에는 최소 2주에 한 번 정도는 팀 외부에서 발표를 하게 되는 것 같다. 이번 달에만 해도 캘리포니아에 출장 가서 해당 지역 책임 임원을 만나 지난 몇 달간 캘리포니아 팀과 추진하던 일에 대한 성과를 발표했고, 100명 이상이 참석하는 데이터 분석가 커뮤니티에서 새로운 데이터 분석 아이디어를 공유했고, 내일은 이웃 팀의 임원에게 발표할 계획이 있다. 한국 회사에 다닐 때는 기회도 많지 않고 한 번 발표가 있으면 1주일 이상을 준비해야 했는데, T-모바일에서는 발표가 생활화된 느낌이다.

미국 취업을 준비하는 이들을 위한 조언

이 장의 제목은 '저녁이 있는 삶'인데 지금까지의 내용에 삶에 대한 내용이 별로 없어 의아할 것이다. 취업 준비하는 이들에게 하고 싶은 조언은 일보다는 삶과 관련이 있으므로 이제부터는 삶의 이야기를 할까 한다. 여러분이 미국에 취업하여 몇 년 지나면서 적응하고 나면 좋든 싫든 나의 삶이 여러분의 삶이 될 수도 있으니까 말이다.

앞에서 말했듯이 내게는 네 명의 아이가 있다. 둘은 한국에서, 다음 둘은 미국에서 낳았다. 한국에 있을 때는 아이들과 같이 놀아주기는커녕 얼굴조차 보기 힘들었다. 맞벌이를 했지만 새벽마다 아이들을 어린이집에 데려다주는 것은 온전히 아내의 몫이었고, 나는 야근에 회식으로 거의 매일 늦게 들어와서 이미 잠든 아이들과 아내 옆에 조용히 몸을 누이는 것이 일상이었다. 삶의 재미는 직장 동료들과 업무 중간 틈틈이 커피 마시며 잡담하고, 밤에 친구들과 술자리도 하는 것에서 찾아야 했다.

미국에서의 삶은 가족이 우선이다. 업무 중에는 식사 시간도 없을 정도로 집중해 일하지만 5시면 어김없이 집으로 간다. 저녁 술자리는 한두 달에 한 번 정도, 팀 회식은 오후 3시 시작해서 5시면 모두 끝난다. 아이들 축구 경기, 오케스트라 연주, 수영 연습 모두 가서 구경하고도 아내와 산책할 시간이 남는다. 나만의 의지라기보다는 주변의 분위기가 가정을 우선으로 하니 자연스럽게 가정적인 사람이 되었다. 예를 들어, 가끔 미팅 중에 5시가 넘어가려 하면 혹시 집에 가야 하는 사람이 없는지 서로 걱정해준다. 나는 아이들 일정으로 반드시 5시에 나가야 하는 날이 종종 있는데, 미팅 중간에 양해를 구하고 퇴근해도 이후 불이익을 받은 기억은 없다.

주말에도 집에 일을 가져오는 경우는 거의 없다. 취미 생활이든 아이들 운동 경기든 가족의 일에만 집중할 수 있다. 내가 있는 시애틀은 자연환경이 아름답고 공기가 매우 맑아서 큰 비용을 들이지 않고 할 수 있는 야외 활동이 다양하다. 내 주변의 한국인들도 골프, 자전거, 등산 등을 취미로 즐기는 사람이 많고 가족과 함께 캠핑을 하러 가는 사람들도 종종 보인다. 교통체증 없는 고속도로를 30분만 달려도 한국의 국립공원 수준의 등산 코스가 즐비하므로 등산 혹은 산악자전거를 즐기는 것도 가족이 모두 할 수 있는 취미이다.

가끔은 친구들과 밤늦게 만나서 막창집에서 소주 한 잔 기울이는 것이 그리울 때가 있다. 누군가 미국은 지루한 천국, 한국은 재미있는 지옥이라고 말했던 것이 기억난다. 하지만 내 가족에게는 매일 아빠와 같이하는 삶이 재미있는 천국이 아닐까? 나는 미국에 와서야 가족과 나의 진정한 삶을 찾을 수 있었다. 여러분도 어디가 되었든 여러분이 원하는 삶을 찾는 선택을 하길 바란다.

제2부
미국 이직 사례

제25장

생물학자가 개발자가 된 이유

김예준 @ Amazon

직책 Softwarel Engineer
근무지 Amazon, 워싱턴 주 시애틀
미국 입국시 비자 시민권
취업 경로 미국 대학 졸업 후 취업
학력 Computer Science, 학사(미국)

경력
Amazon (Seattle, WA) - Software Development Engineer (2016/2 ~ 현재)
EOS Technology LLC (Seattle, WA) - Founder (2009/6 ~ 2016/1)
Amazon (Seattle, WA) - Software Development Intern (2015/6 ~ 2015/9)
Infectious Disease Research Institute (Seattle, WA)
        - Research Assistant (2012/9 ~ 2013/9)
Linea Creative Portrait Studio - Photographer (2007/1 ~ 2008/9)
Lifetouch - Photographer (2006/12 ~ 2007/12)

김예준을 소개하자면...

시작은 좋았다. 2005년 한국에서 대학을 위해 미국으로 오게 되었다. 미국 시민권이 이미 있어서 신분상의 어려움은 없었지만 사실상 미국은 철들고 처음으로 집을 떠나 와보는 것이기 때문에 언어의 장벽 등 다른 유학생들과 다르지 않았다. 갖은 고생 끝에 미국의 명문대의 세포생물학 학위로 졸업하고 질병 연구소에 취직되었다. 연구소 자체 설비도 좋고 무엇보다 흔치 않게 연구소 안에 연구를 위한 대규모 직속 동물 사육장 Vivarium이 있어서 연구결과를 바로 동물에 적용해 볼 수도 있었다. 소프트웨어 업계에서 흔히 말하는, 하지만 과학 연구에서는 꿈만 같은 단대단 개발환경 End-To-End development environment 이기에 대학에서 이론으로만 성립시키고 실제로는 실험 못 했던 수많은 연구를 이제 해볼 수 있다는 부푼 마음을 가지고 연구원의 커리어를 시작했다.

하지만 학교라는 테두리 밖의 돈으로 굴러가는, 그렇기에 언제나 이윤을 추구해야 하는 연구소의 현실을 깨닫기에는 그리 오랜 시간이 걸리지 않았다. 연구원들은 경력이 높아질수록 실제 연구는 뒷전이고 돈이 나오는 프로젝트를 받아오는 데 심혈을 기울이고 있었고, 몇몇 대표 연구원들은 연구소에서의 자기의 입지를 높이기 위해 다른 팀들을 비방하며 다녔다. 제일 잘 나가는 팀 중 하나가 단지 예산을 다 쓰기 위해 계획 없이 미리 샀다가 내버려 둬서 너무나 늙어버린 8번째 기니피그(실험용 쥐)를 내 손으로 안락사시켜야 했던 그 날, 나는 연구소와 그동안 공부했던 많은 것을 그만두기로 하였다.

> ☆ **미국 취업에 성공할 수 있었던 키 포인트**
>
> - 성실하게 준비하고 계획을 실천할 수 있다면 미국에서 개발자로의 전환은 어렵지 않다.
>
> - 무조건 부딪쳐라. 실패해도 사실 손해 볼 건 없다.

연구소를 그만두고 커리어 전환을 결심한 지 5년이 지난 지금 나는 아마존에서 소프트웨어 개발 엔지니어로 일하고 있다. 다른 사람들이 보기에는 한참을 많이 돌아갔기에 특별한 재능이 있어서 가능한 것처럼 보일 수도 있을 것 같다. 하지만 성실하게 준비하고, 계획을 하나하나 실천해 나갈 수 있다면, 미국에서의 커리어 전환, 특히 정보통신 분야의 직종으로 전환하는 것은 어렵지 않다.

미국에서의 경력

2017년 현재 아마존의 2년 차 개발 엔지니어로 일하고 있다. 기계학습이나 인공지능, 가상현실 같은 특별한 전문은 가지고 있지는 않지만 백엔드 개발자로서 이용자가 필요로 하는 기능을 기존의 여러 서비스를 찾아내 묶어서, 혹은 필요에 따라 완전 새로운 서비스를 만들어 내서 구현하는 역할을 하고 있다. 현재는 기존의 평일화된 서비스를 이용자 개개인 성향이나 행동, 위치에 따라 개인화된 결과물을 내보여주기 위한 프로젝트를 진행하고 있다.

커리어 전환

나이 28에 대학교에 다시 학사 과정으로 입학했다. 다행히 기존 학위가 이공계열이라 컴퓨터 공학 쪽 전공과목만 듣고 나머지 교양 과목들은 일절 듣지 않아도 되었다. 상담사가 각 학기를 전공과목으로만 채우면 매우 힘들다고 경고했으나 경제적인 사정도 있어 최대한 빨리 졸업해 일을 시작하는 것 말고 다른 것은 눈에 보이지 않았다. 여름학기까지 해서 2년 만에 컴퓨터공학으로 다시 졸업할 수 있었다. 첫 1년은 아무것도 안 하고 온종일 전공 책만 잡고 코딩한 기억밖에 없다.

다니던 학교의 컴퓨터공학 전공에서는 캡스톤 Capstone Program이라 하여 졸업 전까지 12주간 학교 밖의 기업체에서 인턴을 하거나 학교 안에서 연구를 하는 것이 의무화되어 있었다. 3학년 여름방학 기간 하는 것이 제일 좋은데, 기업에서 여름 인턴을 하게 되면 끝나는 날 심사를 통해 정직원 오퍼를 미리 받을 수 있다. 받게 된다면 학교로 돌아가 4학년에 원하는 공부를 하고 졸업 후 바로 일을 시작할 수 있게 된다. 수많은 곳에 여름 인턴을 지원해서 수많은 고배를 마신 결과 아마존에 여름 인턴에 합격하고, 무사히 인턴 기간을 마쳐 마지막 날 정직원 오퍼를 받게 되었다.

취업 준비

6개월간 쉬지 않고 인턴 인터뷰 준비를 했다. 개발자 인터뷰는 크게 3가지로 나누어지는데 기본적인 인성^{Behavior} 인터뷰, 전화로 하는 테크니컬 인터뷰, 그리고 직접 회사에 찾아가서 하는 온사이트 인터뷰가 있다. 인성 인터뷰 같은 경우 나는 실제 사회생활도 해 보았고 면접도 많이 보았기에 따로 준비는 하지 않아도 되었다. 전화 인터뷰 같은 경우 컴퓨터 스크린을 인터뷰어와 공유하면서 코딩을 하는 것이고 온사이트 인터뷰는 화이트보드에서 직접 코딩을 하는 경우가 많기 때문에 짬이 날 때마다 예시 문제들이 나와 있는 책을 풀고, 해커 랭크^{HackerRank, https://www.hackerrank.com} 같이 코딩 문제를 온라인으로 풀 수 있는 툴을 찾아서 연습하고 친구들이나 멘토, 그리고 주위의 개발자들을 찾아가서 모의 인터뷰를 해보았다. 모르는 분야는 과감하게 포기하고, 아는 분야에 한해서는 누가 어떤 문제를 물어도 최적의 답을 낼 수 있도록 준비하였다.

취업까지 제일 힘들었던 것

늦은 나이에 다시 대학에 간 것에 대한 주위의 시선, 일을 더 하지 않기에 오는 경제적 압박 같은 것은 사실 힘들었지만 어쩔 수 없기에 참고 지냈지만, 취업까지 크게 두 번의 고비가 있었다.

첫 번째는 본격적인 전공과목들을 듣기 시작할 무렵 동시에 인턴 인터뷰 준비도 해야 하는데 전공과목들로만 시간표를 도배한 나로서는 도저히 시간상으로 여유가 없었다. 학교 과제, 프로젝트, 시험 같은 것만으로도 아주 바쁜데 그사이에 인터뷰 준비를 하는 것이 물리적으로 불가능했다. 주말, 늦은 밤, 그리고 학교 마칠 때마다 짬을 내서 모의 인터뷰도 하고 쉬지 않고 코딩 문제도 풀어가면서 준비했다. 학교 과제, 프로젝트, 시험 같은 건 마침 같은 처지의 친구들이 있어서 분업하였다. 이런 식으로 해도 오랫동안 하루에 4시간 이상 취침할 수 있는 날이 별로 없었다.

두 번째 고비는 실제 인턴십을 하면서 있었다. 인턴십은 돈을 받으면서 느긋하게 새로운 것을, 혹은 실무를 배우는 시기라고 오해하는데 엄밀히 말하면 정직원을 향한 12주짜리 인터뷰 코스이다. 담당 매니저가 첫날 말해준 정직원 합격의 기준은 우스울 정도로 명쾌했다. 12주 동안 주어진 프로젝트를 끝내고 배치_{deploy}되면 합격, 그것이 아니라면 탈락. 내 경우는 인턴 팀 배정의 운이 나빠서 학교에서 집중해서 공부한 분야와 전혀 다른 부서인 네트워킹 관련 부서에, 한 번도 써보지 못한 언어인 루비_{Ruby}를 써야 했기에 인턴 시작하자마자 알아서 독학해야 했다. 게다가 배치된 부서는 아마존 내부에서도 높은 강도의 업무로 악명높은 곳이라서 나를 도와줘야 할 멘토는 거의 종일 자리에 없었다. 다행히 요즘은 인터넷 강의도 많고 좋은 서적도 많아서 독학할 때 도움을 많이 받았지만 12주 중 첫 3주는 정말로 많은 시간을 단지 실력과 지식을 시작 지점까지 올려놓는데 보냈다.

미국 취업을 준비하는 이들을 위한 조언

흔히 마이크로소프트, 아마존, 구글, 페이스북 같은 거대 테크 기업들을 '미국 일류 대기업'이라고 부르며 '엘리트'만 있는 곳이라고 겁부터 먹고 보는 사람들이 많다. 반은 사실이고 나머지 반은 거짓이다. 물론 여기에는 흔히 외계인이 아닌가 싶은 천재급의 지능이나 실력을 갖춘 사람이 많다. 하지만 동시에 '저 사람은 도대체 여기에 어떻게 들어왔지?' 싶은 사람들도 많이 존재한다.

자기의 실력이 충분하지 못할 거 같아 아예 처음부터 지원을 포기하는 사람에게는 실력 평가는 면접관이 하는 일이지 스스로가 하는 게 아니라고 말해주고 싶다.

취업 비자가 나오지 않을 거 같아서 지원을 안 하는 사람에게는 아마존만 해도 수많은 개발자가 비자를 받아 일하고 있으며 팀원들이나 매니저는 그런 건 아무 관심도 없다는 것을 말해주고 싶다. 취업 비자가 필요할 경우 단지 인사팀의 일이 조금 더 많아질 뿐이다.

절대로 겁먹거나 안 될 것이라고 미리 생각해서 미리 포기하지 말고 적극적으로 부딪쳐 보는 걸 권장한다. 특정 기업에 떨어져도 손해 보는 건 하나도 없다. 개발자의 공급보다 개발자의 수요가 훨씬 높은 현재 인력 시장에서 다른 곳에 지원하면 그만이다.

제2부
미국 이직 사례

제26장

실리콘밸리에서 하루하루 나의 자리를 만들어가기

유호현 @ Airbnb

직책 Software Engineer
근무지 Airbnb, 캘리포니아 주 샌프란시스코
미국 입국시 비자 F-1 (학생 비자)
취업 경로 미국 대학 졸업 후 취업
학력 Information Science, 박사 중퇴(미국)

경력
Airbnb (San Francisco, CA) - Software Engineer (2016/2 ~ 현재)
Twitter (San Francisco, CA) - Senior Software Engineer (2013/1 ~ 2016/2)
Infochimps (Austin, TX) - BigData Intern (2011/5 ~ 2011/8)

활동
svillustrated.com '실리콘밸리를 그리다' 블로그 편집장
openkoreantext.org 오픈소스 한국어처리기 운영

유호현을 소개하자면...

에어비앤비 페이먼츠 팀의 백엔드 엔지니어. '목표를 정하고 달려가기 보다는 방향을 정하고 걸어가는 것'을 인생의 신조로 삼고 내일 어떻게 변할지 모르는 실리콘밸리에서 하루하루 나의 자리를 만들어가고 있다. "실리콘밸리를 그리다"라는 블로그의 편집장으로 활동 중인데, 실리콘밸리와 우리의 근본적 차이는 무엇인가라는 질문에서 시작해 6명의 멤버가 다양한 주제로 글을 쓰고 있다. svillustrated.com 아울러 오픈소스 한국어 처리기 openkoreantext.org를 만들어 활동하고 있다.

> ☆ **미국 취업에 성공할 수 있었던 키 포인트**
>
> - 삶의 이유는 행복이고, 그 행복을 이루기 위해서는 매슬로의 욕망의 피라미드에서 보이듯 자아실현이 필요하다.
>
> - 실리콘밸리가 이루는 각 분야에서의 IT 혁신은, 어떤 분야의 전문성을 가지고 있든 그것을 디지털로 표현할 줄만 알면 내 가치를 인정받을 수 있다는 의미이다. 남이 시키는 일, 사회가 요구하는 일이 아닌 내가 잘하는 일로 사회에 기여하는 세상이 왔다.

한국에서의 경력

초등학교 때부터 컴퓨터를 좋아했다. 처음 컴퓨터를 접한 것은 1988년, 초등학교도 아닌 국민학교 2학년 때였다. 컴퓨터를 시작한 이유는 순전히 게임 때문이었다. 1988년 테트리스로 시작하여 배틀 체스, 프린세스 메이커, 코만치, 삼국지 등 게임을 참 열심히도 찾아서 했다.

그 당시에는 마우스가 붙어 있는 컴퓨터를 찾아보기 힘들었다. MS-DOS에서 모든 명령어를 외워서 해야 게임을 실행할 수 있었다. 그리고 하드디스크 내 파일 구조부터 CPU, 메모리, 그래픽 카드, 사운드 카드 등을 다 알고 있어야 게임을 제대로 할 수 있었다. 어느 날 컴퓨터가 고장이 나서 게임이 실행이 안 되면 하드 디스크도 고쳐보고 메모리도 고쳐보고 사운드카드도 갈아보고 컴퓨터를 뜯고 모든 것을 직접 해야 했다. 어쨌든 컴퓨터를 좋아하다 보니 어느새 컴퓨터로 프로그래밍도 접하게 되었고 이것저것 레고 만들 듯이 작은 프로그램들을 다양하게 만들어 보았다. 그렇지만 화면에 이상한 그림을 그리는 프로그램 외에는 내가 만든 것 중에 딱히 쓸 만한 것은 없었다.

컴퓨터에 관심이 많으니 대학에 가서 컴퓨터 공학을 하고 싶었다. 그런데 심각한 문제가 있었다. 수학을 정말 못한다는 것이었다. 대입 수능에서도 다른 모든 시험에서 틀린 것을 다 합친 것보다 수학에서  틀린 것이 더 많을 정도였다. 어쨌든 그래서 문과를 선택했고, 수학 빼고 다른 성적은 좋아서 연세대 인문학부에 들어가게 되었다. 인문학부는 이중 전공이 필수였는데 거기서 영문과와 문헌정보학과를 선택하였다.

영문과는 언어학 분야가 마음에 들어서 음성학, 형태론, 문법론 등을 재밌게 들었다. 문헌 정보학과는 그나마 컴퓨터와 연관된 것을 많이 배우는 학과라서 선택하였다. 홈페이지 만들기, 데이터베이스, C 언어 기초 등을 배웠다. 2008년에는 연세대학교 석사에 진학했는데 영문학을 할까 문헌 정보학을 할까 고민하다가 내가 가진 컴퓨터 관련 지식이 좀 더 유용하게 쓰일 것 같은 문헌 정보학을 선택했다. 대학원에서는 정보 검색을 전공했다.

유학 생활

2009년에는 교환학생으로 미국의 밀워키라는 도시로 갔다. 가는 비행기에서 이런 생각을 했다. '나는 컴퓨터 전공은 아니지만 정보 검색을 전공했어. 이제 미국에서 석사 마치고 박사를 마치면, 아마 구글이 정보 검색을 전공한 나를 필요로 하지 않을까?' 물론 그런 일은 일어나지 않았다. 박사를 마치지도 않았고, 구글에서 오퍼를 받지도 않았다. 그러나 꿈을 이루지 못했다고 실패했다고 생각하지 않는다. 오히려 그러한 꿈보다 더 좋은 일들이 일어났다.

밀워키에서 정보학을 공부하면서 정보 검색을 전공하였다. 어쨌든 정보 검색을 공부했으므로 구글이 나를 필요로 할 것이라고 생각하고 있었다. 나중에야 안 일이지만 컴퓨터 전공에서는 학부생 기초에 해당하는 정보 검색을 나는 대학원에서 배우고 있었다.

2010년에는 석사를 마치고 텍사스 오스틴에 있는 텍사스 주립 대학으로 박사 학위를 목표로 떠났다. 그때에도 정보학 전공이었다. 그런데 그때 만난 지도교수는 컴퓨터 공학을 전공한 사람이었고 내가 첫 제자였다. 내가 학업 계획서에 프로그래밍을 잘한다고 써서 뽑아준 것이었는데, 데이터 구조도 모르고 알고리즘도 모른다는 사실에 지도교수는 충격을 받았다. 그는 내게 리눅스 컴퓨터를 하나 내어주고 학부 알고리즘 수업을 들어보라고 하였다. 나는 윈도 컴퓨터를 주면 안 되냐고 했다가 또다시 충격을 받는 교수의 표정을 봐야 했다. 윈도가 리눅스보다 좋은 거 아니었나?

어쨌든 학부 4학년 알고리즘 수업을 듣게 되었을 때, 우와, 완전 신세계였다. 우선 O(n), time complexity에 대해서 배웠다. 무슨 소린지 물론 하나도 못 알아들었다. 어떻게 O(n^3 + 5n^2 + 5)가 O(n^3)이 된다는 거냐? 그건 도대체 무슨 함수냐? 완전 혼란스러웠다. 힙 트리Heap Tree에 데이터가 들어가는 것을 보여주는 강의에서는 데이터 두 개까지 들어가는 걸 유심히 보다가 포기하였다. 매주 숙제를 못 풀어서 조교한테 가서 도움을 요청하였다. 5주 연속으로 가서 헤매고 있으니까 조교가 나에게 물어보았다.

"너 어느 학과 박사과정 학생이라고 하지 않았었어?"
음… 그냥, "Yes, I am."이라고 할 수밖에….

어쨌든, 알고리즘 수업은 간신히 B-로 패스했는데 수업 후반 내내 NP-Complete에 대해서만 공부해서 하나도 못 알아들었다. 정말 힘들었다. 그리고 그 다음 학기에는 컴퓨터 과학과 대학원 머신 러닝 수업을 들었다. 난감한 나날의 연속이었다. 6자를 거꾸로 써 놓고 편미분을 하라는데 문과생인 나에게 어쩌라는 건지…. 그나마 재밌던 건 자연어처리Natural Language Processing 수업이었다. 언어학을 공부했던 게 도움이 되었다.

같이 조모임을 하기로 한 동료에게 언어학적 지식을 주고 컴퓨터 공학적 지식을 얻으려는 거래를 시도했다. 형태소와 문장 분석에 대한 이야기를 막 하고 있는데 그 동료가 내게 이야기했다.

"나 그거 다 아는데…?"

음… 난 언어학을 4년 동안 전공해서 그걸 배웠는데 이 친구는 그걸 어떻게 다 아는 걸까? 혼란스러웠다. 어쨌든 그래서 그 조모임은 친구가 거의 주도했고 나는 서포트 역할을 충실히 했다.

취업 과정

첫 여름 방학 때 친구들은 구글, 페이스북, 마이크로소프트 등으로 인턴을 떠났다. 나도 호기롭게 유튜브에 면접을 봤다. 전화 면접을 봤는데 그것 또한 신세계였다. 전화로 문제를 알려주고 공유된 구글 독스에 코드를 치라고 하는데, 문제는 지금 생각하면 쉽지만 그때는 진짜 어려웠다. 뭐 간단히 떨어졌다. 그래도 '내가 유튜브에 면접을 봐 본 것이 어디냐, 문과생인데.' 하면서 자랑스럽게 생각했다.

첫 여름에는 학교 동네에 조그만 스타트업 인포침스에서 파이썬과 루비 엔지니어를 하게 되었다. 스타트업이다 보니 어느 정도 코딩을 할 줄 안다고 하면 데려가 시험을 보고 바로 써 주었다. 그때 정말 열심히 많이 해서 빅데이터 인프라인 하둡도 배우고, 아마존 웹 서비스도 배우고, 엘라스틱 서치도 배웠다. 정말 너무너무 행복했다.

두 번째 여름에는 인디드닷컴 Indeed.com 에서 자바 백엔드 엔지니어로 인턴을 하였다. 자바를 전혀 몰랐지만 벼락치기로 공부해서 어찌어찌 합격을 했다. 인디드에서 인턴을 하는 도중에 링크드인을 통해 트위터에서 연락이 왔다. 2012년 7월 31일에 온 이 링크드인 메시지를 잊을 수가 없다.

Dear Hohyon Will,

I greatly apologize for the sudden message in advance.

My name is Jennifer, and I am one of the staffing members at Twitter, Inc. in San Francisco, CA. I came across your profile and was impressed by your educational background and programming experience.

We are experiencing some explosive growth and currently expanding our International Software Engineering team based in our San Francisco office. With your experience and background, I hope to have the opportunity to informally provide you with more details.

In general, the Twitter International Engineering team not only covers i18n/localization but we go beyond. For instance, we develop core product features for producing/curating contents across major international markets.

Feel free to let me know if you have any further questions. I look forward to hearing back from you soon!

i18n은 국제화internationalization라는 단어를 뜻한다. 하나의 소프트웨어를 세계 어디서도 그들의 언어로 쓸 수 있게 해 준다는 의미이다. 이 긴 단어의 i와 n 사이에 18글자가 있어서 그렇게 줄여 쓴다. 각 지역에 맞추어 소프트웨어를 변경하는 로컬라이제이션localization은 L-10n으로 부르기도 한다.

'도대체 왜 나한테?'라는 생각이 들었는데 나중에서야 알게 되었다. 트위터는 한국어 NLP 엔지니어를 찾고 있었던 것이다. 한국어를 하면서, NLP를 알면서, 프로그래밍을 하면서, 트위터에서 당장 일하고 싶은 사람을 찾는 건 그들 입장에서는 쉬운 일이 아니었다. 2012년 9월 트위터와 면접을 보았고, 지금도 의아하지만 6명의 면접관이 다 좋다고 해 합격했다. 그래서 내가 컴퓨터공학 천재가 된 줄 알고 페이스북, 구글과도 면접을 봤지만 아주 차갑게 떨어졌다.

어쨌든 운 좋게도 그 당시에 트위터가 필요로 하던 사람이 컴퓨터공학의 천재들이 아니라 바로 나였다. 물론 나를 필요로 할 줄 알았던 구글과 페이스북이 필요로 하지 않던 사람도 나였다.

미국에서의 경력

트위터에서의 생활은 정말 재밌었다. 좋은 친구도 많이 만나고 지금도 많이 부족하긴 하지만 자바 실력도 많이 늘었다. 자바는 진짜 끝이 없는 것 같다. 그런데 참 이 동네에서 재밌는 게, 내가 자바의 신이 되길 기대하는 사람도 없다. 그냥 필요한 만큼만 알면 된다는 식이다. 물론 자바의 신이 되면 승진이 더 잘 되겠지만…. 많은 좋은 사람과 이야기하고 지식을 나누고 재밌게 프로젝트를 진행하면서 3년을 보내고 또 링크드인을 통해 에어비앤비에서 연락이 왔다.

2016년에도 에어비앤비를 시작으로, 애플, 페이스북, 구글, 링크드인 등과 면접을 보았다. 그 당시에도 에어비앤비는 들어가기 정말 어려운 회사 중 하나였다. 구글 출신들도 많이 떨어지는 회사였다. 그런데 나는 에어비앤비만 붙고 다 떨어졌다. 정말 성적순이 아니었다. 모든 면접은 그 회사의 자리에 맞는지를 보는 시험이었고, 내 성격과 스타일에 딱 맞는 에어비앤비만이 나를 뽑아주었다. 물론 프로그래밍 실력이 엄청나게 뛰어났으면 다른 곳에도 다 붙기는 했겠지만, 내 스킬을 필요로 하는 곳이 당시에는 에어비앤비밖에 없었다.

에어비앤비의 미션은 'Belong Anywhere'이다. 세계 어디에 가든 내 집처럼 느낄 수 있도록 하는 서비스를 만드는 것이 목표이다. 그래서 에어비앤비는 사무실 공간도 실제로 빌릴 수 있는 집처럼 꾸며 우리가 하는 일이 어떤 경험을 제공하는지 늘 생각하도록 한다. 또한 수학적 정밀성, 확장성 등을 중요 가치로 여기는 다른 테크 기업과 달리 에어비앤비의 가장 중요한 가치는 친절하게 환영하는 마음이다. 직원끼리도 경쟁보다는 돕는 것을 최고의 가치로 여긴다. 그래서 가족같이 친절하게 도와주는 동료들과 함께 하루하루 사는 것이 행복하고 즐겁다.

미국 취업 준비하는 이들에게 조언

수학도 못 했고, 컴퓨터공학 전공도 아니고, 자바도 잘 못 하는 내가 엔지니어로 일을 할 수 있는, 게다가 세계 최고의 엔지니어 대우를 받을 수 있는 이곳이 너무나 신기하여 참 많은 생각을 하였다. 2017년부터 몇 년간의 고민 끝에 깨달은 실리콘밸리에서 내가 살아남을 수 있었던 이유를, 다른 5명의 지인과 함께 '실리콘밸리를 그리다'에 연재하기 시작했다. 그 핵심 내용은 다음과 같다. '어떤 일이든 주어지면 열심히 해낼 가장 똑똑한 아랫사람이 아니라, 어떤 역할에 꼭 필요한 전문가를 모십니다.'

2012년 나는 프로그래머로서 상위 1%에 들지는 못했지만 유니크한 장점들을 여럿 갖춘 사람이 되어 있었다. 트위터가 필요로 했던 한국어 NLP 엔지니어에 거의 유일한 매치였다. 2016년 에어비앤비 면접 때에도 마찬가지였다. 상위 1%로 프로그래밍을 잘하는 사람은 아니었지만 에어비앤비가 필요로 하는 서너 개 분야에 걸쳐 꽤 쓸만한 사람이었다. 에어비앤비의 엔지니어링 디렉터였던 동료가 2017년 회사를 떠나면서 해 준 조언이 아직도 마음에 남는다.

"엔지니어링 커리어에서의 성공 방식은 두 가지다. 한 분야의 상위 1%가 되거나 여러 분야에서 상위 25%가 되거나…. 한 분야의 상위 1%가 되기는 정말 어렵지만, 장점 여러 개를 조합하면 유니크한 사람이 된다."

우리는 늘 최고가 되라고 배워왔고, 최고가 되어야 성공하는 줄 알았다. 그런데 꼭 그렇지 않다는 걸 실리콘밸리에서 깨달았다. 내가 잘하는 여러 가지를 조합해서 나의 브랜드를 만들면 된다. 비타민제를 살 때 모든 비타민이 다 들어있는 일반 비타민보다 남성 30대용, 여성 50대용 등 특정 브랜드가 붙어 있는 것을 고르게 된다. 뭐든 잘하는 뛰어난 사람이 되는 것보다, 특색있는 사람이 필요하고 성공하는 곳이 실리콘밸리이다. 그 특색을 프로그래밍이나 디자인, 매니지먼트 등의 기술로 표현할 수만 있다면 말이다. 앞으로 우리도 그렇게 될 것이라 믿는다.

제3부

비자와 미국 생활비

제3부
비자와 미국 생활비

제27장

비자와 신분

조항덕 & 송재희

미국 이직에 있어서 신분 문제는 반드시 해결해야 할 관문이다. 미국 트럼프 행정부가 들어서면서 취업비자$^{H1-B}$ 심사가 까다로워지고 있다. 취업비자는 3년간 유효하다. 3년이 지나면 다시 연장해야 한다. 예전에는 연장에는 별 어려움이 없었다. 신청만 하면 대부분 문제없이 연장됐다. 그러나 요즘에는 연장 심사도 어려워졌다고 한다. 즉, 취업비자를 못 받거나 연장되지 않을 수 있다는 얘기다. 취업비자를 얻지 못하면 합법적인 신분을 유지하기 위해 학생비자 등 방법을 찾아야 한다. 예전에는 어학원 등을 통하여 쉽게 학생비자를 얻을 수 있었다. 그러나 요즘엔 이것도 좀 까다로워졌다고 한다. 합법 신분을 유지하지 못하면 불법 체류하거나 한국으로 돌아가야 한다.

나는 2000년 9월에 미국에 왔다. 친구의 도움으로 쉽게 소프트웨어 개발자로 쉽게 직장을 잡을 수 있었다. 그리고 바로 취업 비자를 신청했다. 취업 비자 쿼터가 소진되지 않아 그 당시에는 아무 때나 신청할 수 있었기 때문이었다. 그리고 약 3개월 후 취업 비자를 받을 수 있었다. 그러나 요즘은 그때와는 다르다.

책을 집필하며 많은 사람을 만났다. 그리고 이들이 어떻게 미국으로 오게 됐는지 이야기를 들었다. 그러면서 느낀 것은 비자에는 취업비자뿐만 아니라 다양한 비자가 있다는 것이었다. 또, 본인만 준비됐다면 미국에 있는 회사들은 어떤 식으로든 데려와 쓰고자 한다는 것이다. 아마존 같은 경우 H1-B가 어려우면 주재원 비자$^{L-1}$나 O 비자로 수속하는 경우도 있다. 이는 아마존뿐만 아니라 대부분 큰 기업들은 이렇게 하는 걸로 알고 있다. 또한, 투자자 비자$^{E-2}$를 통해서 미국지사로도 올 수 있다. 결론은 비자는 두 번째 문제라는 것이다. 제일 중요한 것은 실력(전공과 영어)만 있다면 아직도 미국 취업이 얼마든지 가능하다는 것이다. 지금 실력이 조금 부족하면 계획을 세워 체계적으로 준비하면 된다.

그러나 비자의 종류와 자격 요건에 대해 잘 알아 두는 것은 중요하다. 자신에게 맞는 미국 이직 방법을 찾을 수 있으면, 불필요한 기다림, 비효율성 등을 줄일 수 있기 때문이다.

여기 있는 글은 여러 사람이 미국 내에서 겪은 경험을 토대로 하고 있다. 또한, 이민법도 매년 달라지고 있다. 그러므로 비자에 관한 내용은 참고로 사용하고, 꼭 이민 변호사와 상담하고 비자를 진행하기 바란다.

그럼, 비자에 대해 자세히 알아보자.

첫 번째로 신분^{Status}에 대한 개념을 알아보자.

Q1. 현재 미국 거주 중인데 비자가 만료되었습니다. 추방당하나요?
A1. No.

비자는 신분^{Status}을 확보하는 데 필요한 것이며, 신분만 확실하다면, 비자 만료와 관계없이 미국 체류가 가능하다. 여러 경로로 비자 없이도 미국 내에서는 신분 변경 및 연장을 할 수 있다. 정확한 추방 관련 내용을 논의하기 위해서는 비이민자 신분(영주권/시민권 취득자가 아닌 모든 신분)일 경우 I-94에 적혀있는 만료 날짜$^{\text{Expiration date}}$가 중요하다.

즉, 위 질문을 정확히 다시 작성하면, "비이민자의 경우 I-94가 만료되면, 추방 대상이 됩니다."가 더 정확한 말이 된다.

▶ I-94란?

외국인의 미국 입출국 기록이다. 예전에는 미국 입국 시 보통 비행기 안에서 입국 서류를 작성하는데, 그 입국 서류가 바로 I-94 신청서이다. 2013년 5월 7일 이후부터는 모두 전산으로 처리되어 따로 I-94 신청서를 따로 쓸 필요가 없다. I-94가 필요한 경우 I-94 공식 사이트에서 프린트하면 된다.[1]

이 I-94에 신분^{Status}과 만료 날짜^{Expiration}를 적는데, H1-B 비자로 입국했으면, Admitted에 신분(H1-B)과 해당 비자의 만료 날짜나 비자별 연속해서 머물 수 있는 기간까지 적어준다. (비자 종류에 따라 비자는 5년짜리를 받아도 머물 수 있는 기간은 6개월밖에 안 되는 규정이 있다. 예를 들어, B-1 관광비자는 10년짜리가 나와도 1년에 6개월 이상 체류할 수 없다.)

만료 기간은 꼭 비자의 만료 날짜나 특정 규정을 따른다는 보장이 없으며, 이는 이민국 담당자$^{\text{Immigration Officer}}$의 재량이다. 다만 비자의 만료 날짜보다 적게 찍힌 경우 특정 절차에 따라 I-94 연장을 미국 내 거주하면서도 할 수 있다.

Q2. 비자가 연장되면 신분이 자동으로 연장되나요? 또는 신분이 연장되면, 비자가 자동으로 연장되나요?

A2. No.

비자와 신분은 완전히 별개의 요소로 취급된다. 비자는 미국 내에서는 취득할 수 없다. 신분은 미국 내에서만 취득 및 연장을 할 수 있다. 비자는 미국 대사관에서 발급할 수 있는데, 한국에 한국 대사관이 없는 것처럼, 미국엔 미국 대사관이 없다. (소문으론 미국 내에서도 미국 대사관처럼 비자를 발급해 주는 곳이 있다고 들었는데, 이는 정확히 확인된 바가 아니니, 여기선 다루지 않도록 하겠다.)

신분은 다른 말로는 거주 신분이다. 즉, 미국에 입국하지 않았는데, 거주 신분을 가질 필요가 없으니, 미국 내에서만 취득 및 연장이 가능하다.

Ex) 예를 들어.
김씨가 L-1 비자 5년짜리 취득 후
2000.1.1 : US 입국 ⇒ I-94 2년짜리 발행(L-1 Status, Exp. 2001.12.31)
*L-1 비자는 보통 I-94를 2년까지만 받는다.
2001.4.1 : H1-B 접수
*회사에서 H1-B Sponsor를 추가로 받아 지원한 경우
2001.7.1 : H1-B 당첨 통보
2001.10.1 : 10월 H1-B Status change Approval 서류 받음 ⇒ I-94 새로 발행(H1-B status, Exp. 2004.9.30)
*Status Change(신분이 변경됨) : L-1 ⇒ H1-B. 연장된 I-94가 있으

면 이전 I-94(L-1)은 버려도 관계없음.

2003.6.30 - 한국 출국 -> 출국시 I-94 소멸

2003.7.15 - 한국 내 미국 대사관 H1-B 비자 interview ⇒ H1-B 비자 발급(H1-B 비자, Exp. 2006.7.14)

* 이전에 받은 H1-B는 비자가 아닌 승인 서류임. 즉, 미국 내에서는 신분이 변경된 경우이고, 같은 승인 서류를 가지고 미국 밖에서는 비자를 받아야 함. 따라서 신분 변경 후 출국 시에는 미국 대사관에서 인터뷰 볼 준비를 철저히 해야 하며 여유 있는 출국 일정이 필요함. 신분 변경 승인 서류 외에도 추가 서류가 상당히 많음.

2003.8.1 - 미국 입국 -> I-94 3년짜리 발행(H1-B Status, Exp. 2006.7.14)

위의 예제에서 보면, 김 씨는 처음 L-1 비자를 받은 후 신분을 H1-B로 변경하였고, 그 과정에서 I-94가 연장되어 2년 넘게 체류할 수 있었다. 그 후 출국 시에는 신분을 소멸하였고, 입국 시에는 H1-B 비자가 없기 때문에, H1-B Status Approval Notice(I-797)를 가지고 H1-B 비자를 신청하기 위해 한국 내 미국 대사관에서 인터뷰를 진행했다.

인터뷰에는 I-797뿐만 아니라 그 외 많은 서류가 요구된다. 인터뷰 후에는 처음 받았던 2004.10.1보다 더 긴 2006.7.14까지의 비자가 발급되었다. (H1-B는 한번 승인이 나면, 회사에 특별한 문제가 없는 한 예외적으로 6년간 H1-B를 유지할 수 있다. 하지만, 신분이나

비자는 매번 3년이 최대 기간이며 이 기간이 지나면, 연장 신청 및 비자를 재발급받아야 한다.)

Q3. 여권이 만료되면 비자도 만료되나요?
A3. No

이 부분은 미국만 해당하는 내용이 아니라 통상적인 내용이며, 비자를 계속 유지하기 위해 만료된 여권을 같이 가지고 다니는 경우도 있다. 다만, 미국 관련 비자는 비자 자체에 여권 번호가 들어가기 때문에 유의해야 한다. 법적으로는 문제가 없다고 알고 있으나, 가득이나 까다로운 인터뷰 및 입국 절차에 괜히 불편한 요소를 만들지 않는 것이 현명하다.

제3부
비자와 미국 생활비

제28장

비자의 종류

조항덕 & 송재희

1. 비이민 비자
_ 미국 내 영주할 의사가 없다고 간주하는 비자 [2]

학생 비자(F-1)

학생 비자 중 가장 일반적인 종류의 비자이다. 인가받은 미국 단과 대학이나 종합대학, 사립 고등학교와 같은 허가된 학교나 인가받은 영어 프로그램을 다니기 위해 미국 유학을 희망하는 경우 F-1 비자가 필요하다. 학업이 주당 18시간 이상의 수업을 듣는 경우에도 역시 F-1 비자가 필요하다.

OPT 비자

OPT^{Optional Practical Training} 비자란 적어도 1년 이상 미국에서 풀 타임으로 F-1 비자로 공부한 학생이 정식으로 일할 수 있는 비자이다. 보통 12개월이 주어진다. OPT 비자의 장점은 회사의 스폰서십 없이도 취득할 수 있으며, 1년 동안 꼭 회사에 다닐 필요는 없다.

주의해야 할 몇 가지는, 학생 신분으로 학교에서 파트 타임 일을 할 때도 OPT가 필요하다. 이를 Pre-OPT^{Pre-completion OPT}라 부르는데, 이렇게 해서 미리 사용된 OPT는 추후 Post-OPT^{Post-completion OPT} 비자 발급 시 차감된다.

통상 1년간의 실습 기간을 허용하는 OPT 비자와는 달리, 과학^{Science}, 기술^{Technology}, 공학^{Engineering} 그리고 수학^{Mathematics}, 이를 STEM이라고 하는데, STEM을 전공한 학생들에게는 미 이민국은 추가로 OPT 기간을 24개월 더 연장할 수 있도록 하고 있다.

*과거에는 17개월만 연장할 수 있었으나, 2016년에 개정되어 24개월 연장할 수 있다. 또 정책에 따라 변경될 소지가 있으니 USCIS 공식 웹사이트를 참고하는 것이 좋다.[1]

STEM에 포함되는 전공은 컴퓨터 사이언스, 생물, 수학, 통계, 엔지니어링, 군사 기술, 자연과학, 물리학, 의학 등이 있다. 학부에 수학을 전공한 사람은 STEM에 포함되지만, 학부에 수학을 전공했다가 대학원 석사 과정에서 경제학을 공부한 사람은 전공이 바뀌었기 때문에 STEM에 포함되지 않는다. 이런 경우, 1년 후 OPT를 연장할 수 없다.

조건만 된다면 학생비자로 미국에 대학이나 대학원 졸업 후 OPT로 취업하는 것이 안전한 방법이다. 만약 STEM 쪽 공부를 했다면 취업$^{H-1}$ 비자 당첨이 안 됐더라도 2번의 기회가 더 있다. 단지 신분 문제뿐만 아니라 취업하기도 훨씬 쉬워진다.

교환 방문 비자(J-1)

교육, 예술, 과학 분야의 인재, 지식 및 기술 교환을 장려하기 위해 고안되었다. 모든 학년의 학생, 회사, 조직 및 에이전시에서 실습 훈련을 받는 연수생, 초중고, 특수학교 교사, 고등교육기관에서 강연이나 연구를 하기 위해 미국을 방문하는 교수, 연구 학자, 의료 및 관련 분야의 전문 수습생, 여행, 견학, 컨설팅, 연구, 연수, 공유 또는 특수 지식이나 기술을 보유했거나 조직적인 사람 대 사람 프로그램에 참여할 목적으로 미국을 방문하는 국제 방문자를 포함한다.

J-1 비자의 자세한 프로그램 내용은 다음과 같다.

- Au Pair(오페어, 에듀케어)
- Camp Counselor(캠프 지도자)
- College and University Student(대학생 - Internship 프로그램)
- Government Visitor(정부 방문객)
- Intern(회사 인턴)
- International Visitor(국제 방문객 - 국무부용)
- Physician(의사)
- Professor and Research Scholar(교수 또는 연구학자)
- Secondary School Student(고등학교 학생)
- Short-Term Scholar(단기 학자)
- Specialist(전문의, 전문가)
- Summer Work Travel(미국 워크 트레블프로그램)
- Teacher(교사)

- Trainee(실습생)

특히 J-1 비자는 한국 대학생들이 유심히 봐야 하는 비자이다. 보통 1년 최대 3년까지 가능하다고 알고 있다. 해당 비자를 통해 미국 기업에서 인턴십 프로그램에 신청해 볼 수 있다. 해당 기업이 인턴 기간 동안 참여자를 풀타임으로 고용하고 싶다면, 여러 가지 방법으로 비자 서포트를 해줄 가능성이 높기 때문이다.

J-1 비자가 인턴 비자이긴 하지만 H1-B의 대안으로 눈여겨볼 만하다. 그 이유는 트럼프 정책에 따라 H1-B 비자의 연봉 커트라인이 높아지고 중소기업에선 H1-B의 부담을 느끼는데. 이때 J-1 비자가 돌파구가 될 수 있기 때문이다. J-1 비자는 인턴 비자로서 연봉의 제한이 적고 H1-B처럼 1년 쿼터 Quota, 발급 제한 개수가 정해진 것도 아니라 H1-B보다는 부담없이 발급 가능하다. J-1 비자는 다른 비자와 다르게, 2년 뒤 강제로 귀국하겠다는 조항을 넣을 수 있다. 이 조항은 HRR Home Residency Requirement라 불린다. 해당 조항이 붙어 있는 비자의 경우, 반드시 고국으로 귀국해야 하며, 미국 내에서 신분 변경은 가능하나 귀국조건 2년을 채우지 않으면 현재 비자와 관계없이 영주권 진행할 수 없다. 단, 특정 조건에 따라 귀국의무 면제 통지공한을 Waiver 신청할 수 있다. 한 가지 유의할 것은 귀국의무 면제 통지공한을 신청을 접수한 이후에는 J-1 비자 연장 신청이 안 된다.

따라서 보통 J-1인 상태에서 영주권 진행은
    J-1 연장 ⇒ 귀국 의무 면제 통지 공한 ⇒ 신분 변경 및 영주권
순서로 진행된다.

취업비자 H1-B(전문직) 비자

H1-B 비자를 신청하려면 반드시 일하고자 하는 전문 분야의 학사 학위 이상의 학위 또는 이와 동등한 학위가 있어야 한다. USCIS^{U.S. Citizenship and Immigration Services}는 신청자의 직업이 전문직에 속하는지, 그리고 신청자가 업무상 필요한 일을 수행할 능력이 있는지 판단한다. 신청자의 고용주는 신청자의 고용 계약 조건과 관련하여 미국 노동부에 고용 조건 신청서를 제출해야 한다.

비이민 비자 군에 속하지만, 듀얼 인텐트^{Dual intent}(비이민/이민의 의도가 있음)를 허용하여, 유일하게 영주권 진행 중에도 H1-B의 추가 연장이 가능한 비자이다. 즉, 이민의 목적도 있다고 가정하고 있으며, 변호사계에서는 준이민 비자로 불린다고 한다.

연간 65,000 비자가 발행되고 있으며, 추가 2만 개가 석사학위 이상에게 주어진다. 그러므로 석사 이상으로 지원하는 것이 유리하다. 왜냐하면, 2만 쿼터에 들지 못하더라도 나머지 65,000쿼터에도 뽑힐 가능성이 있기 때문이다.

경쟁률이 보통 3:1 정도이며, 4월 초에 서류 접수 후 6월경에 당첨 여부가 결정되며, 10월부터 일할 수 있는 자격이 주어진다. 총 6년간 비자를 소유할 수 있으나 비자는 3년씩만 갱신된다. 예외적으로 영주권 수속 절차 중에는 무기한 연장이 가능하다.

미주 중앙일보 기사에 의하면 지난해 접수된 H1-B 승인율은 82.4%로, 1년 전인 2016년의 92.3%나 2015년도의 97.3%보다 10%포인트 이상 떨어졌다고 한다. 비자 발급에 필요한 서류를 추가로 요구하거나 관련 증명서 제출을 지시한 사례는 전체 신청서의 46.6%로, 2건 중 1건 꼴에 달한다고 한다.

비자 발급이 기각된 케이스도 전체 지원서 중 17.6%에 달해, 7.7%에 그쳤던 2016년도 같은 기간보다 10% 포인트 이상 늘었다고 한다.2) 트럼프 행정부가 들어선 후 해당 서류심사를 까다롭게 진행하고 있다는 증거이다. 그러나 미국에 취업할 수 있는 것은 취업 비자만 있는 것이 아니니, 다른 비자의 조건이 되는지 이민 변호사와 상의하여 진행하는 것이 현명하다.3)

과거에는 H-4^{가족 비자}에 소셜 번호 및 노동 허가^{Working Permit}가 발급되지 않아 혼자 벌어^{Single income} 생활해야 했지만, 2015년 이후로 신청자에 한하여 배우자에게도 소셜 번호 및 노동 허가를 신청할 수 있다.4) 그러나 모든 H-4 비자 소유자가 신청 가능한 것이 아니다. USCIS에 따르면 H1-B 홀더의 I-140(영주권 두 번째 단계)가 승인되었거나 H1-B 비자 소지 6년 이후 1년씩 연장되는 프로그램 때문에 무기한 연장 중인 경우만 가능하다고 되어있다. 5)

주재원 비자 (L-1)

주재원 비자로서 글로벌 기업의 직원이 미국 내 같은 기업의 모회사, 계열사 또는 자회사로 임시 전근을 가는 경우 필요하다. 글로벌 기업은 미국 또는 미국 외 국가의 회사일 수 있다. L-1 비자를 신청하려면 관리직 또는 임원직이거나, 전문 지식이 있고 미국에서 이와 같은 직위는 아니더라도 비슷한 수준의 임무를 맡을 예정이어야 한다. 또한, 미국 입국을 위한 비자 신청 전 3년 이내에 1년간 지속해서 미국 외 글로벌 기업의 지사에 고용되어 있었어야 한다. 주재원 비자의 기간은 L-1A$^{\text{Intracompany Transferee Executive or Manager}}$ 경우 7년, L-1B$^{\text{Intracompany Transferee Specialized Knowledge}}$는 5년이다. 이 기간이 지나면 반드시 한국으로 돌아가야 한다.

L-1 비자도 H1-B 비자와 마찬가지로 듀얼 인텐트$^{\text{Dual intent}}$(비이민/이민의 의도가 있음)를 허용하는 비자이다. 따라서 영주권 수속 시 L-1 비자 연장이 가능하다. 하지만, L-1 비자는 보통 1년씩 연장되며, 연장 후 외국 출국시에 대사관에서 인터뷰를 보고 비자를 취득해야 번거로움이 있어 EAD$^{\text{Employment Authorization Document}}$ 카드를 신청하는 편이 더 쉬울지도 모른다. 이는 본인의 신분 상태에 따라 현명하게 판단하는 것이 좋다.

무역 비자 (E-1)

무역 비자 E-1$^{\text{Treaty Traders}}$은 미국과 무역 운항 조약이 체결된 조약국 국민을 위한 비자이다. 쉽게 말해 무역 운항을 체결했으니 무역 관련 업무에 비자를 허용해 주는 것이다. 여기서는 자세한 내용은 생략한다.

투자자 비자 (E-2)

E-2는 흔히 투자자$^{\text{Treaty Investor}}$ 비자로 알려져 있다. 간단히 말하면, 미국에 사업체를 설립하거나 운영하면서 투자자들이 받을 수 있는 비자이다. 하지만, 재미있는 사실 하나는 본인이 투자자일 필요는 없다는 것이다. 투자자 비자로 사업체에 필요로 하는 사람(직원)이 같이 E-2 비자를 신청할 수 있기 때문이다.

한 예로 넥슨에서 넥슨 아메리카로 E-2 비자로 오는 경우가 종종 있다. 넥슨 아메리카는 투자회사이고 그 직원으로 갈 수 있는 것이다. E-2 비자도 E-1과 같이 2년씩 연장할 수 있으며 반영구적 미국 체류가 가능하다.

특수 재능 소지자(O-1)

O-1^{Individuals with Extraordinary Ability or Achievement} 비자는 과학, 예술, 교육, 사업 그리고 체육 분야에서 탁월한 능력을 보유한 외국인의 미국 체류를 허가해주는 비자이다. 외국인의 '탁월한 능력'을 판단하는 기준은 사업가, 과학자, 교육자의 경우가 가장 높으며, 예술 분야 종사자에는 이보다 낮은 기준이 적용된다. 과학, 교육, 그리고 사업 분야에서의 탁월한 전문 지식이나 기술을 증명하려면 해당 외국인이 국가적 또는 국제적으로 지속적인 찬사를 받고 있으며 해당 전문 분야의 정상에 도달했다는 것을 증명해야 한다. 이러한 기준은 취업 이민 1순위에 해당하는 EB-1(세계적인 탁월한 능력의 보유자)의 신청자격 기준과 비슷하다.

사례가 많지 않아 찾기가 좀 어렵지만, 엔지니어 연구원이 O-1 비자로 오는 사례도 종종 있다고 알려져 있다. 유재석이 '무한도전' 미국 촬영을 올 때 O-1 비자를 받았다고 한다.[6] 특히 아마존의 경우 H1-B 진행 후 실패하면 O-1 비자로 변경해서 진행하는 경우가 있다고 한다.

O-1A 비자(O-1 비자 중 과학, 교육, 비즈니스 또는 운동선수에 해당)를 받기 위해서는 다음 8가지 중 3가지를 충족해야 하며 미국 회사의 잡 오퍼^{Job Offer}가 필요하다. 내용이 많이 복잡해서 전문 변호사와 상의하는 것을 추천하며, 여기서는 짧게만 설명하기로 한다.

1. Award Criteria
2. Association Criteria
3. News Media Criteria
4. Judge Criteria
5. Contributions Criteria
6. Authorship Criteria
7. Employment Criteria
8. Salary Criteria

상용/관광 비자(B-1/B-2)

인터뷰를 통한 관광 비자는 6개월 체류 기간이 주어지고 6개월 추가 연장이 가능하다. 현재 한국은 비자 면제 국가로 포함되어 ESTA라고 하는 프로그램으로 최장 3개월의 체류 기간이 주어진다. 미국 내에서 체류 기간이 만료될 때쯤 체류 신분을 변경하는 방법으로 체류 기간을 늘리는 방법이 있다.

관광비자로 미국에 입국하여 취업비자를 받는 것은 합법적인 방법이지만 이 방법을 추천하지 않는다. 체류 신분을 미국 내에서 변경하면 재입국 시 비자를 재발급받아야만 하고 입국 사유에 대한 합당한 이유를 까다롭게 물어보고 거절될 확률이 높기 때문에 미국 내에서 신분변경이 가능해질 때까지 미국 출입이 자유롭지 못하다.

2. 취업 이민 비자
_ 미국 내 영주할 의사가 있다고 간주하는 비자 [7)]

1순위 (EB-1 Employment 1st Preference) 비자 [8)]

EB-1에는 3가지 종류가 있다. EB-1B는 뛰어난 연구가나 교수들에게 해당되고 EB-1C는 관리급이나 임원급 직원들, L-1비자 소지자가 영주권 신청 시 사용하는 방법이다. EB-1A는 특출한 능력 Extraordinary Ability이 인정되는 사람이 받을 수 있다. 예를 들면, 노벨상이나 올림픽에서 메달을 딴 사람들이 그렇다. 그 외에 10가지 기준 중 3가지 이상 만족하는 사람들이 신청할 수 있다.

① 주요 상은 아니지만, 해당 분야에서의 우수성을 인정하는 국가적 혹은 국제적인 상의 수상경력
② 해당 전문 분야에서의 뛰어난 업적을 인정받아야만 가입할 수 있는 협회의 회원이라는 증거
③ 전문 학술지, 업계 저널, 주요 언론매체 등에서 신청인 혹은 신청인의 업적에 관해 다룬 기사(제목, 발행일, 저자 이름을 반드시 포함해야 하며 영어 외의 언어는 영어 번역본 첨부)
④ 신청인이 자신의 전공 분야 또는 연계된 분야에서 개인 자격으로 혹은 패널의 일원으로 다른 사람의 업적을 심사하는 데 참여했다는 증거
⑤ 논문 출판 등을 통해 과학, 학문, 예술 또는 체육 등의 분야에서 신청인이 매우 중요한 독창적인 공헌을 했다는 증거
⑥ 해당 분야의 주요 전문 학술지, 업계 저널 또는 주요 언론 매체 (선국적으로 발행되는 신문, 잡지 등)에 학술 연구 논문 등을 기고했다는 증거

⑦ 미술 전시관이나 쇼케이스에 전시된 증거
⑧ 뛰어난 명성을 가진 단체나 기관에서 주요 직을 맡아 수행한 증거
⑨ 해당 분야의 다른 종사자보다 훨씬 더 높은 연봉 혹은 서비스에 대한 보수를 받는다는 증거
⑩ 박스 오피스 기록이나 음반/비디오 판매량 등의 기록을 통해 공연 예술 분야에서 신청인이 상업적인 성공을 거두었다는 증거

자신이 위 조건에 해당된다고 생각하는 사람들은 이민 변호사와 상의하여 비자를 신청하는 것이 좋다. 이 비자는 노동 인증서가 필요 없고 고용주의 스폰서가 필요 없으며 다른 카테고리보다 영주권을 빠르게 취득할 수 있는 장점이 있다.

2 순위 (EB-2 Employment 2nd Preference) 비자

석사 이상 또는 그에 준하는 교육을 완료하였거나, 최소 경력이 5년 이상인 과장급 일을 수행한 자에 해당한다. 보통 10년차 정도는 되어야 서류 작성 및 통과가 수월하다.

고학력이거나 미국 국익에 도움이 되는 것을 입증할 수 있으면, NIW 신청(주로 미국 내 박사 학위 신청자들)을 고려해 볼 수 있으며, 이 경우는 고용주의 스폰서가 필요 없다. 박사학위 없이도 특허 및 각종 논문으로 인정받은 사례가 있다. 그 외의 전문직으로 일한 경력으로 인정받기 위해서는 고용주의 스폰서가 필요하다. 연간 약 4만 개의 비자 쿼터가 있는 것으로 알려져 있다.

3 순위 (EB-3 Employment 3rd Preference) 비자 [9]

▶ 숙련공 Skilled Worker

대학 졸업 후 최소 2년 이상 경력자, 즉 숙련공에게 주어지는 취업비자이다. 학사학위 소지자는 대부분 3순위로 신청한다고 보면 된다. 반드시 노동 허가 Labor Certification가 필요하며 고용주의 임금 지급 능력 Ability to Pay Offered Wage과 신청자 Beneficiary의 자격 조건을 검증한다.

▶ 비숙련공 Unskilled Labor

닭 공장이나 농장일, 간병인 등 미국인들이 기피하는 업종을 통해 이민 오는 방법인데 한국에서 많은 이주공사가 이 카테고리를 통해서 이민을 진행하는 것으로 알고 있다. 비숙련 취업이민의 단점이 힘든 노동환경과 낮은 임금이지만 다른 방법보다는 조건이 까다롭지 않고 쉽게 영주권을 얻을 수 있다.

4 순위 (EB-4 Employment 4th Preference) 비자 [10]

종교계에 종사하고 있는 목사님, 스님, 신부님 등이 해당될 수 있지만 2017년 만료됐다. 대부분 사람들에게 해당되지 않기에 생략한다.

5 순위 (EB-5 Employment 5th Preference) 비자 [11]

투자자 이민 비자로서 일반적으로 100만 불, 실업률이 낮은 지역의 경우 50만 불(약 5억 원)의 투자를 한 경우 받을 수 있는 비자이다.

3. 비자 통계

매년 미국 정부에서는 미국 비자에 대한 통계를 공개하고 있다.[12] 공개된 비자 통계를 바탕으로 얼마나 많은 한국인이 어떤 비자를 통해 미국에 들어왔는지 알아보고자 한다.

2013에서 2017까지 비 이민 비자 통계. 흥미로운 것은 학생 비자가 2015 이후 급격히 감소하는 것을 알 수 있다. 다른 비자는 해마다 조금씩 증가했다.

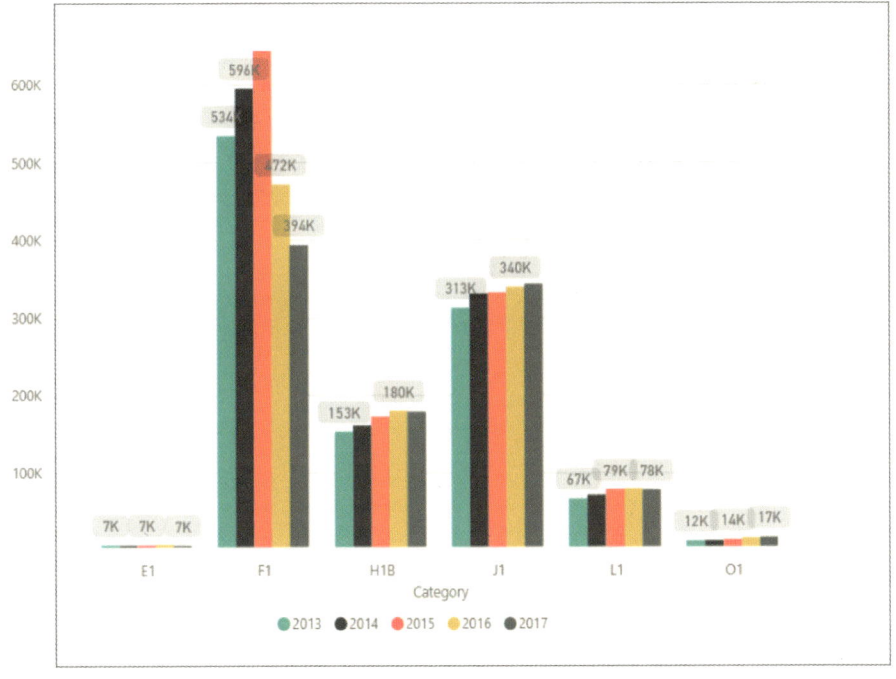

< 표31. 2013~2017 비 이민 비자 통계 >

그럼 2017년 한국에서 얼마나 어떤 비 이민자를 통해 왔는지 살펴보자.[13] 편의상 비 이민자 비자 중 E, F, J, L, O만 도표에 포함시켰고 관광비자나 ESTA 등 다른 비 이민 비자로 온 경우는 배제했다. 역시 학생 비자로 2,500여 명(약 56%)가 미국에 왔고, 다음으로 J 비자, L 비자, E 비자였다. O 비자도 약 840여 명이 미국으로 왔다.

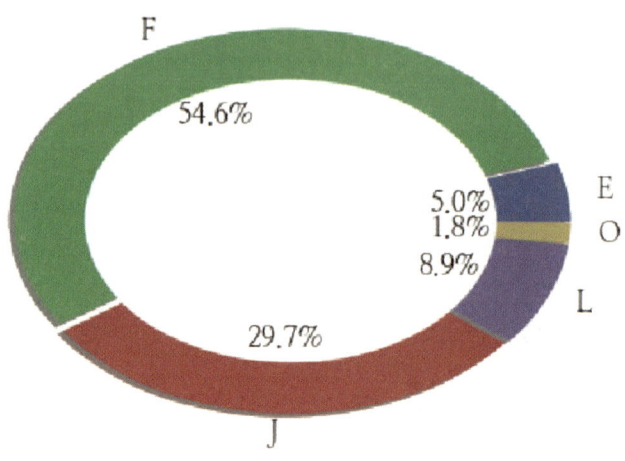

< 표32. 2017 한국인 비 이민 비자 통계 >

다음은 이민 비자를 통해 2017년 한국에서 미국으로 온 경우를 살펴보자. 1 순위로 들어온 사람들이 268명이다. 그리고 60%(1,280명)가 넘는 분들이 2 순위로 수속했다. 취업 이민 오는 분들 대부분이 석사 이상 5년 이상 경력을 가지고 있다는 것이다.

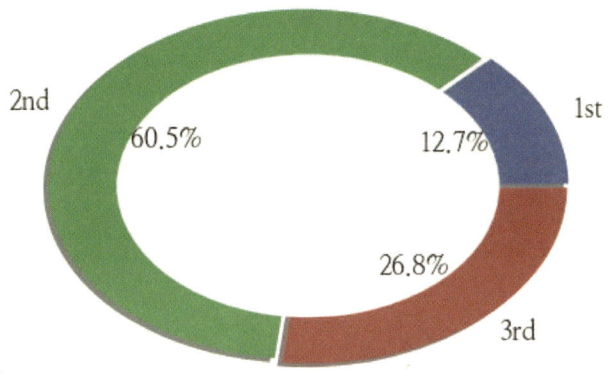

< 표33. 2017 한국인의 이민 비자 통계 >

제3부
비자와 미국 생활비

제29장

미국 생활

조항덕 & 송재희

스택 오버플로우Stack Overflow 2016년 설문을 통해 나라별 개발자 임금을 발표했다.1) 설문조사 대상은 경력 5년 이상 개발자였으며, 통계는 임금 평균값, 임금 중앙값 두 가지로 공개했다. 아래는 임금 평균값을 기준으로 1위부터 20위까지 정렬한 값이다. 한국 개발자 평균 임금은 전 세계에서 중간 수준으로 4만8529달러, 2018년 6월 25일 환율 기준(1,114.96) 약 5천 400만 원 정도이다. 순위는 19위다. 2017년 설문조사 결과도 나왔지만, 데이터 자체를 구하지 못해 나라별로 분석할 수 없었다. 한국 개발자의 중앙값이 미국의 절반도 안되는 것을 알 수 있다.2)

	Country	Salary (mean)	Salary (median)	Local Big Mac Price	Big Macs per Year (mean)
1	United States	$106,120	$105,000	$4.93	21,530
2	Switzerland	$101,449	$105,000	$6.44	15,753
3	Denmark	$81,778	$85,000	$4.32	18,930
4	Australia	$80,093	$75,000	$3.74	21,426
5	Norway	$77,429	$75,000	$5.21	14,930
6	Ireland	$76,747	$75,000	$4.25	18,058
7	United Kingdom	$75,654	$65,000	$4.22	17,925
8	Israel	$74,400	$75,000	$4.29	17,447
9	New Zealand	$70,727	$65,000	$3.91	18,089
10	Canada	$70,307	$65,000	$4.14	16,978
11	Belgium	$59,490	$55,000	$4.25	13,998
12	Sweden	$58,899	$55,000	$5.23	11,291
13	Netherlands	$55,180	$55,000	$3.71	14,873
14	China	$54,667	$45,000	$2.72	20,072
15	Germany	$53,630	$55,000	$3.86	13,880
16	France	$52,948	$45,000	$4.41	12,009
17	Austria	$51,793	$55,000	$3.76	13,775
18	Finland	$50,421	$55,000	$4.41	11,433
19	South Korea	$48,529	$45,000	$3.59	13,518
20	South Africa	$45,383	$35,000	$1.77	25,713

< 표34. 나라별 개발자 임금 >

설문 조사 결과만 보면 5년 이상 개발자 연봉이 1억이 넘는다는 얘기다. 아마존이 H1-B 비자를 신청할 때 제출한 2017 평균 연봉이 $126,036이다.3)

	LCA for H1B Visa	LC for Green Card
2017	$126,036	$89,950
2016	$121,850	$128,160
2015	$116,976	$125,199
2014	$113,163	$121,177
2013	$109,440	$119,161
2012	$107,097	$114,630
2011	$102,124	$112,019

< 표35. 아마존이 H1-B 비자를 신청할 때 제출한 평균 연봉 >

글래스도어에 따르면 4~6년 경험의 시애틀 지역 소프트웨어 개발자의 평균 기본 연봉은 $98,099이었다. 평균 현금 보상이 $6,576. 종합 연봉은 평균은 $104,675이었다.4)

1억 연봉이 한국에 비하면 많은 것이 사실이지만 한국에서와 비하면 풍족한 삶을 살것인가? 대답은 그럴 수도 있고 아닐 수도 있다. 미국 어느 지역에 사느냐에 따라 1억이 주는 경제적 만족감은 많이 달라진다. 그러면 1억 연봉으로 4인 가족 기준으로 실제로 어떻게 살고 있는가 도시별로 살펴보고자 한다.

한인이 많이 살고, IT 회사들이 많은 몇몇 도시들의 1억의 실제 생활지수를 살펴 보고자 한다.

City	Bi-Weekly paycheck	Federal taxes	State Taxes	Local taxes	Social Security	Medicare Tax	Net Pay per paycheck	Net Yearly Income
Los Angeles, CA	4166.67	1041.67	554.17	0	258.33	60.42	2252.08	54050
San Francisco, CA	4166.67	1041.67	554.17	0	258.33	60.42	2252.08	54050
San Jose, CA	4166.67	1041.67	554.17	0	258.33	60.42	2252.08	54050
New York, NY	4166.67	1041.67	367.50	103	258.33	60.42	2335.75	56058
Boston, MA	4166.67	1041.67	229.58	0	258.33	60.42	2576.67	61840
Denver, CO	4166.67	1041.67	192.92	3	258.33	60.42	2610.33	62648
Washington DC	4166.67	1041.67	0.00	193	258.33	60.42	2613.25	62718
Detroit, MI	4166.67	1041.67	177.08	0	258.33	60.42	2629.17	63100
Ann Arbor, MI	4166.67	1041.67	177.08	0	258.33	60.42	2629.17	63100
Chicago, IL	4166.67	1041.67	156.33	0	258.33	60.42	2649.92	63598
Seattle, WA	4166.67	1041.67	0.00	0	258.33	60.42	2806.25	67350
Nashville, TN	4166.67	1041.67	0.00	0	258.33	60.42	2806.25	67350
Maimi, FL	4166.67	1041.67	0.00	0	258.33	60.42	2806.25	67350

< 표36. 도시별 세금 >

우선 주요 도시에서 각종 세금을 빼고 2주마다 받은 페이첵을 계산해봤다. 주 세금이 많은 캘리포니아가 가장 적게 받는 것으로 나타났다. 의료보험과 401K 퇴직연금를 들지 않았다고 가정하면 2주마다 2,252불을 받는다. 반면 주 세금이 없는 워싱턴주나 텍사스주는 같은 페이첵에 좀 더 많이 가져온다. 2주마다 시애틀은 2,806불로 캘리포니아보다 무려 554불 정도 더 받는다. 그러나 이 돈을 집으로 다 가져오는 것은 아니다. 여기다 의료보험을 내고, 401K 등이 들어가면 실제 수령액은 훨씬 줄어든다. 401K에 가입할 의무는 없다. 그러나 의료보험은 가입해야 한다. 싱글일 경우 보통 회사에서 전액 커버해 주지만, 가족일 경우 몇백 불은 월급에서 자동으로 나간다.

계산을 간단하게 하려고 2주에 한 번 약 2,000불을 가져온다고 가정하자. 방이 두 개 있는 집이나 아파트를 렌트한다고 가정하고 도시별로 렌트를 제외한 수입을 계산해봤다. 도시별 월세는 렌트 정글Rent Jungle 5)에서 가져왔다.

City	Monthly Income	Avg 2 Beds Rental	Income after rent
San Francisco, CA	4000.00	4431	-431.00
Mountain View, CA	4000.00	3652	348.00
New York, NY	4000.00	3600	400.00
Boston, MA	4000.00	3306	694.00
San Jose, CA	4000.00	3093	907.00
Los Angeles, CA	4000.00	3012	988.00
Seattle, WA	4000.00	2675	1325.00
Chicago, IL	4000.00	1976	2024.00
Denver, CO	4000.00	1755	2245.00
Austin, TX	4000.00	1546	2454.00
Ann Arbor, MI	4000.00	1475	2525.00
Dallas, TX	4000.00	1440	2560.00
Detroit, MI	4000.00	1261	2739.00
Nashville, TN	4000.00	950	3050.00

< 표37. 도시별 집 렌트비 >

샌프란시스코에서는 약 430불이 적자다. 연봉을 1억을 받아도 살기 힘들다는 얘기다. 4인 가족 기준 연봉 105,350불은 샌프란시스코에서는 저소득층으로 분류된다.[6] 반면, 아마존 본사가 있는 시애틀은 한 달에 1,350불 수입이다. 여기에 차 할부금, 매달 기름값, 식료품값 등을 생각하면 생활이 아주 빠듯하다. 시애틀 외곽으로 나가면 집값이 싸진다. 시애틀에서 좀 떨어진 30분 운전 거리에 살면 $1,500에 집이나 아파트를 구할 수도 있다. 외식을 자제하고 아껴 쓰면 조금 저축도 할 수 있게 된다.

구글 본사가 있는 마운틴 뷰에서도 1억의 연봉으로 살기 힘들다. 텍사스 오스틴으로 가면 좀 더 여유롭게 살 수 있다. 그러나 위의 수치는 어디까지나 대략적인 아이디어를 주기 위한 것이다. 회사로부터 오퍼를 받을 때나 연봉 협상할 때 반드시 실제 생활비 등을 고려해 봐야 한다. 그렇지 않으면 큰 낭패를 보는 경우가 종종 있다.

생활비 비교

생활비를 계산하기 위해 bankrate.com을 알아 두면 주^{State}별 생활비 비교에 도움이 된다.

예를 들어, 로스앤젤레스와 미국 내의 최고 물가를 자랑하는 뉴욕의 맨해튼 지역을 비교해보면, LA에서 80,000 USD를 받는 사람이 맨해튼 지역으로 가면 약 130,000 USD를 받아야 비슷한 생활이 가능하다고 보여주고 있다.[7]

단순 비교뿐만 아니라 생각보다 자세한 집세$^{Housing\ cost}$와 식음료비^{Food}/라이프스타일^{Lifestyle}까지 자세히 비교해 놓고 있으니 이사나 이주를 계획할 때 꼭 알아 두도록 하자.

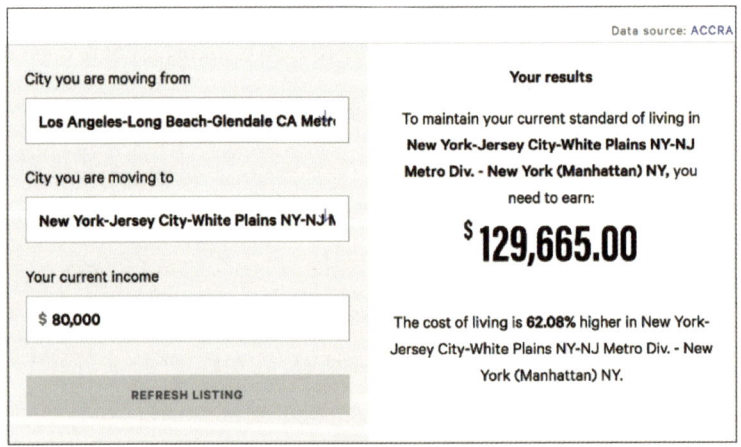

< 표38. 다른 도시 이주 시 얼만큼 더 벌어야 하는지 계산해주는 사이트 >

Housing cost

	Los Angeles-Long Beach-Glendale CA Metro Div.	New York-Jersey City-White Plains NY-NJ Metro Div. - New York (Manhattan) NY	Change
Home price	$617,169.00	$1,472,476.00	↑ 139%
Payment + interest	$2,183.34	$5,263.67	↑ 141%
Apartment rent	$2,420.13	$3,984.33	↑ 65%
Mortgage rate	3.90%	3.98%	↑ 2%
Total energy	$192.12	$249.15	↑ 30%
Part. electrical	$134.81	$116.76	↓ 13%
Other energy	$57.31	$132.40	↑ 131%

< 표39. 도시별 관리비 >

Food cost

	Los Angeles-Long Beach-Glendale CA Metro Div.	New York-Jersey City-White Plains NY-NJ Metro Div. - New York (Manhattan) NY	Change
Hamburger sandwich	$4.11	$4.09	↓ 0%
Sausage	$4.88	$5.24	↑ 7%
2-piece chicken	$3.88	$4.99	↑ 28%
Frozen meal	$2.47	$3.75	↑ 52%
Lettuce	$1.43	$1.70	↑ 18%
Sweet peas	$1.42	$1.26	↓ 12%
T-bone steak	$11.05	$13.31	↑ 20%
Ground beef	$4.27	$6.09	↑ 43%
Coffee	$5.27	$6.09	↑ 15%
Parmesan cheese	$4.41	$6.21	↑ 41%
Potato chips	$2.93	$3.46	↑ 18%
Orange juice	$3.54	$4.14	↑ 17%

< 표40. 도시별 식음료비 >

Lifestyle cost

	Los Angeles-Long Beach-Glendale CA Metro Div.	New York-Jersey City-White Plains NY-NJ Metro Div. - New York (Manhattan) NY	Change
Washer repair	$48.78	$108.89	↑ 123%
Tire balance	$48.38	$78.00	↑ 61%
Boy's jeans	$23.92	$29.08	↑ 22%
Cascade	$5.12	$6.93	↑ 35%
Tennis balls	$2.40	$4.37	↑ 82%
Women's slacks	$29.08	$41.00	↑ 41%
Men's shirt	$25.91	$30.39	↑ 17%
Newspaper	$23.08	$27.52	↑ 19%
Ibuprofen	$11.83	$10.64	↓ 10%
Gasoline	$3.39	$2.76	↓ 19%
Toothpaste	$2.65	$4.49	↑ 70%
Shampoo	$1.09	$1.32	↑ 21%

< 표41. 도시별 라이프스타일 비용 >

연봉

6만 불 정도의 연봉을 가정해보자. 한국에서의 연봉과 비교하면 큰 돈이라, 미국 어느 지역에서나 충분히 생활이 가능할 거라고 생각할 수도 있다. 실제 6만 불의 연봉이면 얼마를 받을 수 있으며 어떤 생활이 가능한지 조금 짚어 보자.

일단, 미국 급여와 관련한 일반 상식을 조금 알아보자.

▶ 급여 기간

한국은 대부분 1달에 1번 급여를 받지만, 미국은 보통 한 달에 2번 Semi-Monthly 또는 2주에 한 번 Bi-weekly 급여를 받는다.

▶ Gross vs Net Income

쉽게 Gross는 세전, Net은 세후 급여(정산 내용 다 뺀 후)라고 이해하면 편하다.

▶ Federal Tax and State Tax

연방 세금과 주 세금이 별도로 있다. 워싱턴주를 비롯해서 알래스카, 플로리다, 네바다, 사우스다코타, 텍사스, 와이오밍주에는 급여에 주 세금이 없다. 급여에만 세금이 안 붙는 것이지 일반 상품 구매 시에는 주별로 세금이 다르다.

▶ Tax Brackets

세금을 책정할 때 가정당 총수입의 일정 비용(%)을 세금으로 계산하는 방법이다.

다음 표는 2018년도 연방 정부 택스 브라켓 Tax Brackets이다.[8] 누진세 개념으로 이해하면 조금 쉽다. 예를 들어, 독신인 $40,000 연봉자인 경우에는 연방 정부 세금이 3가지 세율을 적용받는다.

      10% * ($9,525)
   + 12% * ($38,700 - $9,526)
   + 22% * ($40,000 - $38,701)
   = $4,739.16 (Federal Tax)

Rate	For Unmarried Individuals, Taxable Income Over	For Married Individuals Filing Joint Returns, Taxable Income Over	For Heads of Households, Taxable Income Over
10%	$0	$0	$0
12%	$9,525	$19,050	$13,600
22%	$38,700	$77,400	$51,800
24%	$82,500	$165,000	$82,500
32%	$157,500	$315,000	$157,500
35%	$200,000	$400,000	$200,000
37%	$500,000	$600,000	$500,000

< 표42. 연방정부 택스 브라켓 >

다음 6만 불을 캘리포니아 로스앤젤레스에서 받았을 때 한 달에 두 번 들어오는 급여이다. Salary net calculator로 검색하면 여러 가지 무료 계산기를 찾을 수 있다. 여기서는 ADP 사이트를 이용하였다.[9]

    Calculated at 04/28/2018 08:24:38

    Annual Pay(세전 연봉) : 60,000.00

    Gross Pay(세전 급여-월급/2회) : 2,500.00

    Federal(연방 세금) : 319.40

    Fica(Social Security 세금) : 155.00

    Medicare(보험) : 36.25

    State(주세) : 104.47

    SDI(장애자보험) : 25.00

    *Insurance(오바마보험) : 100.00

    *401K(연금 5%) : 125.00

    Net Pay(실제 급여) : 1,634.88

한 달에 총 $1,634.88 * 2 = $3,269.76을 받게 된다.

* Insurance(오바마 보험) : 회사마다 비용이 다르며, 회사별로 100% 커버하는 경우도 있고 일부만 커버 하는 경우도 있다.
* 401K(연금 5%) : 보통 본인의 선택사항이며, 1년 최고 한도 내(2017 기준 $18,000)에서 연금 금액을 정할 수 있다. 보통의 경우 3-5% 정도는 넣는 편이다.
* Federal(연방세)과 State(주세)가 약간 줄어들었는데, 이는 Insurance와 401K 비용에 따라 전체 급여 감면 효과를 가져오는 세제 혜택이 있기 때문이다. 큰 금액 차이는 나지 않는다.

6만 불에 1달 급여 약 3천2~3백 불 정도 받는다고 보면 된다. 보통 한국에서 연봉 5천만 원 정도의 IT 직종의 사람들의 경우 보너스와 기타 야근 수당을 포함하여 실 급여(월급)가 약 4~500만 원 정도 들어오는 것으로 알고 있다. 하지만, 미국의 경우 야근이 적은 편인데다가 야근 수당이 거의 전무하다. 보너스는 어느 정도 규모가 되는 회사의 경우에는 기대해 볼 수 있다.

그럼 위 비용으로 로스앤젤레스에서 살면 어떻게 될까.
      고정비
      아파트 임대료: $2,000(1 bedroom)
      자동차 임대료: $200(Camry or Civic)
      자동차 보험료 : $100
      Utility 비용 : $100 (전기, 가스 수도 요금 및 쓰레기 수거비)
      총 = $2,400 / 월
남은 생활비 $3,269 - $2,400 = $869

위에서 보면, 아파트 임대료가 대부분을 차지하고 있어 생활 여유 자금이 별로 없다는 것을 볼 수 있다. 미국 내에서는 차는 거의 필수이기 때문에 차 없이는 생활이 불가능하다고 보는 것이 좋다. 차라리 좀 더 허름한 집으로 선택하고 임대비용을 줄여야 한다. 그래야 약 500불 정도 줄일 수 있을 것으로 보인다.

자동차 임대(리스)는 미국에선 보편적이라 잘 되어 있는 편인데, 목돈이 있다면, 중고차를 한 번에 구매하는 것도 나쁘진 않다. 미국 내 자동차 보험은 한국에 비해 비싼 편이며, 한국 경찰서에도 운전 경력서를 발급해 주니 이를 가져오면 보험 할인을 받을 수 있다. 참고로 미국은 보험 없이는 차를 구매해도 차키를 지급하지 않는다.

그렇다면 실제 어느 정도의 연봉이 적절할까? the Office of Foreign Labor Certification 사이트에 가면 실제 LC(노동 허가서) 진행 시 접수된 일부 내용이 공개되어 있다.[10] 다음은 취업비자[H1-B]를 신청하며 제시한 연봉을 몇몇 도시별로 평균한 내용이다.

State	City	AWO 2014	AWO 2015	AWO 2016	Trend
CA	San Franci	$95,422.08	$98,817.51	$104,830.00	
CA	San Jose	$93,614.05	$95,308.23	$102,543.00	
WA	Seattle	$91,405.69	$95,533.24	$100,483.00	
WA	Redmond	$93,319.21	$95,778.21	$104,589.00	
WA	Bellevue	$90,441.51	$90,628.85	$ 91,448.00	
TX	Houston	$77,067.46	$75,981.22	$ 78,159.00	
TX	Dallas	$70,465.83	$71,807.08	$ 74,086.00	

< 표43. 취업비자 신청시 연봉 >

위 도표에 보면 2016년도에 눈에 띄게 평균 급여가 올라갔는데, 그 이유는 트럼프 정책 때문이다. 트럼프가 10만 불미만의 H1-B는 뽑지 말라고 실제 언급한 것으로 알고 있는데 이는 10만 불 이상 주고 내국인 채용에 더 힘쓰라는 정책 방향 때문인 것으로 알고 있다. 다시 말해, 숫자상으로 좋아진 것처럼 보이나, 실제 H1-B 스폰서를 구하기에는 더욱 어려운 상황이 되었다는 것을 의미한다.

두 번째로 강조하고 싶은 내용은, 위 급여가 평균이라 쉽게 위에 제시된 연봉을 받을 것이란 오해는 말았으면 한다. 대기업의 경우 실제 연봉과 LC$^{Labor\ Certification}$에 들어가는 연봉이 다르지 않겠지만, 중소기업의 경우에는 많이 부풀려서 보고하는 것으로 알고 있다. 이는 오로지 서류 통과 목적으로 보고된 내용이며, 중소기업에서 감사^{Audit}를 받을 경우가 적고 감사를 받게 되어도 얼마든지 보완 서류로 보충할 수 있기 때문이다.

실제 중소기업의 H1-B의 평균 급여는 약 5~8만 불 선으로 알고 있으며, 5만 불이 안 되는 H1-B도 적지 않다. 개인적인 견해로는 미국 대기업으로 입사할 경우 10만 불 선이면 좋은 출발이라고 생각되고, 중소기업으로 입사할 경우 7~8만 불 선이면 무난하다고 본다. 위 연봉 이야기만 들었을 때는, 미국에 와서 너무 생활비에 허덕이며 생활해야 한다는 생각이 들 것 같아 조금 다른 시각에서의 연봉 이야기를 다루어 보자.

H1-B의 경우 급여 체계가 이렇다면, H1-B를 떠나 보통 10년 차 IT 종사자의 연봉을 다루어 보자. 글래스도어의 로스앤젤레스 지역

시니어 소프트웨어 엔지니어 평균 연봉은 약 $120,000이다.[11] 미국은 연차 개념은 없지만, 굳이 한국식으로 이야기하자면, 대리~과장급 정도가 시니어 엔지니어라고 보면 된다. 약 5~10년 차 정도로 이야기할 수 있다. 10~14년 차는 $130,000 정도로 나온다.

< 표44. 시니어 엔지니어 평균 연봉 >

< 표45. 10~14년차 시니어 엔지니어 평균 연봉 >

위 사이트는 실제 사용자가 회사를 옮기면서 본인의 연봉을 적는 것을 통계로 내는 사이트이기 때문에 실제 평균으로 보면 된다. 나의 경우에도 처음 H1-B는 서류상으론 6만 불이었으나 실제 급여는 4만 불이었고, 지금은 13만 불이 넘는 급여를 받고 있다. 약 10년간 미국에서 지내면서 300% 이상의 급여 증가를 받았다고 보면 된다. 한국에선 이와 같은 성장은 거의 불가능할 것이다.

미국에서 중요한 것은 나를 증명하는 것이고, 이것만 잘 된다면 다음 회사에서는 얼마든지 좋은 조건으로 입사할 수 있다. 한국에서 일하던 마인드와 실력이면, 여기서는 누구든지 좋은 평가를 받을 수 있다고 생각한다. 이것은 그냥 넘겨짚어 이야기하는 것이 아니라 한국의 일하는 문화와 미국의 일하는 문화가 달라, 한국식 워커홀릭의 절반만 일해도 여긴 충분히 좋은 성과를 낼 수 있다.

두 번째 장점은 IT 종사자로서 오래 일할 수 있다는 것이다. 한국에선 10년, 20년 넘어서까지 개발 일을 하기 어렵지만, 여기선 백발이 성성한 할아버지와도 개발 로직을 토론할 일이 심심치 않게 있다.

마지막으로, 미국은 세금을 많이 내는 대신 나중에 은퇴 설계를 할 수 있다. 소셜 연금제도와 401K 제도를 잘 이용하면 실제로 소셜 연금에서 2,000~4,000불을 매달 받을 수 있으며, 401K에서 부족한 비용을 뽑아 쓰는 구조로 되어 있다. 은퇴 시 지금 사는 집에 부채가 없다면 충분히 여유로운 은퇴를 꿈꿔볼 수 있다.

* 소셜 연금은 개념이 복잡하여 자세한 계산 부분은 생략했으며, 상식선에서 예상되는 연금 범위로 넣었음.

감사의 글

이 책이 나오기까지 많은 분의 도움이 있었다. 시애틀 지역 IT 전문가 그룹 창발(회장:이찬희) 운영진들과 회원들 적극적인 격려와 참여가 있었다. 책 집필 아이디어가 나온 것도 창발 산하 스타트업/개러지 Startup/Grarage(그룹장: 이상훈)에서였다. 처음엔 멘토십 프로젝트를 시작하다 모임을 거듭하며 책 프로젝트로 진행되었다.

초기 멤버는 이상훈, 김진영, 변형환, 김예준 그리고 필자(송재희)였다. 이상훈님은 출판 프로젝트 리드로서 창발 출판이란 회사를 설립하고 표지 디자인을 섭외하고 전체적인 출판 계획을 주도했다. 변형환님은 창발 출판 웹사이트를 제작 관리를 해줬고 디자인 조언을 해주었다. 김진영님은 브런치 주간 매거진에 "미국 테크 회사로 이직한 사람들"이란 제목으로 10회에 걸쳐 작가님들의 이야기를 연재했다. 김예준 님은 사진과 프로젝트 소개 비디오를 제작하고 페이스북 페이지와 여러 매체를 통해 광고를 했다. 나는 작가분들과 연락하여 글 모으고 편집하는 작업을 했다. 초기 멤버들은 클라우드 펀딩까지 많은 수고를 해주셨고 이 프로젝트의 모든 기본적인 틀들은 모두 이 기간에 해놓은 것이다. 개인 사정으로 이 분들이 끝까지 프로젝트를 같이 진행할 수 없었지만 이 분들이 아니었으면 아마 이 책도 없었을 것이다.

크라우드 펀딩이 목표 달성을 못한 후, 이 프로젝트의 가능성과 중요성을 믿고 나와 2차 멤버로 조인한 김진영님과 조항덕님께도 감사 드린다. 김진영님은 〈헬로 데이터 과학〉의 저자이기도 하고 '데이터 지능' 팟 캐스트 진행자로 무척 바쁜 중에도 여러 가지 도움을 주었다. 조항덕 님은 바로 옆자리 회사 동료이기도 하다. 수시로 의견을 나누고 제 3부 비자와 미국 생활에 대한 글을 써 주었다.

초기 작가로 참석한 분들은 강성욱Database Administrator@Nexon America, 조항덕Database Engineer@Visa, 그리고 김상은Software Engineer@Microsoft님이었다. 그리고 브런치 작가로 참석하신 분들은 김진영Data Scientist@Snap, 조항덕Database Engineer@Visa, 송재희Database Engineer@Visa, 김상은Software Engineer@Microsoft, 강성욱Database Administrator@Nexon America, 김예준Software Engineer@Amazon, 변형환Designer@Adobe, 김세연Software Engineer@Microsoft, 이상훈Program Manager@Microsoft, 박미라Program Manager@Netflix이다. 초기 작가분들은 바쁜 와중에도 나의 반복적인 질문과 요청을 들어주었고 글을 보내주셨다. 이 분들이 아니었으면 "우린 이렇게 왔다" 책 프로젝트를 알리기 어려웠고 프로젝트가 꾸준히 진행되기 어려웠을 것이다.

한국에 있는 개발자들의 상황과 미국 이직에 대해 어떻게 생각하는지 알기 위해 설문을 했다. 116명이 응답을 해 주었다. 이 분들이 없었다면 '제1장 한국 개발자 현황'은 없었을 것이다. 또한, 미국에 있는 개발들의 상황과 어떤 식으로 이직을 했는지 알아보기 위해 설문을 했다. 129명이 설문에 응해 주셨고 설문 결과를 기초로 '제2장 미국 개발자 현황'을 쓸 수 있었다. 설문에 응하여 준 모든 분들에게 감사드린다.

50여 명이 넘는 많은 분이 작가로 참여하였다. 지면상 이 분들의 이야기를 다 실을 수 없어 부득이하게 24명의 글만 책에 포함했다. 작가로 참여 신청하시는 모든 분들에게 감사드린다. 또한, 바쁜 중에서도 글을 보내주시고 같이 편집 작업을 해준 24명의 작가 분들에게 감사드린다.

크라우드 펀딩을 통한 셀프 출간의 목표에서 출판사를 통한 출판으로 방향을 바꾼 후 출판사를 찾던 중 클라우드북스와 연결이 되었다. 또한, 여러 인연으로 한국에서 책 홍보 차원의 예비 독자와의 만남을 가질 수 있었다. 세 번에 걸쳐 독자와의 만남을 가졌는데 참석자들의 반응을 통하여 많은 힘을 얻고 책에 대한 구체적인 방향을 잡을 수 있었다.

또한, 오랜 친구인 장재영 대표에게 감사드린다. 장 대표는 〈코딩 시대(클라우드북스, 2017)〉라는 책의 저자 중의 한 명으로 비 전문가들, 특히 중고생들에게 코딩을 가르치는 일에 힘쓰고 있다. 한국에서 각종 모임을 할 때 장소를 주선하고 광고를 하고 라이드까지 해

주는 등 자신의 일처럼 도와주어 이번 기회에 감사의 말을 전하는 바이다.

몇 달간 밤늦게, 새벽에 컴퓨터 앞에서 책 작업을 하고 있는 나를 옆에서 묵묵히 지켜봐 주고 조용히 기도해 준 아내에게도 감사의 말을 전한다.

책 출판을 하며 느낀 것은 혼자만의 노력의 결과가 아니라는 것이다. 또한, 몇몇 작가만의 노력으로 이루진 것만도 아니다. 우리의 결과이다. 글을 보내주신 작가님들, 교정과 출판을 해주신 분들, 설문조사에 응해주신 분들, 프로젝트를 같이 진행 주신 분들, 응원해주시고 격려해 주신 분들, 또한 자료를 공개한 수많은 사이트들, 데이터를 모으는데 도움을 준 모든 사람이 모두 우리에 해당된다.

우리가 좋은 의도를 가지고 서로 돕고자 한다면 좀 더 나은 사회, 좀 더 행복한 세상을 만들 수 있다고 믿는다. 이 책이 '우리' 운동의 하나의 예이고 또 이런 운동들이 더 많이 이루어졌으면 하는 마음이다. 출판 과정이 개인적으로 쉽지만은 않은 과정이었지만 우리가 있었기에 가능했고 여러 모양으로 함께 참여하신 모든 우리님들에게 감사를 드리는 바이다.

저자들을 대표하여
송재희

맺는 글

▶ 1999년, 잘 나가던 회사를 그만두고 캐나다 이민을 신청했다. 약 1년여를 캐나다 벤쿠버에서 살았지만 이민 진행이 늦어져 미국으로 건너와야 했다. 2000년 9월. 미국 로스앤젤레스에 관광비자로 들어왔다. 교회 친구의 도움으로 로스앤젤레스에 도착한 다음 날 취직할 수 있었다. 그리고 회사를 통해 취업 비자를 받고 영주권을 받았다.

영주권을 받고 시애틀로 왔으며 지금까지 비자Visa에서 데이터베이스 엔지니어Database Engineer로 일하고 있다. 무언가 뛰어난 점이 있어서 미국에 자리 잡을 수 있었던 건 아니었다. 흔히 보는 토플이나 토익도 한 번도 보지 않았고, 대학생 때는 일본 선교사로 나간다고 영어 대신 일본어를 공부했다. 전자공학 석사 출신, 한국에서의 짧은 하드웨어 엔지니어 경력은 미국에서 취직에 거의 도움이 되지 않았다. 언어 문제, 턱없이 부족한 실력으로 소프트웨어 개발자로 미국 직장에 취직하는 것은 거의 기적과 같은 일이었다. 그러나 다행히 그 기적은 손쉽게 이루어졌다. 미국에 자리를 잡고 여기까지 올 수 있었던 것은 선교회(대학생 성경읽기 선교회) 선교사들의 도움과 여러 사람의 도움 때문이었다. 그래서 내게는 항상 빚진 자의 심정이 있다. 도움을 받았으니 도움을 주고 싶다는 생각을 항상 하게 됐다.

미국 기업에 이직한 사람들의 이야기를 책으로 출판하자는 제안이 나온 것은 시애틀 지역에 IT 전문가 그룹인 '창발' 아래 스타트업Startup/개러지Garage란 소그룹에서였다. 2017년 3월이었다. 그때부터 책이 출판되기까지는 많은 일이 있었다. 작가를 모집하고, 팀을 구성하고, 창발 출판이란 회사도 설립하고 페이스북 페이지와 브런치 매거진을 통하여 작가들과 책을 소개했다. 크라우드 펀딩을 했고 한국에서 예비 독자와의 만남도 가졌다. 생각 같아서는 몇 달이면 완성될 것 같던 프로젝트가 1년이 훨씬 넘었다. 그 사이에 많은 일이 있었다. 초기 멤버들이 크라우드 펀딩 목표를 달성하지 못하자 책에 대한 요구가 없는 것이 아닌가? 하는 생각으로 중단하기도 했다. 자가 출판 방향에서 출판사를 통한 발간으로 바뀌기도 했다. 그러나 나는 초기에 응원해 주고, 글도 보내주신 분들의 이야기를 그냥 묻힐 수가 없었다. 또, 필자들의 경험이 한국에 있는 많은 분에게 실제적인 도움이 되리라고 믿었다. 그래서 포기할 수 없었다.

'시작했으니 끝내야 한다'라는 자존심 때문은 아니었다. 그렇게 프로젝트는 다시 진행됐다. 그리고 5개월은 정말 정신없이 보냈다.

24여 명의 저자와 연락하고 글을 모으고, 또 글을 읽고 추가 질문을 하고 편집을 하는 것은 쉽지 않았다. 필요한 데이터를 수집하고 분석하여 깔끔하게 보여주는 것도 생각보다 시간이 많이 들었다. 퇴근 후 남는 대부분을 책 만드는데 보냈다. 10시 이전에 잔다는 나름대로 규칙도 깰 수밖에 없었다. 그러나 작가들의 글을 읽으며 도전을 받았고 감사했고 또 한국 독자들도 많은 도움을 받을 거라는 확신 가운데 힘든 줄 모르고 편집 작업을 했다.

책 작업을 하면서 많은 분의 이야기를 읽었다. 많은 분과 전화 통화를 하고 또 직접 만나 대화를 하고 인터뷰를 했다. 개인적으로 많은 시간을 할애했고 여러 가지를 희생해야 했지만, 소중한 시간이었다. 무엇보다 나의 작은 수고가 이 책을 읽은 사람들에게 조금이라도 도움이 되고 힘이 된다면 참여한 모든 저자의 수고가 하나도 헛되지 않을 것이다.

브런치 매거진에서 강조한 포인트로 독자들에게 하고 싶은 말을 마무리하고자 한다.

- 긍정적인 자세를 잃지 않았다. 긍정적으로 항상 가능성을 찾았고 노력했다. 나도 여러 번 인생의 위기가 있었다. 정말 몇 번 죽을 뻔했다가 살아나기도 했고 다음 끼니를 걱정할 정도로 어려운 시기들이 있었다. 그

러나, 포기하지 않았고 긍정적으로 노력했다.
- 도전정신을 잊지 않았다. 해보지 않고 후회하는 것보다 시도하다 실패하는 것이 낫다는 생각으로 꾸준히 도전했다.
- 호기심을 잃지 않고 항상 배웠다. 취업을 위한 공부, 먹고 살기 위한 공부는 삶을 지치게 한다. 호기심으로 공부하고 몰랐던 것을 알고자 배우면 지치지 않고 즐겁게 살 수 있다. 꾸준히 이렇게 하다 보면 자신이 어느 정도 수준에 오른 것을 알 수 있다.

시애틀에서 송재희

▶ 필자는 여기 이렇게 책을 쓰고 공동 집필할 만큼 실력을 갖추고 있지도 않고 경험이 많지도 않다. 단지 책을 집필하고자 하던 공동체에 소속이 되어 있었고 초기 작가로 참여하게 되면서 비자 관련 부분과 생활비 관련 부분을 주로 집필하였고 이를 통해 좀 더 적극적으로 참여하게 되었다.

먼저 이 글을 작성할 수 있게 도움을 준 많은 분과 참여해주신 작가분들에게 진심으로 감사의 말씀을 드리며, 특히 초기 프로젝트 활성화에 도움을 많이 주었던 시애틀 한인 모임 '창발'과 송재희 님께 진심으로 감사의 말씀을 전하고 싶다. 이 책은 결코 한두 사람의 집필자로 완성된 책이 아니며 실제 미국에서 생활하고 있는 여러 저자분들의 시간과 경험담을 할애하여 완성된 책임을 다시 한번 독자들에게 상기시켜 드리고 싶다.

우리 모두의 공동목표는 한국에 여태껏 없던 미국 취업의 다양한 경험담을 공유하고자 하는 것이었으며, 여기 있는 모든 내용은 이 내용을 충분히 다루고 있으며 실제 경험담이 녹녹히 녹아 있는 책이라 자부한다. 이 책은 미국에 와서 생활하고 있는 분들의 한국에서 미국에 오기까지 수많은 절차와 어려운 사례들을 자세히 다루고 있다. 다만 아쉬운 것은, 지면의 한계로 좀 더 세세한 내용을 다루지 못한 부분이 공동집필자로서 너무 죄송하고 안타깝다.

이 책을 읽는 독자분들께 전하고 싶은 내용은 두 가지이다. 이 책에 적힌 사례들은 모두 다 가능한 방법이며, 특별한 재능을 요구하지도 엄청나게 많은 돈을 요구하지도 않는다. 물론 사례별로 나와는 잘 맞지 않는 사례도 있다고 본다. 하지만, 중요한 것은 '실천'이다. 아무것도 없는 상태에서 운으로 미국에 와서 대기업에 입사해서 생활하고 있는 분들은 없다. 금수저로 태어난 사람들을 다룬 책도 아니며, 누구나 할 수 있는 내용을 다양한 사례별로 다루었다고 생각한다.

이 책을 읽는 것은 쉽다. 하지만, 이 책을 실천하기는 아마도 쉽지 않을 것이다. 하지만, 이것은 안 되는 길을 제시하는 것이 아닌, 되는 길을 제시했다는 점만 기억해 주었으면 한다. 필자를 비롯한 많은 분이 수차례 찾아보고 시도하고 했던 노하우를 적은 내용이다. 아마도 이 책의 내용은 변호사나 상담원을 통해서 얻을 수 있는 것보다 다른 면에서의 훨씬 많은 사실을 전달하리라 생각한다.

두 번째로, 정말 강조하고 싶은 한 가지는 꿈과 의지를 동지에 가지라는 것이다. 꿈은 커도 되고 작아도 상관없다. 다만, 이를 한 단계씩 다가서려는 의지가 동시에 필요하다. 의지가 생기지 않는다면 꿈을 좀 더 작게 설정하는 것도 좋은 전략이다.

"이 세상은 나의 무대" 예전 2G폰 바탕화면 글자가 딱 8자만 허용되던 시절에 실제로 항상 적고 다녔던 필자의 꿈과 의지이다. 이를 실천하려고 대학생 때는 무턱대고 아르바이트로 돈만 모이면 해외여행을 다녔다. 그리고 그렇게 8년이 지나고 미국에 건너와서 일을 시작하게 되었다. 그렇게 다시 10년이 지나고 지금 이 자리에서 책을 쓰게 되는 기회도 얻었다. 내게 아직도 이 말은 진행형이다. 그래서 SQL Community Speaker 로도 활동하고 있고, 각종 스터디 모임에서 참여하려고 애쓰고 있다.

마지막으로, 미국에서 어렵게 시작하면서 살림하고 뒷바라지를 해준 집사람에게 너무 고맙고 사랑한다는 말을 전한다.

로스앤젤레스에서 조항덕

▶　　　　　　　　　스마트폰, 빅데이터, 인공지능
에 이르기까지 정보기술이 가져온 혁신이 우리의 삶을 바꿔
놓으면서 이런 혁신의 발상지인 미국, 특히 실리콘밸리에 대한
관심이 높아지고 있다. 또한 이런 시류에 따라 '나는 미국에
와서 이렇게 성공했다' 식의 책이나 기사도 심심치 않게 접할
수 있다.

필자는 한국에서 대학을 마치고 미국에서 대학원을 졸업한
후 시애틀에 있는 마이크로소프트 본사에서 검색 관련 연구
자로 일을 해왔다. 작년 초에는 새로운 도전을 찾아 샌프란시
스코에 위치한 스냅Snap Inc.으로 회사를 옮겼다. 미국에 온 지
는 11년, 그동안 학생으로 직장인으로 동서부 다양한 지역의
생활을 경험했으니 '미국 생활은 이렇다'고 말할 자격이 될지
도 모르겠다.

하지만, 필자는 그런 일반론을 경계하는 편이다. 미국이라는
넓고 다양한 환경에서의 경험은 십인십색 다르기 때문이다.
미국 유학을 성공적으로 마치고 취업하는 사람 만큼이나 유
학을 중도에 포기하고 중도에 귀국하는 사람도 많이 보았고,
남들이 부러워할 만한 미국에서 유수의 테크회사에서 근무하
다가 만족하지 못하고 한국으로 귀국하는 경우도 종종 보았
다.

이런 상황에서 몇몇 개인의 사례, 그것도 주로 화려한 성공 사례만 읽고 미국행을 결심하는 것은 위험한 일이다. 이는 마치 온라인 쇼핑을 할 때 긍정적인 리뷰만 읽고 제품을 구입하는 것과 같다. 데이터 과학자로서 필자가 추천하는 방법은 이런 성공담에 묻힌 수많은 사람들 경험을 최대한 듣는 것이다. 편향이 적은 데이터를 최대한 수집한 후에 의사결정을 내리는 것이다.

하지만 지금까지는 이런 데이터를 수집하기가 쉽지 않았다. 미국에서의 삶과 일에 대한 보통 사람들의 이야기를 접할 수 있는 채널이 마땅히 없었기 때문이다. '우린 이렇게 왔다'는 이런 정보 갈증을 해소하고 미국행을 고민하는 많은 분에게 길잡이가 되어줄 책이다. 이 책에 수록된 설문 결과와 다양한 저자들의 체험담을 읽으며 환상이 아니라 일상으로서의 미국행을 접할 수 있을 것이다.

실리콘밸리에서 김진영

참고문헌

제 1 장

1) [세태기획] 아픈 청춘… 5포→ 7포 넘어 'n포 세대' 좌절[원본링크] - http://news.kmib.co.kr/article/view.asp?arcid=0923219431
2) [big story] 2018 행복 키워드로 주목받는 '워라밸': http://magazine.hankyung.com/money/apps/news?popup=0&nid=02&c1=2001&nkey=2017122800152094872&mode=sub_view
3) 2018 World Hapiness Report: https://s3.amazonaws.com/happiness-report/2018/WHR_web.pdf
4) 한국 공휴일: https://www.timeanddate.com/holidays/south-korea/#!hol=9
5) 미국 공휴일: https://www.timeanddate.com/holidays/us/?nojs=1#!hol=9

제 2 장

제 2부

1) 미국내 한인 인구수: http://www.pewsocialtrends.org/fact-sheet/asian-americans-koreans-in-the-u-s/
2) 한국 인구수: https://docs.google.com/document/d/16UcTbD4hvmXiySmS8vCyUdrvkyTTIlqQHqLSIGOpZAU/edit
3) Bay Area K Group: http://www.bayareakgroup.org/

제 19 장 팀과 사람들을 보고 이직하라

1) 매슬로의 욕구단계설 - https://ko.wikipedia.org/wiki/%EB%A7%A4%EC%8A%AC%EB%A1%9C%EC%9D%98_%EC%9A%95%EA%B5%AC%EB%8B%A8%EA%B3%84%EC%84%A4
2) 허즈버그의 동기부여 - 위생이론 - https://ko.wikipedia.org/wiki/%ED%97%88%EC%A6%88%EB%B2%84%EA%B7%B8%EC%9D%98_%EB%8F%99%EA%B8%B0%EB%B6%80%EC%97%AC%EF%BC%8D%EC%9C%84%EC%83%9D%EC%9D%B4%EB%A1%A0

제 24 장 저녁이 있는 삶
1) T-Mobile and Sprint agree to merge - http://money.cnn.com/2018/04/29/news/companies/t-mobile-sprint-merger/index.html

제 27 장 비자와 신분
1) I94 Official Website - https://i94.cbp.dhs.gov/I94/#/home

제 28 장 비자 종류
2) OPT - https://www.uscis.gov/working-united-states/students-and-exchange-visitors/students-and-employment/optional-practical-training
3) 비 이민 비자 - https://www.us-immigration.com/non-immigrant-visas/
4) H-1B 취업비자는 로토 - www.koreadaily.com/news/read.asp?art_id=6093111
5) Work Permit for H-4 - https://www.uscis.gov/working-united-states/temporary-workers/employment-authorization-certain-h-4-dependent-spouses
6) Employment Authorization for Certain H-4 Dependent Spouses - https://www.uscis.gov/working-united-states/temporary-workers/employment-authorization-certain-h-4-dependent-spouses
7) '무한도전' 유재석만 O-1비자 소지 - http://www.asiae.co.kr/news/view.htm?idxno=2016081318311003481
8) 이민 비자 - https://travel.state.gov/content/travel/en/us-visas/immigrate/employment-based-immigrant-visas.html#overview
9) EB-1 - https://www.uscis.gov/working-united-states/permanent-workers/employment-based-immigration-first-preference-eb-1
10) EB3 - https://www.uscis.gov/working-united-states/permanent-workers/employment-based-immigration-second-preference-eb-2
11) EB4 - https://www.uscis.gov/working-united-states/permanent-workers/employment-based-immigration-fourth-preference-eb-4

12) EB5 - https://www.uscis.gov/working-united-states/permanent-workers/employment-based-immigration-fifth-preference-eb-5/about-eb-5-visa-classification
13) Report of the Visa Office 2017 - https://travel.state.gov/content/travel/en/legal/visa-law0/visa-statistics/annual-reports/report-of-the-visa-office-2017.html

제 29 장 미국 생활

1) Stack Overflow 2016 Survey - https://insights.stackoverflow.com/survey/2016#work-salary
2) Stack Overflow 2017 Survey - https://insights.stackoverflow.com/survey/2017#salary
3) Amazon Average Salary for H1-B Visa - http://www.myvisajobs.com/Visa-Sponsor/Amazon/29271_Salary.htm
4) Software Developer Salaries in Seattle - https://www.glassdoor.com/Salaries/seattle-software-developer-salary-SRCH_IL.0,7_IM781_KO8,26.htm
5) Average Rental - https://www.rentjungle.com
6) Feds: $100,000 'Low Income' In Parts Of Bay Area - http://sanfrancisco.cbslocal.com/2017/04/24/bay-area-low-income-100000-san-francisco-san-mateo-county-hud/
7) Cost Of Living Calculator - https://www.bankrate.com/calculators/savings/moving-cost-of-living-calculator.aspx
8) 2018 Tax Brackets - https://taxfoundation.org/2018-tax-brackets/
9) Salary Net Caculator - https://www.adp.com/tools-and-resources/calculators-and-tools/payroll-calculators/salary-paycheck-calculator.aspx
10) The Office of Foreign Labor Certification - https://www.foreignlaborcert.doleta.gov/performancedata.cfm
11) Glassdoor - https://www.glassdoor.com